불교수행법 5

묵조선

불교수행법 5 **묵조선**

저자 김호귀
펴낸이 김인현
펴낸곳 도피안사

2012년 8월 29일 1판 1쇄 인쇄
2012년 9월 3일 1판 1쇄 발행
영업부장 박기수
디자인 필디자인
인쇄 금강인쇄(주)
등록 2000년 8월 19일(제19-52호)
주소 경기도 안성시 죽산면 용설리 1178-1
서울사무소 서울시 종로구 율곡로 52 4층 (경운동 96-21)
전화 02-419-8704 **팩스** 02-336-8701
홈페이지 www.dopiansa.com
E-mail dopiansa@hanmail.net

ISBN 978-89-90223-65-4 04220
      978-89-90223-66-1 (세트)

ⓒ 2012, 김호귀

이 책의 저작권은 저작권자에게 있습니다.
저작권자와 출판사의 허락없이 내용의 일부를 인용하거나 발췌하는 것을 금합니다.
책값은 뒤표지에 있습니다.

불교수행법 5 ── 김호귀 지음

묵조선의 연원과 개요

머리말

선禪은 깨침을 추구하는 수행법입니다. 불교가 시작된 이래로 불교의 모든 가르침은 일관되게 깨침의 추구를 향한 일이었습니다. 불교를 구축하고 있는 두 가지 큰 축을 지혜와 자비로 간주할 경우, 자비에 중점을 둔 것이 중생제도의 비원悲願이라면 지혜에 중점을 둔 것은 깨침을 위한 수행입니다. 그러나 이 말은 설명의 편의상 나누어서 하지만 진정한 자비는 처음부터 지혜를 바탕으로 하고 있기 때문에 부파불교뿐만 아니라 대승불교에서도 이 둘을 나누어 보지 않았기에 깨침을 궁극의 목표로 삼았습니다. 따라서 깨침을 목표로 삼지 않는 가르침은 불교가 아니라고 할 정도입니다.

불교의 많은 가르침 가운데서도 선은 실천수행의 성격이 가장 짙은 가르침입니다. 그러나 정작 선의 성격은 무엇이고 어떤 것인가를 한마디로 정의하기는 쉽지 않습니다. 때문에 몇 가지로 한정하여 그 기본적인 성격을 말해보면 대개 다음과 같을 것입니다.

첫째, 선은 종교입니다. 그래서 종교인 이상 좌선이라는 수행을 통하여 자기의 본원本源에 철저하여 대립적인 입장을 지양하고 화해를 이루는 것입니다. 진리의 인격화를 말합니다.

둘째, 선은 깨침을 지향합니다. 따라서 항상 대오大悟를 지향하고 있고, 대오와 긴밀한 관계를 지니고 있습니다. 깨침은 법에 대한 깊은 체험으로서 법과 자신이 일치하는 경험입니다. 그러므로 법에 철저하다는 것은 자기를 구명究明하는 대오를 말합니다. 그 대오는 생명의 근원적인 통일로서 이것을 견성見性이라고도 하고, 작불作佛이라고도 합니다.

셋째, 선은 자신을 긍정합니다. 그래서 절대타자로서 초월신을 내세우기보다는 심즉불心卽佛의 입장을 취합니다. 그 사상을 가장 단적으로 나타낸 일체중생실유불성一切衆生悉有佛性이라는 말은 범부와 부처의 모순대립을 근원적으로 회통會通시킨 것입니다.

넷째, 선은 언어와 함께 합니다. 그러나 경전의 문자한계를 인정하고, 또한 문자가 가지려고 하는 절대성을 부정합니다. 다만 교학에서는 각각 의지하는 경전을 지니고 있어서 그 문자를 유일한 경증經證으로 삼았습니다. 그러나 선에서는 불립문자不立文字를 강조합니다. 그것은 개념의 실체화를 배척하는 것이지 문자를 사용하지 않는다는 것은 아닙니다. 문자에 휩쓸리지 않고 도리어 문자를 활용하기 때문에 불리문자不離文字이기도 합니다.

다섯째, 선은 발견입니다. 어디서 갑자기 땅에서 솟아나거나 하늘에서 떨어지는 것이 아닙니다. 본래의 성품을 자각하여 일상생활에서 구현하는 것입니다. 그와 같은 경험이 대대상전代代相傳, 축적되어 전승되기 때문에 반드시 스승과 도반과 지침이 필요합니다. 사자師資인 스승과 제자, 인격과 인격이 몸소 만나는 전법傳法과 사법嗣法을 매우 중시합니다. 면수사법面授嗣法은 마치 한 그릇의 물을 다른 한 그릇에 고스란히 옮겨 붓듯이 붓다의 진정한 정신이 역대조사에게로 잘 전승되어 남음이 없고 결여됨이 없게 되는 것을 말합니다. 이것은 붓다의 인격 전체가 그대로 조사祖師의 인격이 되어 모든 때와 모든 곳과 모든 상황에서 그에 따라 살아가는 것입니다. 또한 역대조사들 자신이 각각 붓다의 자각으로 되살아나는 것을 말합니다.

여섯째, 선은 본래성의 그대로를 존중합니다. 새로운 무엇이 되기 위한 것(爲)이 아닙니다. 그와는 달리 지금 자기 이외의 무엇이 되지 않는 것, 다시 말하자면 무엇도 아닌(非) 지금 자신의 어떤 것이 되는(卽) 것입니다. 그래서 선은 여기를 벗어난 다른 것이 아닌 즉금卽今의 이것이 되는 것입니다(禪非). 분별심이 없는 사량(非思量)이 그렇고, 따지고 비교하는 사량을 하지 않는 마음(非心)이 그러하며, 당체의 사량(卽思量)이 그렇고, 망상과 번뇌가 없는 생각(無念)이 그러하며, 현실 그 자체인 마음(卽心)이 그렇고, 사량을 초월하여 자각하고 작용하는 마음(平常心)이 그렇습니다.

이와 같은 선법의 특징을 가장 잘 구현시킨 선풍이 조사선祖師禪입니다. 조사선은 달마조사로부터 전승傳承된 가풍을 가리킵니다. 조사선은 이후 당나라 시대에 더욱더 다져지고 발전되었으며, 송대에는 소위 간화선과 묵조선이라는 새로운 수행방식을 창출시켰습니다. 간화선과 묵조선은 공히 조사선풍을 바탕으로 전개된 것으로 일종의 수행방식을 가리키는 말입니다. 간화선은 화두참구를 통하여 깨침을 목표로 하는 수행방식이고, 묵조선은 좌선수행을 통하여 본래성불의 도리를 지금 그 자리에서 몸소 구현하는 수행방식입니다.

이제 여기에서는 묵조선默照禪에 대하여 이야기하려고 합니다. 묵조선은 좁게 말하면 선수행법 가운데 하나입니다. 그러나 보다 넓게 말하면 선법 자체로서 그 전체입니다. 그것은 선법의 성격을 온전하게 현성現成하여 선 그자체로 살아가는 방식이기 때문입니다.

선의 직접적인 원류는 석가모니부처님으로부터 비롯되었습니다. 곧 석가모니의 대각과 더불어 출현하였습니다. 때문에 선은 불교와 함께 형성되었고 발전되어 왔습니다. 이로써 선은 시대가 지나고 장소가 바뀌면서 다양한 수행방식 및 문화를 도출시켰습니다.

선이 인도에서는 주로 관법觀法을 중심으로 전개되었습니다. 그러던 것이 중국에 불교의 전래와 더불어 새로운 조사선祖師禪의 선법으로 출현하였습니다. 일반적으로 조사선은 보리달마의 사상으로부터 비롯된 선풍을 말합니다. 조사선은 모든 중생에게 불성이 본유本有함을 믿고 자각하여 그것을 일상의 삶에서 구현하는 선법禪法이고 선풍禪風입니다. 이와 같은 조사선은 당나라 시대에 크게 발전하여 소위 선종오가禪宗五家로 분립, 확장되었습니다. 나아가서 송대에는 조사선풍을 구현하는 수행법으로 조동종과 임제종 계통에서는 각각 묵조선과 간화선을 출현시켰습니다.

그 간화선과 묵조선은 모두 조사선풍을 실천하는 점에서는 그 출현 배경과 목적이 동일합니다. 그러나 그 실천의 방식이 다릅니다. 간화선의 경우 번뇌를 다스리고 깨침에 도달하려는 것으로 화두를 참구하는 것이라면, 묵조선의 경우는 좌선수행을 통하여 본래자성을 자각하는 것입니다. 그것이 곧 묵조의 방법입니다. 때문에 묵조선은 선수행의 방식을 기준으로 분류한 것에 속하는 명칭입니다. 그러면서도 묵조선은 선수행의 방식을 넘어서 선의 본래 성격을 가장 충실하게 구현한다는 점에서 그냥 선이기도 합니다.

선을 어떻게 수행하느냐에 따라서 구분하자면 모든 선은 묵조선, 간화선, 관법 등으로 나눌 수가 있는데 관법의 경우 제법을 관찰하여 수행하는 것입니다. 여기에서 묵조선은 간화선 및 관법과 비교할 경우 같은 점과 다른 점을 함께 지니고 있습니다. 석가모니의 가르침에 의거하여 자신이 본래성불本來成佛임을 자각하고 그 깨침을 좌선으로 실천한다는 점에서는 여타의 선수행과 다르지 않습니다. 그러나 수행의 구체적인 방식에 있어서는 현실을 깨침의 모습으로 긍정하고 진리에 대하여 묵묵의 모습으로 조조照한다는 점은 화두참구를 통하여 깨침을 추구하는 간화선 및 일체의 신身·수受·심心·법法 등을 대상으로 관찰하는 관법과도 다릅니다.

따라서 이와 같은 묵조선을 보다 깊이 이해하기 위해서는 묵조선의 원류에 해당하는 선종의 역사, 묵조선이 창출된 조동종의 출현과 그 종지, 그리고 묵조선에서 내세우는 선의 성격과 교의 등에 대하여 살펴볼 필요가 있습니다. 이 가운데 선종의 역사에 대해서는 석가모니로부터 비롯된 사선四禪과 팔정八定을 비롯하여 소승과 대승의 선법의 특징에 대하여 이해할 필요가 있습니다. 또한 보리달마에 의하여 전래된 선법이 초기선종에서 어떻게 전승되었는가 하는 점은 조사선풍을 이해하는 중요한 관건입니다.

아울러 선종오가禪宗五家의 형성 가운데 조동종의 출현이야말로 그 사상적인 특징과 성격이 묵조선을 도출시키는 바탕이 되었음을 살펴볼 필요가 있습니다. 왜냐하면 묵조선은 그와 같은 조동종의 종지로부터 직접적으로 기인된 것이기 때문입니다. 곧 묵조선은 조동종이 9세기 중반에 형성된 이후 약 3백여 년 이후, 송대에서 창출된 선법입니다. 이런 까닭에 여기 묵조선에서는 육조혜능의 남종선법 가운데 청원행사 계통으로 전승된 조동종의 계보에 바탕을 두고 묵조선의 기본적인 특징 및 선리禪理 등에 대하여 이야기를 하고자 합니다.

차 례

머리말　　　　　　　　　　　　　　　　4

제1부 선법의 역사

1. 불교의 삼보와 출가정신　　　　　　16
2. 선법의 원류　　　　　　　　　　　　23
3. 붓다의 선정수행　　　　　　　　　　28
4. 사선과 팔정　　　　　　　　　　　　33
5. 구차제정　　　　　　　　　　　　　37
6. 공의 의미　　　　　　　　　　　　　41
7. 소승불교의 선정　　　　　　　　　　51
8. 대승불교의 선정　　　　　　　　　　59
9. 선법의 중국 전래　　　　　　　　　64
10. 보리달마의 선법　　　　　　　　　68
11. 보리달마 선법의 특징　　　　　　　73
12. 보리달마와 중국선　　　　　　　　78
13. 보리달마 선법의 전승　　　　　　　92
14. 초기 선종의 전법상승　　　　　　　97

15. 도신대사의 선법	104
16. 우두법융의 선법	109
17. 홍인대사의 선법	111
18. 동산법문의 전개	116
19. 북종선의 출현	119
20. 북종선의 특징	121
21. 대통신수의 선풍	124
22. 남종선의 출현	127
23. 남악회양의 선법	131
24. 청원행사의 선법	135
25. 하택신회의 선법	138
26. 영가현각의 선법	143
27. 남양혜충의 선법	147
28. 선종오가의 출현	158

제2부　조동종의 원류

29. 석두희천의 선법　　172

30. 약산유엄의 선법　　178

31. 운암담성의 선법　　182

32. 동산양개의 선법　　187

33. 조산본적의 선법　　194

34. 운거도응의 선법　　197

제3부　조동종지의 형성과 전개

35. 조동종의 전승　　208

36. 조동선법의 원류　　212

37. 『참동계』　　219

38. 『초암가』　　225

39. 『보경삼매』　　228

40. 『오위현결』　　234

41. 『삼종삼루』　　236

42. 『삼종타』　　238

43. 『오위군신지결』　　241

44. 『사종이류』 245
45. 『팔요현기』 247
46. 운거도응의 조동종지 250

제4부 묵조선의 형성

47. 묵조선의 출현 260
48. 『묵조명』 270
49. 『지유암명』 318

제5부 묵조선의 성격과 수행

50. 진리의 현성(現成公案) 324
51. 가부좌의 수행(只管打坐) 332
52. 심신과 그 자각(本證自覺) 339
53. 비사량의 좌선(非思量底) 347
54. 신심탈락의 경험(身心脫落) 355

제1부 선법의 역사

1 불교의 삼보와 출가정신

問 부처님은 어려서부터 인생과 세계에 대하여 깊은 관심을 지니고 있었다고 들었습니다. 그로 인하여 결국은 출가를 하셨겠지요. 그러면 부처님이 출가하게 된 근본적인 이유와 마음자세 및 그 의의에 대하여 말씀해 주시기 바랍니다.

答 불자들에게 부처님의 출가는 일종의 불교에 대한 보편적인 이미지이기도 합니다. 그만큼 출가는 불교라는 관념 속에 오래전부터 각인되어 있습니다. 출가는 본질적이고 상징적이며 엄숙한 분위기를 자아내게 합니다. 따라서 출가는 곧 출가를 하는 사람이라는 이미지로 바로 연결됩니다. 그와 같은 영상이 삭발염의削髮染衣의 모습으로 떠오르는 것은 어찌 보면 개인적 입장이 아닌 불자들 모두의 공통적인 이미지일 겁니다. 이와 같은 출가에 대하여 모든 사람이 보편적으로 바라는 기대치는 그만큼 당연한 것이기도 합니다.

불교에서 출가의 모습을 처음으로 보인 것은 의당 부처님의 출가이지요. 부처님의 출가를 극적으로 묘사한 『불소행찬』의 「출성품」에서는 성을 나온 뒤에 부왕이 계시는 왕궁을 향하여, "생·노·사를 해결하지 않고서는 영원히 다시는 여기에서 노닐지 않으리라"는 고별의 말을 남겼다고 전합니다. 곧 생사일대사生死一大事의 해결을 위한 대결단이었습니다. 여기에 출가정신이 담겨 있습니다. 출가하여 수행하는 것이야말로 진정 '생사대生事大·사사대死事大·일사대一事大'라는 대명제로서 삶의 대사大事를 해결하려는 결연한 의지가 잘 드러나 있습니다.

그리하여 출가사문이 되고, 헌헌대장부가 되며, 중생을 제도하는 무진만행의 보살이 되는 것은 부처님의 출가에서 그 본래적인 의미를 찾아야 할 것입니다. 곧 부처님의 출가는 생사문제의 해결과 함께 일체중생에 대한 자비의 발로였기 때문입니다. 신앙적으로는 중생구제를 위한 대비심으로 출가상을 여실하게 드러내 보여주신 것이지요. 출가한 부처님께서는 마침내 깨달음을 얻어 부처가 된 후 다시 고국으로 돌아왔습니다. 만약 자신의 고뇌만을 벗어나는 것이 목적이었다면 출가는 단순한 도피라는 말을 들었을 겁니다. 출가가 자신의 내면에 갖춰진 진리성에 대한 탐구의 모습이 아니라면 반사회적인 도피나 고뇌로부터의 도망자의 모습이 되었을 것으로 보이겠지요. 그러나 부처님의 출가에는 분명한 목적이 있었습니다. 바로 중생으로 하여금 깨닫도록 하기 위해 몸소 열어 보여주시는 대비심입니다. 거기엔 커다란 용기가 필요합니다.

밝음을 깨치기 위하여 어둠 속에 자신을 내던지는 용기 말입니다. 세상에 태어나지 않은 셈치고, 언제 될지도 모르는 막막하여 기약없는 길로 성큼 들어서는 것이었습니다. 죽음을 각오하고 자신을 내던지는 것이지요. 그리하여 어둠 속에서 빛을 찾아 돌아오는 출가는 사뭇 무사적인 용기가 필요하다는 것입니다. 비유하여, 도를 이루어 세간으로 돌아오는 장면을 그려보면 전쟁에서 승리하여 돌아온 개선장군 같은 모습이 보이지 않습니까.

이것이 우리가 느끼는 출가에 대한 일반적인 생각일 겁니다. 그러나 개인에게 있어서 출가는 그렇게 단순하지만은 않습니다. 집(세간)을 버린다는 관념을 극복해야 하고 출가에 대한 막연한 환상도 극복해야 합니다. 무엇보다 지금까지 살아온 습관이나 형성된 관념들을 과감하게 내다 버릴 수 있어야 합니다. 이런 조건이 갖추어졌을 때 바람직한 출가가 되고, 여기서 출가의 목표달성에 한층 다가갈 수 있을 겁니다. 그러나 타인의 입장에서는 이런 것들이 중요하지 않습니다. 다만 결과가 중요할 뿐입니다. 원인이나 과정보다는 자신들에게 찾을 수 없는 결과물에 관심이 있을 겁니다. 따라서 출가는 반드시 깨침으로 이어지고 그것은 필시 무슨 도깨비의 요술방망이라도 얻은 듯이 신통스럽게 간주하는 버릇조차 있어 왔습니다. 아무쪼록 출가하여 스님이 되는 것은 예로부터 참으로 진지하고 중차대한 문제였습니다. 출가에 대한 선지식들이나 선배들의 요구사항도 마찬가지였습니다.

입적이 다가오자 동산양개는 제자들에게 자신의 머리를 깨끗이 깎게 하고 목욕을 시켜달라고 하며 가사를 수하고 자리에 앉았습니다. 그리곤 종을 울려 대중을 불러 모은 뒤 이 세상의 작별을 고하였습니다. 그리곤 단정하게 가부좌를 한 채로 입적하였습니다. 그때 대중이 스승의 열반에 대하여 너무나 슬프게 통곡하자 입적하였던 동산양개 스님이 홀연히 다시 눈을 뜨고는 대중에게 말씀하셨습니다.

"출가사문이라면 마음에 걸리는 것이 없어야 진정한 수행자라 할 수 있다. 죽는 것은 괴로운 삶을 마감하는 것인데, 왜 그리도 소란스럽게들 행동하느냐? 그것이 깨침에 무슨 도움이 되겠느냐. 출가대중이 무사하려면 모름지기 세상을 떠날 때 야단법석을 떨지 말아야 한다."

그리고는 다시 태연히 입적하였습니다. 이와 같은 동산의 가르침에 대하여 그 법을 충실하게 계승한 제자 조산본적은 다음과 같이 말하였습니다.

"법복을 걸친 출가사문이라면 모름지기 향상사向上事를 깨우치는 일을 등한시해서는 안 된다. 설령 어떤 도리를 터득했다손 치더라도 모든 성인들조차도 무시해버리는 의기가 있어야만 진정한 자유를 얻을 것이다. 만약 그렇지 못하다면 설사 궁극의 경지를 터득했더라도 얌전하게 차수하고 기다려야 할 것이다. 그러나 만약 자기의 전체를 과감히 버릴 줄 안다면 일체의 장애를 만나더라도 스스로 주재할 수가 있을 것이다."

이처럼 예로부터 바람직한 출가는 출가자 자신뿐만 아니라 그것을 받아들이는 타인에 있어서도 부분적인 것이 아니라 언제나 근원적인 물음을 제시해 주어야 했습니다. 이에 운거도응은 다음과 같이 말하였습니다.

"대저 출가한 사람은 다만 안에서 스스로 해결해야지 밖에서 다른 것으로부터 찾거나 구하려 해서는 안 된다. 그러므로 일상사 매사를 거룩한 스승을 대하듯 조심스럽게 살펴야 한다. 모름지기 얇은 얼음을 밟듯이 조심성 있고 부지런히 이 지극한 도를 구해야 한다. 마치 머리털에 붙은 불을 끄듯이 해야 한다. 달리 무슨 수가 있겠는가? 또한 괴롭고 무상함은 무서운 불길이 몸을 덮치는 것과 같으니, 일체 잡념을 버리고 급히 그 속에 뛰어들어 몽땅 취하되, 모름지기 두두물물에 도달하고 낱낱이 통해야 한다."

말하자면 아뇩다라삼먁삼보리[無上正等正覺]를 얻겠다는 발보리심을 일으키는 것이 출가라는 것입니다. 이것은 대승불교와 더불어 재가수행자의 역할을 강조하게 되면서 등장하는 심출가心出家를 설명한 것입니다. 후대에 '자기의 마음이 정토이고, 자기의 성품이 미타이며, 직심直心이 도량'이라는 말은 이것을 나타내 주고 있습니다. 출가의 본분사本分事이지요. 자신과 가족을 넘어 사회로 향할 때 출가는 비로소 그 본분을 다 할 수가 있습니다. 선지식은 이런 출가를 하늘의 꽃과 같다고 했습니다. 시들지 않는 꽃을 말합니다. 설령, 시들었다 해도 지상의 꽃보다 월등하게 나은 꽃이라는 거지요.

따라서 오늘날 기대되는 바람직한 출가의 모습은 세간 출세간의 구분을 떠나 발보리심입니다. 여기에 출가의 위의를 갖추는 행위가 있다면 매우 좋을 것입니다. 따라서 형상의 신출가身出家는 동시에 심출가心出家가 되어야 구족의 신심출가가 되겠지요. 그래서 개개인인의 시시처처 구족출가具足出家야말로 진정한 출가정신을 구현하는 일이 될 겁니다. 불자라면 누구나 발보리심發菩提心으로 진정한 출가정신의 구현자로 자신의 일상적인 생활을 새롭게 돌아보고 다짐하여 향상向上의 길을 걷습니다. 자신이 직접 참선, 염불, 간경을 하고 보살행을 지어가는 것이야말로 우리가 바라는 출가의 정신이고 출가의 모습이며 출가의 실현이라고 봅니다. 다시 정리하여 말해 보면 출가와 출가자는 '법의 증거자, 보살행의 중심'이 되어야 한다는 것입니다. 얼마 전 입적하신 광덕스님의 출가에 대한 정의입니다. 이건 남방불교의 '법의 증거자'에 치중한 것보다 한 걸음 더 나간 북방불교의 정체성이기도 하고 현대적인 면모입니다. 출가의 이 두 가지 뜻에 부실하면 출가자로서, 삼보로서의 구성이 미흡하게 됩니다. 그리고 진정한 출가는 이 두 가지 범위에서 벗어나지 않습니다. 그래서 출가는 엄격하고 숭고합니다.

2 선법의 원류

問 인도에서 선이 발생하여 오늘에 이르기까지 면면하고 밀밀하게 전승되고 있습니다. 선법은 언제 누구에 의하여 시작되었고 전승되었는지 선법의 원류와 전승에 대하여 자세하게 말씀해 주시기 바랍니다.

答 선법의 원류를 말하려면 우선 선의 근원에 대해 말해야 합니다. 왜냐하면 불교수행법인 관법이나 간화선이나 묵조선은 수행법 중에서 각각 한 갈래입니다. 그것은 선을 어떻게 수행하느냐는 방식의 차이를 기준으로 분류한 명칭에 불과합니다.

그런데 선의 원류遠流는 불교가 출현하기 이전 고대의 인도로 거슬러 올라가야 합니다. 고대 인도에서 실행되고 있던 요가수행의 형태 및 방법은 선수행의 원형이기 때문입니다. 그러나 선의 직접적인 원류源流는 붓다입니다. 왜냐하면 붓다가 깨침의 방법으로서 활용한 것이 곧 선이었고, 선으로 제자들한테 수행하는 가르침을 베풀어주었기 때문이고,

그 이전의 고대 인도의 선수행과는 입장을 달리하고 있기 때문입니다.

따라서 현재 말하고 있는 여러 가지 선은 붓다에게서 연원하고 있음을 명확하게 알아야 합니다. 또 붓다에게 연원하고 있어야 불교의 선이라고 말할 수 있을 겁니다. 붓다가 선수행(원형)을 통해 깨침을 성취한 이후로 불교역사에서는 가장 보편적인 수행법으로 전승되어 왔습니다. 동시에 시대마다 장소마다 사람들의 근기와 문명의 발달, 자연환경 등, 그 차이로 인해 형태와 방식을 다소 달리하긴 했지만 그 원형은 붓다의 방식 그대로입니다. 그렇지만 선수행의 방식이라는 점에서만 보면 요가 내지 명상과 크게 다르지는 않습니다. 그 차이를 말해보자면 궁극적인 목표를 무엇으로 두느냐 하는 점을 들 수가 있겠습니다.

선과 요가는 모두 몸의 자세를 바르게 하고 호흡을 가다듬으며 마음을 가다듬는다는 점은 동일합니다. 여기에서 요가는 후대에 해탈이라는 목표가 가미되었습니다만 본래의 목표는 몸과 마음의 조화였습니다. 요즘 말하는 명상의 목표도 마음의 안정을 우선시 합니다.

이에 비하여 선의 궁극적인 목표는 깨침입니다. 깨침을 위해서 몸을 추스르고 호흡을 가다듬으며 마음을 제어하고 집중하며 통일합니다. 이로써 선에는 당연히 명상적인 요소 및 요가적인 요소가 모두 포함되어 있지만 그것으로 끝나지는 않습니다. 이것이 선이 여타의 수행과 매우 다른 점입니다. 불교의 깨침, 그 내용은 지혜와 자비입니다. 따라서 깨침을 얻었다고 하면 지혜와 자비가 자신 가운데 구족한 것을 알고 믿는 겁니다. 자신이 지혜와 자비의 인격이라는 말인데, 즉 자신이 중생격衆生格에서 불격佛格이 되는 겁니다. 따라서 깨침이 인격화되지 않았다면 깨치지 못한 겁니다. 더 직접적으로 말하면 선으로 말미암아 깨침을 얻었다면 그 인격은 바로 지혜와 자비로 일대 전환되어야 한다는 거죠. 불자의 인격은 오로지 지혜와 자비일 뿐이고, 또 당연히 선공부를 했다면 갖추어 실현해야 하는 것이 지혜와 자비의 보살행입니다. 이것은 불교가 갖는 모든 수행법(禪을 포함)의 귀착지이지요. 그래서 적극 개발하여 자신은 물론 인류사회에 널리 구현해 나가야 합니다.

앞서 잠깐 말씀드린 대로 붓다도 출가하여 처음에는 요가수행을 했습니다. 요가는 당시 인도의 일반적인 수행이었지요. 붓다는 알라라칼라마와 웃다카라마풋트라라는 요가수행의 스승을 찾아가서 각각 무소유처정無所有處定과 비상비비상처정非想非非想處定의 경지를 터득하셨지요. 그러나 붓다는 그런 수행의 목표가 중생계를 벗어나는 깨침이 아니라 고작 죽은 이후에 천상세계에 태어나는 정도임을 알았습니다. 비록 안락한 천상세계라 해도 중생의 윤회를 벗어나는 세계는 아니기 때문에 붓다가 추구하는 목표가 아니었습니다. 붓다는 그 요가수행자들을 떠나서 다른 스승을 찾았습니다.

그러나 그들보다 더 훌륭한 스승은 없었습니다. 붓다는 혼자 깊이 생각하였습니다. 결과는 자신을 지도할 스승이 없었습니다. 이제는 붓다 혼자 수행하는 방법을 모색해야 했습니다. 그것이 곧 고행苦行이었습니다. 고행은 지도해주는 스승은 없을지라도 전통적으로 축적된 여러 가지 방법이 있었습니다. 고행은 요가수행과 더불어 당시 인도에 널리 알려진 수행이었기 때문이지요. 고행은 고대 인도사상이 그대로 응축된 수행으로서 그들의 과거세와 현세와 미래세에 대한 연속적인 관념에 토대를 두고 있습니다. 때문에 자신에게 부여된 업으로 인한 고통은 어쩔 수 없이 자신이 고스란히 받아야 한다는 것에서, 미래세상 언젠가 자신이 감당해야 하는 고통을 미리 당겨서 받기도 하고 더러는 내세로 미루기도 하는 것입니다. 그리고 고통을 피하지 않고 받아들여 경험함으로써 몸에 축적된 에너지를 강화하여 궁극적으로 해탈을 성취한다는 것이었습니다.

정신이 육신에 얽매여 있는 까닭에 자유롭지 못하고, 육신으로 인해 정신이 해탈하지 못하기에, 육신을 몹시 괴롭혀서 마침내 정신이 육신으로부터 벗어나야 비로소 자유(해탈)를 터득한다는 관념을 그들은 지니고 있었습니다. 이는 정신과 육체를 이원적으로 보는 분별사식에 바탕을 둔 것이지요. 이리하여 붓다는 당시에 내로라하는 고행주의자들이 모여서 수행하는 가야지방 네란자라 강변의 우루벨라 숲으로 가서 6년 동안(또는 그 이상) 고행정진을 계속하였습니다. 당시 붓다의 고행 광경은 불전 여러 곳에 잘 드러나 전해지고 있습니다. 누구보다 엄격한 고행을 했지요. 여기에 붓다의 위대성이 있습니다. 몸소 체험하여 점검한 뒤에 그 부당성이나 부실함을 간파하고 새로운 길을 찾았다는 사실이지요.

　결국은 정신과 육체의 극한적인 상황을 체험하고, 그것이 자신이 찾고 있던 길이 아님을 알고서 육신을 괴롭히는 수행을 통해서는 깨침에 도달할 수 없다는 결론에 도달했습니다. 마침내 붓다는 고행을 그만두는 것으로 목욕을 하고 음식을 섭취하여 육신을 추스르고 마음을 가다듬어 보리수 밑에서 고요하고 안온하며 매우 진지한 수행을 다시 시작하였습니다.

　붓다는 이와 같은 자신의 선禪을 선택하여 수행을 하였고 마침내 깨침을 터득하였으며, 나아가서 선의 방법을 더욱더 보편적으로 개발하고 전승하여 자신의 교화방법으로 승화시켰습니다. 또한 제자들에게도 선을 통한 수행정진에 매진하도록 하였습니다. 이에 선에 관한 구체적인 방법을 설하는 경전이 등장하게 되었습니다. 그러한 선경禪經에서는 특히 호흡과 관련된 내용이 중요하게 간주되었습니다.

3 붓다의 선정수행 禪定修行

問 그러면 붓다가 선택했던 선정수행이란 무엇입니까? 만약에 붓다가 선정수행을 선택했다면 붓다 이전에 이미 선정수행이 있었다는 말이 됩니다. 그러면 선정이 붓다로부터 시작되었다는 경우와 어떤 관계가 있는 것입니까? 두 가지 선정이 있었던 것인지, 아니면 붓다 자신이 선정수행을 개발하고 그것에 의거하여 수행을 했다는 것인지 궁금합니다.

答 좋은 질문입니다. 당연히 그것이 궁금할 것입니다. 자, 그렇다면 붓다의 선정수행은 어떤 과정을 거쳐 완성되었을까요. 선정과 간접적으로 관련된 수행형식은 이전 요가수행으로부터 찾을 수가 있습니다. 그것을 붓다는 선정수행이라는 방식으로 채택한 것입니다. 말하자면 요가수행에 대하여 그 방식보다는 목적의 측면에서 새롭게 선정을 추구한 것입니다. 요가의 목적은 궁극적으로 정신집중 및 심신조화에 있습니다. 붓다는 그것을 더욱더 심화시켜 정신집중과 심신조화를 통하여 궁극적으

로 깨침에 목표를 두었습니다. 따라서 선정수행은 그 연원이 요가에 있을지라도 붓다가 의거한 선정의 시작은 붓다로부터 시작되었다고 보는 것입니다. 불교의 선정수행이지요.

이제 붓다의 수행과정에 대하여 말해볼까 합니다. 일반적으로 붓다의 수행과정은 출가를 통하여 요가수행 – 고행 – 선정 – 성도의 과정을 거쳐 완성되었다는 것으로 정리됩니다. 선의 수행은 붓다가 출가하여 수행방식으로 채택한 것으로부터 본격적으로 시작되어 이후 불교 전반에 걸쳐 가장 대표적인 수행방식이 되었습니다. 붓다는 출가하여 우선 머리를 깎고 옷을 바꾸어 입는 등 소위 그 동안 세간에서 행해왔던 일체의 습속을 포기하고 출가수행자의 길에 들어갔습니다. 이런 점에서 곧 붓다의 출가는 단순한 어떤 행위가 아니라 우선 개인의 고통을 초월하고 궁극적으로는 중생들의 깨침을 추구하는 위대한 선택이었습니다.

붓다는 출가하여 처음에 요가수행자를 찾아가 수정주의 수행을 공부하였습니다. 알라라칼라마 및 웃다카라마풋트라라는 스승으로부터 육체와 정신의 합일을 위한 정신집중과 신체의 단련을 배웠습니다. 이어서 당시에 가장 보편적인 방법이었던 고행주의를 선택하였는데, 그 고행은 자신의 육체를 극한의 경지에까지 밀고나아가 그로부터 형성되는 힘을 바탕으로 하여 정신적인 해탈을 추구하는 것입니다.

여기에서 수정주의修定主義란, 몸을 움직이지 않고 호흡을 가다듬어 정신적으로 망념과 망상이 사라지고 순수한 정신의 경계까지 들어가 오로지 정신적 자유를 향유하는 것입니다. 그리고 고행주의苦行主義는 해탈을 얻는데, 정신을 장애하는 육체로 인해 부자유하고 윤회하므로 육체를 철저하게 괴롭혀 정신의 자유 및 그로부터 해탈을 향유할 수 있다는 것을 내세우는 것입니다. 이른바 수정주의는 천상세계에 태어나는 것이 그 중요한 목적이고, 고행주의는 육체와 정신의 분리를 통한 정신적인 자유를 추구하는 것입니다.

그러나 붓다는 여기에 만족하지 못하고 나아가 최후로 선택한 것이 선정주의禪定主義였습니다. 말하자면 결국 붓다는 수정주의와 고행주의의 방법을 모두 터득한 이후에 버릴 것은 버린 것이지 무조건 부정만 한 것은 아니었습니다. 붓다의 위대한 점이 바로 여기에 있습니다.

붓다의 선정주의는 육체와 정신의 조화를 통한 해탈의 방법이었습니다. 때문에 붓다는 그동안 초췌했던 몸과 마음을 추스르고 커다란 나무 아래에 자리를 잡고 고요히 선정에 들었습니다. 붓다가 경험한 선정은 여러 가지 설이 있지만 흔히 네 단계로 나누어 설명을 합니다. 그것이 곧 붓다의 사선수행四禪修行입니다.

사선수행은 당시(붓다)에 가장 보편적이고 최고의 선정수행으로 일찍부터 설정되어 있었습니다. 때문에 사선은 이후에 등장하는 팔선八禪의 개념보다 근본적인 것입니다. 이제 사선의 각각의 경지에 대하여 말해보고자 합니다.

초선初禪은 번거로운 현실을 벗어나 고요한 경지를 맛보는 경험입니다. 이는 일상의 탐욕과 성냄과 어리석음과 아만과 의심에 찌들어 있다가 잠깐이나마 그로부터 벗어나 느끼는 순화된 내면입니다. 때문에 이생희락離生喜樂이라 합니다. 일상생활의 망념을 벗어나 기쁨(喜)과 즐거움(樂)을 경험하는 것이지요. 그러나 아직은 번뇌가 남아 있습니다.

제이선第二禪은 선정을 통한 기쁨과 즐거움의 경험으로 정생희락定生喜樂이라 합니다. 선정으로부터 느끼는 기쁨과 즐거움을 의미하는데 거칠고 미세한 번뇌가 모두 사라집니다.

제삼선第三禪은 지속적인 선정을 통하여 기쁨마저 벗어나고 즐거움만을 경험하는 경지로서 이희묘락離喜妙樂이라 합니다. 여기에서 기쁨(喜)과 즐거움(樂)이 구분되는데 감각적이고 현상적인 즐거움을 희喜라 하고, 정신적이고 지속적인 즐거움을 낙樂이라 합니다.

제사선第四禪은 일체의 탐욕과 성냄과 어리석음과 아만과 의심을 깡그리 여의고, 앞에서 경험했던 즐거움마저 벗어나 모든 사념이 고요해지는 적정상태인 사념청정捨念淸淨의 경지입니다. 다분히 분별적인 고苦와 낙樂을 초월하기 때문에 불고불락不苦不樂이라고도 말합니다. 이와 같은 사선을 한마디로 정리하면 희열喜悅 → 행복幸福 → 평정平靜 → 평정의 지속(涅槃)이 됩니다.

붓다는 곧 초선으로부터 제사선에 이르기까지 순차적인 수행을 통하여 그것을 반복함으로써 깨침을 체험합니다. 최후로 제사선에서 사마타(止)와 위빠사나(觀)의 중도균형을 바탕으로 깨침을 완성하였기 때문에 그 경험을 지관균형止觀均衡 내지 지관균등止觀均等이라 합니다. 그것은 사마타의 요소와 위빠사나의 요소가 적절하게 균형을 유지하는 중도의 상태였습니다.

이로부터 점차 사선은 보다 세분화되고 발전하여 팔정八定의 개념으로 설정되어 사선팔정四禪八定의 계위가 출현하였고, 나아가서 멸진정滅盡定까지 설정되어 구차제정九次第定으로 체계화되었습니다.

4 사선과 팔정

問 사선四禪과 팔정八定은 선정의 수행계위修行階位라고 알고 있습니다. 그렇다면 각각의 경지가 다르다는 것인데 어떻게 다르고 무엇을 성취해야 그와 같은 경지에 도달하는 것인지 자세히 알고 싶습니다. 그리고 그와 같은 선정의 경지를 자신이 어떻게 알아차리는 것인지도 궁금합니다.

答 우선 사선팔정이라는 용어에 대하여 먼저 알아둘 필요가 있습니다. 사선팔정은 사선과 사정을 아울러 가리키는 말입니다. 사선四禪은 위에서 말한 초선, 제이선, 제삼선, 제사선을 가리키는 말로 사색계선四色界禪이고, 사정四定은 공무변처정空無邊處定, 식무변처정識無邊處定, 무소유처정無所有處定, 비상비비상처정非想非非想處定입니다.

사정四定은 삼계 가운데 무색계에서 터득하는 선정이기 때문에 달리 사무색정四無色定 또는 사공정四空定이라고도 말합니다. 이에 사색계선과 사무색정을 합쳐서 사선팔정이라 합니다.

공무변처정空無邊處定은 색에 집착하는 생각을 버리고 무한한 허공을 관찰하여 그 경지에 안주하는 경지입니다. 널리 색상色想을 초월하고, 유대상有對想을 없애며, 종종상種種想을 남겨두지 않는 까닭에 허공이 무변하다고 생각하는 것입니다. 그리고 색계 제4선의 소연所緣이 되는 지변地遍을 초월한 공무변처空無邊處의 경지야말로 적정하고 무변하다고 생각합니다. 이에 공무변처정은 허공이 무변하다고 생각하면서도 그 지변을 없애갑니다. 지변을 제거하는 수행은 제거하려는 대상의 지변조차 돌아보지 않고 국집하지도 않으며 단지 그대로 두고 볼 뿐이지 의도적으로 관찰하지 않기만 하면 됩니다. 그래서 지변을 제거한다는 것은 그 지변이 닿는 공간을 '허공이다, 허공이다' 고 생각하는 것입니다. 곧 제거해야 할 대상인 지변은 부증불감不增不減이기 때문에 거기에는 지변을 제거하는 허공만이 인식됩니다.

이와 같이 늘 허공의 모습을 생각하고 사색하며 사유하면 다섯 가지 번뇌가 사라지고 마음에 등지等持의 경지를 얻습니다. 이로써 '널리 색상色想을 초월한다' 는 것은 이 무색정無色定이 소연所緣을 초월함으로써 얻어지는 것이므로 색계정처럼 한 가지 소연所緣에만 의지하여 얻어지는 것과는 다르다는 말입니다.

그리고 '유대상有對想을 없앤다' 는 것은 사물을 접하는 감각기관인 육근과 육경에서 일어나는 색상色想 · 성상聲想 · 향상香想 · 미상味想 ·

촉상觸想의 다섯 가지 유대상有對想을 끊어 일어나지 않게 하는 것을 말합니다. 또한 갖가지 '종종상種種想을 남겨두지 않는다'에서 종종상種種想은 입정入定하지 않는 경우의 의계意界나 의식계意識界에서 일어나는 상想이나 상념想念이나 이상념已想念 등을 말하고, '남겨두지 않는다'는 것은 돌아보지 않고 고려하지 않으며 관찰하지 않는다는 것으로서 욕계의 모든 심心과 심소心所를 끊는 것을 말합니다. '공이 무변하다고 생각하는 것'은 허공에 생멸이 없는 것을 무변無邊이라 하고, 그와 같은 허공에 마음을 두어 허공의 무변제無邊際의 경지가 실현됨으로써 공무변처정空無邊處定의 경지가 성취되어 그에 적합한 위의를 갖추어 머무는 것을 말합니다.

식무변처정識無邊處定은 외면적인 색상色想을 관찰하여 그 속박에서 벗어난 경지에서 다시 주관적인 내면의 식識이 증대하여 무변하다고 관찰하는 경지에 머무는 것입니다. 널리 공무변처를 초월하여 식識은 무변하다고 생각하면서 식무변처를 구족하여 머무는 경지입니다.

'식識이 무변하다'는 것은 식이 허공에 가득하여 변제邊際가 없이 충만하다는 것입니다. '식무변처를 구족하여 주한다'는 것은 식은 변제가 없는 까닭에 그 무변無邊을 터득하여 머무는 경지입니다.

무소유처정無所有處定은 식이 무변하다는 주관적인 식상識想마저 버리고 그 무엇에도 얽매임이 없는 무소유의 경지를 관찰하여 머무는 선정입니다. 식을 생각하지 않고 다만 식이 무無라는 것만을 돌아보고 생각하며 관찰하는 사택思擇과 사유思惟를 하는 것입니다. 널리 식무변처를 초월하여 그 어떤 집착도 없다는 생각을 행하면서 무소유처를 구족하여 머무는 경지입니다.

비상비비상처정非想非非想處定은 상想의 초월과 비상非想의 초월입니다. 앞의 식무변처정은 무한한 식의 존재를 관상觀想하는 유상有想이고, 무소유처정은 심무소유心無所有를 관찰하는 까닭에 무상無想입니다. 그러나 비상비비상처정은 유상有想과 무상無想을 초월하는 경지를 관찰하여 머물기 때문에 비유상비무상처정非有想非無想處定이라고도 합니다. 그런데 상想이 있다 하더라도 아주 미세하여 알기 어렵기 때문에 비상非想이라 하고, 상想이 없다 하더라도 상想은 아주 없어지지 않고 남아 있기 때문에 비비상非非想이라 합니다. 이 선정의 수행자도 다섯 가지 수행의 모습인 전향轉向 · 입정入定 · 재정在定 · 출정出定 · 관찰觀察에 의하여 무소유처정에서 자유를 얻습니다. 그래서 널리 무소유처를 초월하여 비상비비상처를 구족하여 머무는 경지입니다.

5 구차제정

問 사선과 팔정에 대한 내용은 대강만 이해되었습니다. 이제 체험적인 일만 남았군요. 그러면 구차제정九次第定은 무엇을 말하는 것입니까? 구차제정 각각의 경지와 그 뜻, 그리고 그 의의에 대하여 자세히 설명해주시기 바랍니다.

答 구차제정은 앞의 사선四禪과 사정四定을 아울러 이르는 사선팔정四禪八定에다 다시 아홉째의 멸진정滅盡定을 합하여 부르는 말입니다. 그 멸진정滅盡定은 멸수상정滅受想定이라고도 합니다. 이것은 육식의 경계에 있는 분별심分別心과 분별심소分別心所의 모든 것을 소멸하여 일어나지 않게 하므로 멸진정이라 합니다. 그런데 지각이나 감각 등은 멸한다 하더라도 아직 수壽 곧 일정한 기한, 명命 곧 생존하는 것, 난煖 곧 몸의 체온, 근根 곧 여섯 가지 감각기관 등이 멸하지 않고 있기 때문에 죽음과는 다릅니다. 이것은 불교의 선정을 외도들의 선정과 차별하여 설정한

개념으로서 일반적으로 부처님의 경우에만 적용하기도 합니다.

또한 차제次第라는 말은 반드시 초선부터 점차적으로 터득되는 것을 의미하는 것입니다. 달리 초선에서 중간의 과정을 생략하고 곧바로 멸진정을 터득한다는 초정超定이라는 개념은 있지만 그것은 전통적으로 인정되지 않았습니다. 이로써 차제점수의 수행이야말로 가장 여법한 수행으로 보편화되었습니다.

그런데 여기에서 말하는 사선·사선팔정·구차제정은 마음속에서 일어나는 선정의 단계일 뿐만 아니라 불교의 우주관을 반영한 용어이기도 합니다. 곧 우리가 살고 있는 사바세계는 수미산을 중심으로 하여 그 남쪽에 해당하는 남섬부주이고 그 동쪽에는 승진주이며 그 서쪽은 우화주이고 그 북쪽은 구로주입니다. 소위 사천하四天下입니다.

이로부터 수미산의 중턱부터 욕계의 육천을 설정합니다. 곧 사왕천(四王天 : 동쪽에 持國天·서쪽에 廣目天·남쪽에 增長天·북쪽에 多聞天)이 있고, 수미산의 꼭대기에는 도리천忉利天이 있습니다. 그 위로 다시 야마천夜摩天·도솔천兜率天·자화자재천自化自在天 곧 化樂天·타화자재천他化自在天이 있습니다. 이처럼 사천하 위의 여섯 세계를 소위 욕계의 육천六天이라 합니다. 모두 천상세계에 해당합니다.

그 위에 다시 색계를 설정합니다. 색계는 18천으로 구성되어 있습니다. 18천을 다시 요약하여 초선천·제2선천·제3선천·제4선천의 사선四禪으로 설정합니다.

초선천에는 범중천梵衆天 · 범보천梵輔天 · 대범천大梵天의 셋이 있고, 제이선천에는 소광천少光天 · 무량광천無量光天 · 극광천極光天의 셋이 있으며, 제삼선천에는 소정천少淨天 · 무량정천無量淨天 · 변정천遍淨天의 셋이 있고, 제사선천에는 무운천無雲天 · 복생천福生天 · 광과천廣果天 · 무상천無想天 · 무번천無煩天 · 무열천無熱天 · 선견천善見天 · 선현천善現天 · 색구경천色究竟天 곧 阿迦膩吒天의 아홉이 있습니다.

삼계 가운데 제일 위에는 무색계를 설정합니다. 무색계는 사정四定을 체험하는 세계로서 공무변처정 · 식무변처정 · 무소유처정 · 비상비비상처정의 넷이 있습니다.

이것은 우리가 깃들어 살고 있는 세계가 그대로 우리의 마음의 세계임을 말해줍니다. 곧 일종의 정신통일에 해당하는 욕계와 색계의 사선과 무색계의 사무색정은 모두 중생세간에서 이루어지는 선정의 경지 내지 단계입니다. 깨침의 경지는 아닙니다. 공간적인 삼계를 정신적인 삼정의 삼계에 배대하여 나타낸 것이기 때문에 욕계 · 색계 · 무색계가 반드시 경계지어 있는 것은 아닙니다. 현재 욕계에 머물고 있다 하더라도 내 마음이 선禪과 정定의 경지에 이르면 자신은 곧 색계에도 무색계에도 동시에 머물고 있는 셈이 되는 것입니다. 때문에 자신의 마음에 탐욕 · 성냄 · 어리석음 · 아만 · 의심 등의 번뇌가 남아 있으면 그곳은 욕계이지만 그렇지 않으면 그곳이 곧 색계가 됩니다. 또한 자신의 마음에 물질을 의미하는 색을 초월하면 그곳이 그대로 무색계가 됩니다. 이로써 선정의 수행은 지금 여기에서 자신이 직접 사유하고 닦아가고 실천하는 행위임을 드러낸 것으로 부처님의 수행의 성격이 어떤 것인가를 말해주는 것이기도 합니다.

6 공의 의미

問 앞의 선정에서 잠깐 공空에 대한 이야기가 등장하는데 공이란 무엇입니까. 유有이기도 하고 무無이기도 하다는 말을 들어본 적은 있습니다. 유라면 그냥 유일 것이고 무라면 그냥 무일 것인데 어떻게 유이기도 하고 무이기도 하며 유도 아니고 무도 아닌 경우가 가능한 것인지 알 수가 없습니다. 때문에 그냥 공이라고 하는 것이 가장 좋은 표현이라고도 합니다. 그 공이란 도대체 무엇입니까?

答 공空이란 범어梵語 순야舜若, śūnya를 한자로 의역한 말입니다. 곧 모든 존재의 본래 성질이 공이라는 경우에는 공성空性이라는 말을 사용합니다. 이 공에는 영零이라는 의미가 있습니다. 따라서 공에는 무無의 의미도 있습니다. 그러나 무無의 경우에는 주어가 될 수 없습니다. 곧 무無가 있다는 말은 성립되지 않는다는 뜻입니다. 왜냐하면 무無가 유有라는 것과 모순되기 때문입니다. 그렇다고 해서 무無가 없다는 말도 이상합

니다.

일반적으로 주어가 되는 것은 어떤 의미로든지 존재하는 것을 의미합니다. 그래서 만약 무無를 마음속에 떠올렸다면 그것은 무無를 일종의 유有로 이미 취급했음을 나타냅니다. 그것은 무無의 본래 성격에 어긋나는 것입니다. 무無를 취급하거나 다루기 어려운 점이 바로 여기에 있습니다. 그러나 무無를 논의한 이상 어떤 의미로든지 그 존재성을 인정하지 않을 수 없습니다. 그러나 결국 무無는 태생적으로 존재하는 것을 거부합니다.

가령 선종에서 말하는 것으로 무자화두無字話頭의 경우 무자無字는 짐짓 무無라는 글자를 문제로 삼고 있지만 사실은 무無 그 자체를 문제로 삼을 뿐입니다. 그렇다고 무無를 대상으로 취급하는 것이 아니라 무無라는 글자에 대해서도 대상으로 취급하지 않는다는 것입니다. 곧 유무有無의 무無가 아닐 뿐더러 무無라는 글자도 아니라는 것입니다. 이것은 실제로 무無라는 글자를 참구하라고 말하면서도 정작 어떤 거시기를 무無라는 글자로 표현했을 뿐임을 의미합니다. 때문에 실제로 무자無字를 상대하면서도 무자無字에 집착하지 말라는 것입니다. 곧 무자無字를 달을 가리키는 손가락과 같은 것으로 간주하지도 말고, 한걸음 나아가서 무자無字를 넘어선 거시기를 터득하라는 것입니다. 이것이야말로 진정 거시기, 곧 무無 그 자체에 대한 참구입니다.

일반적으로 무無는 유有의 대립개념입니다. 그러나 무를 유의 차원에서 대립시킨다면 그 무는 일종의 유가 되어버려 무의 본래 의미가 상실되고 맙니다. 이것은 곧 유는 개념화될 수 있지만 무는 개념화될 수 없음을 보여줍니다. 따라서 유를 개념화한 뒤 그 반대를 무라고 말할 수밖에 없습니다. 이렇게 언설을 통하여 무를 논의하는 이상 무를 개념화시켜 다루지 않을 수가 없으므로 감히 무를 개념화시키는 모순과 위험을 무릅쓰는 것입니다.

공의 경우에도 무와 마찬가지의 모순과 위험이 따릅니다. 그때문에 공을 논의하자면, "공도 일종의 유有이다. 공은 결코 허무를 의미하지는 않는다"와 같은 해석에 빠집니다. 분명히 공은 허무는 아니지만 유有도 아닙니다. 이때문에 공견空見이라는 문제가 등장합니다. 공견이란 공을 이데올로기로 간주한 개념입니다. 그래서 공견에는 공을 일종의 유로 인정하는 의미가 은연중에 포함되어 있습니다. 『보적경』에서는 다음과 같이 말합니다.

"공성을 유라고 인정함으로써 공성에 의지하는 사람들은 '붓다는 우리를 불교로부터 파괴하고 멸망시키려고 한다' 고 말한다. 가섭이여, 차라리 수미산과 같은 아견에 의지할지언정 무에 집착하는 공성의 견[空見]에 의지하지 말라."

곧 공성을 유로 인정하는 것이 공견입니다. 이것은 불교의 공에 대한 이해를 파괴하는 설입니다. 그 이유에 대하여 다음과 같이 말합니다.

"공성은 일체의 견見을 일으키는 것으로부터 이탈시켜 준다. 그러나 만약 공성 그 자체를 견見으로 간주한다면 우리는 그런 사람에 대하여 결코 치유할 수 없는 사람이라고 말한다. 가령 병에 걸린 사람이 있다고 하자. 의사가 그에게 약을 투여하여 그 약이 그 사람의 모든 병독을 일소시켜 주었다. 그런데 그 약이 내장에 남아 있어서 빠져나가지 못한다면 어떻겠는가. 그 사람은 과연 그 병독으로부터 벗어날 수 있을 것인가."

여기에서 '무에 집착하는 공성의 견에 의지하지 말라'는 말은 공을 일종의 유로 간주하는 입장을 말합니다. 공성을 올바르게 이해하면 그 공성은 사람을 일체의 견見으로부터 이탈시켜 줄 수가 있습니다. 그러나 공을 견見으로 간주하는 사람에 대해서는 그 잘못을 자각시켜 주는 방법이 없습니다. 곧 유는 공에 의해서 파척되지만 공을 유로써 간주하면 그것을 파척할 방법이 없기 때문입니다.

이것은 무와 공은 주어로서 성립되지 못하고 술어의 방식으로 활용되는 것을 말합니다. 무와 공은 주어가 되어 있는 것을 부정하는 힘은 가지고 있지만 스스로 그 존재성을 갖지 못합니다. 다만 그 작용이 있을 뿐입니다. 이에 무와 공은 실존재가 아니기 때문에 '집착해서는 안 되는 것'이라는 의미가 됩니다. 곧 공은 주체적으로는 무집착無執着의 의미입니다. 그래서 공을 안다는 것은 집착을 벗어나는 것으로서 그 실천에 의하여 공은 자연스레 터득된다는 의미입니다.

바로 이 공을 아는 지혜가 반야般若입니다. 지혜가 활동하면서도 그 대상에 집착하지 않는 곳에 공은 작용하고 있습니다. 무집착의 지혜가 곧 공지空智인데 이것이 공의 주체적인 존재방식입니다. 이것은 말하자면 공견空見과 허무주의虛無主義의 중간에 놓여 있다고 말할 수 있습니다. 이것을 중도中道라고 합니다. 그러므로 공은 단순한 이해가 아닙니다. 이해는 정지적靜止的인 것으로서 대상을 유로 간주하여 파악하는 것이므로 결코 공의 지혜(空智)가 될 수는 없습니다. 따라서 공견은 유의 입장입니다.

공견과 허무주의의 중간적인 입장을 중도라 말하는 것은 공의 지혜가 실천에 의하여 표현되고 그 모습이 드러나기 때문입니다. 실천되기 때문에 도道가 됩니다. 무집착의 실천에 의하여 공지空智가 실현되지만, 보다 근본적으로 말하면 그것은 실천되기 때문에 중도가 됩니다.

공을 주체적인 입장에서 보면 바로 공지空智가 되고 반야지般若智가 되며, 중도中道가 됩니다. 그러나 공을 객체적인 측면으로 보면 존재의 공성이 공하다는 표현이 되고, 혹은 존재는 연기이므로 공하다는 표현이 됩니다.

일반적으로 존재는 유적有的인 존재방식을 지니고 있지만, 그 유 가운데는 무가 포함되어 있는 것으로 간주합니다. 그래서 존재의 본성이 공하다는 것은 존재 그 자체 속에 자기를 부정하는 계기가 포함되어 있습니다. 따라서 '모든 존재는 무상하다'는 것과 '공하다'는 것은 결국 다른 것이 아닙니다.

어쨌든 무와 공은 독립적으로는 존재하지 못하고 유에 즉하여 이해가 되는 것입니다. 그러나 유와 무는 서로 모순되는 개념이기 때문에 양자가 동시同時 및 동간同間에 있을 수는 없습니다. 이에 '존재의 본성이 공하다'는 것은 서로 모순되는 유와 무가 동시에 존재한다는 의미가 아닙니다. 존재의 본성은 유와 무의 개념으로는 파악할 수가 없습니다. 존재는 '유라고도 무라고도 말할 수 없는 어떤 거시기'라는 의미입니다. 그리고 그 존재의 진상은 무분별지無分別智에 의해서만 파악됩니다. 그리고 무분별지 그 자체도 존재의 일종이므로 존재의 본성을 파악하는 것은 동시에 무분별지의 발현이기도 합니다. 이로써 거기에 절대자유의 경지가 실현됩니다. 무분별지는 공이므로 자유로운 것인데, 이 주객합일의 세계를 『반야경』에서는 공空으로 표현합니다.

이와 관련하여 전심前心이 소멸하고 이어서 후심後心이 발생하는 것을 등무간연等無間緣이라 합니다. 어쨌든 생겨난 심心은 반드시 찰나에 소멸된다는 점에서 심心의 본성이 공으로 드러납니다. 생겨난 심心, 곧 유有에 그 심心을 소멸시키는 힘 곧 무無가 포함되어 있습니다. 만약 생겨난 심이 외부의 어떤 힘에 의하여 소멸되는 것이라면, 외부의 어떤 힘이 가해지지 않을 경우에는 심은 언제까지나 동일한 상태로 유지될 것입니다.

그러나 실제로 그와 같은 경우는 없습니다. 심은 반드시 소멸됩니다. 때문에 심이 '소멸된다'는 것에는 외부의 연緣이 필요하지 않습니다. 자연히 소멸되는 것입니다. 이와 같이 생겨난 심이 자연히 소멸되는 것이 이후의 심의 발생에 연으로 작용하는데 이것을 등무간연等無間緣이라 합니다. 따라서 전심과 후심 사이에는 단절이 있다고 간주됩니다. 그것에 의하여 우리의 심이 선심善心이 되기도 하고 악심惡心이 되기도 하며 희로애락喜怒哀樂 등으로 천변만화합니다. 바로 이런 점에서 심에는 자성이 없다고 말합니다. 만약 심의 본성이 선이라면 그 심은 결코 악이 될 수가 없습니다. 그러나 늘상 심은 변화합니다. 이것은 곧 심의 본성은 공하여 무자성無自性이기 때문입니다.

『반야경』 계통에서는 일체개공一切皆空이라 하여 모든 존재의 본성은 공하다고 설합니다. 그러나 대승불교에서는 여래장如來藏을 설하는 경전도 있는데 이 계통에서는 자성청정심自性淸淨心이라 말하여 심의 본성은 자성청정하여 선善하다고 간주합니다. 또한 실유불성悉有佛性이라고도 말하여 심의 본성은 불성佛性이라고 설하기도 합니다. 이것은 범부일지라도 부처가 되는 성질이 갖추어져 있다고 간주하는 것이므로 마찬가지로 심의 본성을 선하다고 간주하는 입장이 됩니다. 이것은 심에 무량하게 뛰어난 힘이 갖추어져 있어서 그것이 발현하여 부처가 된다고 보는 것입니다.

　이러한 견해방식은 심의 본성이 선하다고 간주하는 것이므로 이것을 불공不空이라 합니다. 존재를 공과 불공의 두 가지로 나눕니다. 따라서 『반야경』의 경우처럼 일체개공으로 간주하는 입장과는 다릅니다. 이처럼 같은 대승경전이면서 심에 대한 견해가 다릅니다. 그 이유는 인간의 심은 복잡하여 취급하는 방식에 따라서 견해의 차이가 생겨나기 때문이라고 봅니다. 이것은 연기緣起의 입장에서 이해하면 존재의 본성이 공하다는 견해가 되는데, 『화엄경』에서 설하는 성기性起의 입장에서 이해하면 심의 본성은 자성청정하다는 견해가 됩니다.

　성기性起는 성품에서 일어난다는 입장인데 이 경우 성性이란 진여眞如를 가리킵니다. 인간의 심의 본성은 진여이지만 범부의 경우는 자기의 심의 본성이 진여인 줄을 모릅니다. 그러나 진여는 공성진여空性眞如라고 표현되듯이 공성空性과 모순되거나 배치되는 것이 아닙니다. 심은 찰나멸刹那滅로서 끊임없이 변화하여 실체가 없습니다. 이 점에서 심의 본성은 공으로 표현되는데 이것은 심의 현상적인 측면에 즉하여 말한 것입니다. 찰나에 지속적으로 생멸해가는 심은 현상심現象心입니다. 이것은 물과 파도의 관계로 말하면 파도에 해당합니다. 곧 물을 파도의 측면에서 보면 물은 천변만화하여 거기에 고정적인 형체가 없어 물은 공으로 표현됩니다. 물은 용기에 따라서 형체가 변화하여 자성이 없습니다. 그러나 제아무리 물이 공하다 할지라도 물 그 자체가 무無가 되는 것은 아닙니다. 파도를 파도이게끔 만드는 물의 존재성은 파도가 어떤 모습으로 변화해도 자성이 변하지 않습니다.

심의 본성이 진여라는 경우는 물을 물의 존재성의 측면으로 보는 경우에 해당합니다. 현상심을 사심事心이라 하는 것에 비하여 심의 진여의 측면을 이심理心이라 합니다. 붓다가 되면 심의 이理의 측면이 전체적으로 드러나지만 범부의 경우는 이理가 그 작용을 충분히 드러내지 못합니다. 성기性起에서 성은 곧 이와 같은 이理를 말하는데 범부에게는 성은 있지만 그 작용에 해당하는 기起가 없습니다. 곧 성기설性起說은 붓다의 입장에서 범부를 역관逆觀하는 방식입니다. 붓다의 심은 깨침이 주가 되어 있어 무량하게 뛰어난 힘이 갖추어져 있습니다.

그러나 그 힘이 무에서 생겨났다는 것은 아닙니다. 이미 범부의 경우에도 잠재적으로 갖추어져 있다고 간주합니다. 그래서 범부심을 이理와 사事로 나누어 범부의 사심事心은 번뇌에 물든 미망의 심이지만 그 심의 본성은 이理로서 붓다와 다르지 않다고 보는 것입니다. 이와 같이 결과(佛)의 입장에서 원인(凡夫)을 보면 범부에게도 불성이 있다고 보는 것입니다. 그러나 이처럼 간주한다 할지라도 상술한 바와 같이 공성空性의 견해와 모순되는 것은 아닙니다. 따라서 심을 공으로 보는 견해는 원인으로부터 결과를 보는 입장에 해당합니다.

위의 설명처럼 현상심은 전멸후생前滅後生으로서 그 사이에 등무간연의 관계가 있어서 전심前心과 후심後心 사이에 단절이 있습니다. 물론

완전하게는 단절되지 않은 입장이지만 단절의 측면이 표면으로 드러납니다. 그때문에 범부의 입장에서 전승轉昇하여 붓다의 지위에 도달한다 해도 그것은 미혹에서 그 미혹을 굴려서 깨침으로 나아가는 형식으로 간주됩니다. 이것은 처음부터 깨침이 준비되어 있다고 보지는 않는 것인데 이런 입장은 곧 일체개공의 측면입니다.

어쨌든 이러한 견해는 사실을 설명하기 위한 가설입니다. 일정한 조건을 전제하여 설명하는 입장이므로 모순을 피해갈 수는 없습니다. 그러나 조건을 전제하지 않는다면 그에 대한 설명조차도 불가능하고 맙니다.

7 소승불교의 선정

問 사선·팔정과 구차제정에 대해서는 이제 어느 정도 이해가 되었습니다. 그런데 붓다의 선정은 이후 원시불교시대를 거쳐서 아비달마불교시대, 나아가서 대승불교시대에 이르기까지 오랜 세월 동안 수행방법이 더욱더 다양하고 풍부하게 발전했던 것으로 알고 있습니다. 이들 다양한 선정수행에 대하여 말씀해주시기 바랍니다.

答 예, 그렇습니다. 질문한 바와 같이 붓다의 선정수행은 오랜 세월에 걸쳐서 수많은 사람들에 의하여 각각 특색이 있는 선법으로 발전하고 전승되었습니다. 그러니까 시간과 장소를 달리하고 사람의 근기(시대와 장소 등)에 따라 응했으니 자연 풍부해진 것이지요. 이는 자연스런 현상이고 역사성의 발현입니다. 그 가운데 삼삼매三三昧 및 오정심관五停心觀 등은 가장 전형적인 수행방식으로 정착되어 널리 활용되어 온 수행법이기도 합니다. 삼삼매와 오정심관은 시대별로 분별하자면 소위 아비달마

불교시대 곧 소승불교시대에 해당합니다. 이제 그와 관련된 몇 가지 수행법에 대하여 말씀드릴까 합니다.

소승불교시대는 상좌부上座部와 대중부大衆部의 근본 두 부파에서, 지말분파枝末分派인 18분파를 합하여 일반적으로 소승 20부파로 불린 시대입니다. 때문에 부파불교部派佛敎시대라고도 부르고, 또한 불법에 대한 교의를 연구하고 천착하던 시대이기 때문에 아비달마불교阿毘達磨佛敎시대라고도 부릅니다. 소승불교의 선정은 사선四禪·사무색정四無色定·멸진정滅盡定·삼삼매三三昧 및 이것들에 기초한 사무량심四無量心·팔해탈八解脫·십변처十遍處 등의 공덕이 열거되고 있습니다. 기타 십수념十隨念과 오정심관五停心觀 등도 중요한 수행의 덕목이었습니다.

소승불교시대에는 기존의 불법에 대하여 수많은 학파에서 다양한 교리가 천착되던 시기였기 때문에 가능한 모든 수행의 방법, 사상 및 실천에 대하여 끝없는 교리가 창출되었습니다. 그런 까닭에 불교의 어느 시대의 교리 못지않게 치밀하고 다양하며 복잡한 양상을 보여주고 있습니다.

삼삼매三三昧의 경우 공삼매空三昧는 곧 아我·아소我所의 공空을 의미하는 무집착삼매이고, 무상삼매無相三昧는 곧 차별상差別相이 없는 평등삼매를 가리키며, 무원삼매無願三昧는 곧 원구願求할 것이 없는 무작삼매無作三昧를 실천하는 선관禪觀입니다. 삼삼매는 달리 삼삼마지三三摩地·삼정三定·삼등지三等持·삼종삼매三種三昧라고도 합니다. 또한 『인

왕경』에서는 삼공三空이라 하고, 『십지론』에서는 삼치三治라고 합니다. 삼삼매에는 유루有漏의 삼삼매와 무루無漏의 삼삼매가 있습니다. 유루정의 경우는 삼삼매三三昧·팔배사八背捨라 하고, 무루정無漏定의 경우는 삼해탈문三解脫門·팔해탈八解脫이라고 합니다.

이와 같은 삼삼매를 사성제四聖諦와 관련시켜 말씀드리면 다음과 같습니다. 공삼매는 고제苦諦의 공空과 무아無我에 상응하는 삼매입니다. 곧 제법은 인연소생이라 관찰하여 아我와 아소我所가 없다고 보는 삼매입니다. 무상삼매는 멸제滅諦의 멸滅·정정靜·묘妙·이離에 상응하는 삼매입니다. 열반은 곧 색色·성聲·향香·미味·촉觸의 5법法과 남·여의 2상相과 생상生相·이상異相·멸상滅相의 세 가지 유위상有爲相 등 모두 10상相을 여의는 삼매로서 무상無相인데 이 무상無相을 인연하기 때문에 무상삼매라 합니다.

무원삼매는 무작삼매無作三昧·무기삼매無起三昧라고도 하는데 고제苦諦의 고苦·무상無常과 집제集諦의 인因·집集·생生·연緣에 상응하는 삼매입니다. 고제苦諦의 고苦·무상無常 및 집제集諦의 인因·집集·생生·연緣은 염오厭惡의 대상이고, 또 도제道諦의 도道·여如·행行·출出은 마치 뗏목의 비유와 같아서 집착해서는 안 되는 것이므로 불원요不願樂의 대상입니다. 그래서 무원삼매無願三昧라 합니다. 또 제법은 원요願樂의 대상이 아니어서 조작할 바가 없으므로 무작無作·무기無起라고 합니다. 다만 고제苦諦의 공空·무아無我는 열반상涅槃相과 비슷하여 버려야 할 대상이 아니므로 무원삼매無願三昧에서는 그것을 취하지 않습니다.

십변처十遍處는 십편처十遍處 · 십일체처十一切處 · 십선지十禪支 · 십편처정十遍處定이라고도 하는데, 청靑 · 황黃 · 적赤 · 백白의 4색과 지地 · 수水 · 화火 · 풍風 · 공空 · 식識의 6대 등 10가지 대상을 낱낱이 취하여 일체처에 주변週遍시켜 관찰하는 수행방법입니다. 10가지 가운데 앞의 8가지는 욕계와 색계의 색色을 인연하여 색色의 청정을 관찰하고, 뒤의 공空과 식識의 두 가지는 공무변처정과 식무변처정을 소의선정으로 삼아서 수受 · 상想 · 행行 · 식識의 4온을 인연하여 수행하는 법입니다.

일반적으로 수행을 그 성격기준으로 보자면 정수행正修行과 방편수행方便修行으로 나누어볼 수가 있습니다. 정수행은 본격적인 수행으로서 깨침을 향해 나아가는 것입니다. 반면 방편수행은 예비수행으로서 본격적인 수행에 앞서 번뇌를 제거해 나아가는 수행입니다. 비유하자면 등산을 할 경우에 어느 산에 갈 것인지, 누구와 함께 갈 것인지, 언제 갈 것인지, 어느 길로 갈 것인지, 어디까지 갈 것인지, 무엇을 가지고 갈 것인지, 산에 올라갈 만한 체력은 충분한지 등에 대하여 점검하고 준비하는 것은 예비수행으로서 방편수행에 해당합니다. 그러나 정수행은 그로부터 본격적으로 목표 삼은 산에 직접 올라가는 것입니다. 이와 같은 수행의 성격 가운데 오정심관五停心觀은 방편수행적인 성격이 강합니다.

그렇다고 딱히 방편수행이라고만 할 수는 없습니다. 오정심관을 통하여 깨침에 도달하는 경우도 있기 때문입니다.

이에 오정심관五停心觀은 다섯 가지 번뇌심을 그치는 관법수행입니다. 번뇌심을 그치는 수행은 달리 방편수행이라고 합니다. 각각의 다섯 가지를 모두 이행할 필요는 없습니다. 자기에게 해당하는 항목을 선택하여 수행하는 개별적인 수행이기 때문입니다.

구체적으로 말하자면 탐욕이 많은 사람은 부정관不淨觀·성냄이 많은 사람은 자비관慈悲觀·어리석음이 많은 사람은 연기관緣起觀, 因緣觀·아我에 집착한 사람은 계차별관界差別觀·산란심이 많은 사람은 수식관(數息觀, 念佛觀)을 수행하는 방법입니다. 곧 5종의 관법으로서 5종의 과실過失을 극복하는 것입니다. 이것은 소승 3현의 첫째로서 성문승이 입도入道하는 관문인데 여기에 2종이 있습니다.

첫째, 부정관은 경계가 부정한 형상을 관찰하여 탐욕을 그치는 방법으로서 탐착이 많은 사람에게 유용합니다. 몸이 부정하다고 관찰하는 것에 2종이 있습니다. 첫째는 자신의 부정을 관찰하는 것이고, 둘째는 타신他身의 부정을 관찰하는 것입니다.

자신의 부정을 관찰하는 것에는 9종이 있습니다. 곧 ① 사상死想, 燒想 ② 창상脹想 ③ 청어상青瘀想 ④ 농란상膿爛想 ⑤ 괴상壞想 ⑥ 혈도상血塗想 ⑦ 충담상蟲噉想 ⑧ 골쇄상骨鎖想 ⑨ 분산상分散想 등입니다.

한편 관찰의 대상으로서 시체를 선택할 경우에 『해탈도론』에 의하면 그 시체가 변해가는 10상想은 다음과 같습니다. 창상脹想은 시체가 부풀어 오른 모습이고, 청어상靑瘀想은 시체의 색깔이 검푸르게 변하는 모습이며, 농란상濃爛想은 시체가 곪아터지는 모습이고, 기척상棄擲想은 시체가 마디마다 잘라진 모습이며, 담상噉想은 시체가 동물들에게 뜯어 먹히는 모습이고, 신육분장상身肉分張想은 시체가 여기저기로 흩어지는 모습이며, 산상散想은 시체의 살이 헤쳐지고 흩어지는 모습이고, 혈도상血塗想은 시체에 피가 온통 뒤범벅이 되어 엉겨 붙은 모습이며, 충취상蟲臭想은 시체에 온통 벌레가 가득히 모여든 모습이고, 골상骨想은 마지막에 남은 해골의 모습입니다.

그리고 타신의 부정을 관찰하는 것에는 5종이 있습니다. ① 종자부정種子不淨은 과거의 업이 종자가 된 것으로 부모의 정혈精血로 몸을 받은 것이라 관찰하는 것입니다. ② 주처부정住處不淨은 모태의 부정한 곳에 머물러 있는 모습을 관찰하는 것입니다. ③ 자상부정自相不淨은 몸의 아홉 구멍에서 항상 침과 눈물과 대소변 등이 흘러나오는 것을 관찰하는 것입니다. ④ 자체부정自體不淨은 36종의 부정물이 합성된 몸이라고 관찰하는 것입니다. ⑤ 종경부정終竟不淨은 몸이 죽어 묻히면 흙이 되고 벌레에게 씹히면 똥이 되며 불에 타면 재가 되어 구경에 어떤 청정한 모습도 추구할 바가 없다고 관찰하는 것입니다.

둘째, 자비관은 일체 유정을 보고 불쌍하다는 마음을 일으켜 성냄을 그치는 방법으로 화를 잘 내는 사람에게 유용합니다. 화를 내는 것은 불만족하기 때문입니다. 불만족은 일체의 대상을 자비로운 마음으로 바라보면 자연스럽게 사라지기 때문입니다.

셋째, 인연관은 12연기 및 삼세가 상속하는 이치를 관찰하여 어리석음을 그치는 방법으로 우매한 사람에게 유용합니다. 불교에서 어리석다는 것은 곧 연기법에 어둡거나 무시하고 믿지 않는 것을 말합니다. 이에 세계의 모습이 연기의 도리에 의하여 형성되고 소멸되는 원리를 파악하는 것이야말로 어리석음을 벗어나는 곧은 길이 됩니다.

넷째, 계분별관은 제법에 대하여 6계·12계·18계로 분별하여 아견을 그치는 방법으로 아집이 강한 사람에게 유용합니다. 아만과 아집은 자신과 어떤 대상에 대하여 그것이 영원불변하다는 생각에 사로잡혀 있기 때문에 나타나는 번뇌입니다. 이에 모든 존재는 고정불변의 모습이 아니라 육근과 육경과 육식의 관계로 나타나고 사라지는 것임을 분별해 보는 것입니다.

다섯째, 수식관은 호흡을 헤아려 산란심을 그치는 방법으로 산만한 사람에게 유용합니다. 호흡을 주의집중하여 관찰하면서 그 수를 헤아리다 보면 들뜬 마음이 사라지고 안정을 터득하기 때문입니다. 수식관은 달리 관불觀佛의 방법 내지 염불의 방법으로 대치하기도 하는데, 이 경우에 부처님의 상호를 관찰함으로써 일체의 번뇌를 다스리는 방법으로 업장이 많은 사람에게 유용하기 때문입니다.

또한 육묘문六妙門이란 수행법이 있습니다. 아나파나, 곧 안반安般에 대하여 설하는 육묘문입니다. 곧 수數·수隨·지止·관觀·환還·정淨입니다. 수數는 입식과 출식을 헤아려 정신이 산일한 것을 막고 방편으로 정定에 드는 것입니다. 수隨는 수행자의 심心·기氣·식식息이 서로 좇아 여의지 않아 출出해서는 시방에 달하고 입入해서는 온몸에 미쳐 그것을 관찰하는 것입니다. 지止는 염念을 코 끝 등에 안주시켜 부단히 식息을 관찰하는 것입니다. 관觀은 식풍息風이 어떤 것인가를 관찰하여 점차 정지正智를 돌이켜서 오온五蘊 등의 경지를 실實과 같이 요지하는 것입니다. 환還은 식息을 관찰하는 정지正智를 돌이켜서(還) 사념처四念處를 닦고 내지 열반에 이르는 것입니다. 정淨은 일체의 번뇌를 정제淨除하여 성과聖果를 증득하는 것입니다.

또한 16특승特勝은 곧 16승勝·16승행勝行·16특승행特勝行·16안나반나행安那般那行은 출입식을 염念하여 행하는 16종의 관법으로 수식관을 더욱더 분별하고 확충한 것입니다. 부정관법이 소극적인 것에 비하여 특별히 뛰어난 점이 있기 때문에 특승이라 말합니다.

8 대승불교의 선정

問 소승불교시대의 수행에 대해서는 참으로 복잡하고 다양하다는 것을 알았습니다. 그렇다면 이후 시대에 해당하는 대승불교시대에는 선정수행이 어떤 모습으로 나타나고 또 전승되었는지 궁금합니다. 대승의 선정에 대하여 말씀해주시기 바랍니다.

答 아비달마불교시대로 일컬어지는 소승불교시대는 말 그대로 아비달마, 곧 법에 대하여 각각의 견해가 가장 자유롭게 피력된 왕성한 시대입니다. 따라서 똑같은 교리에 대해서도 학파의 숫자만큼이나 다양하고 세밀한 교리와 이론이 전개되었습니다. 이와 같이 번쇄한 소승불교의 학설은 본래의 종교적인 목적 곧 고통으로부터 인간을 해탈시켜 주려는 붓다의 가르침을 상대적으로 소홀히 간주하게 되었습니다. 이로써 붓다의 성스러운 정신은 현저하게 형식불교·해석불교에 떨어져 세간의 대중을 떠나 거의 전문가들만의 위안물이 되어 붓다의 참된 정신을 상실

하게 되었습니다. 이러한 폐풍을 일소하고 붓다의 근본정신을 시대에 되살리려고 일어난 것이 대승불교운동입니다.

『반야경』을 선구로 하는 대승불교가 대두된 것은 기원전 1세기 무렵이었습니다. 『반야경』은 600권의 일대총서一大叢書로서 그 주요 핵심은 제법개공諸法皆空을 설하고 있습니다. 제법개공이란 모든 존재의 고정적인 실체관념과 거기에 고집하는 태도를 타파하는 것입니다. 인도의 대승불교시대는 약 1200년이라는 장구한 세월동안 계속되었기 때문에 시기를 나누어보는 것이 일반적입니다.

인도의 제1기 대승경전으로는 『반야경』·『유마경』·『법화경』·『화엄경』 등이 있습니다. 『반야경』 속의 『금강경』은 반야의 불가득공不可得空을 설하여 응무소주이생기심應無所住而生其心의 뜻을 설명하고 있습니다. 응무소주應無所住는 반야개공을 가리키고, 이생기심而生其心은 공관을 매개로 한 자기의 각성覺醒 곧 불성의 현전을 말합니다. 따라서 이 경전은 이후에 선문禪門과 깊은 관계를 지니게 되었습니다.

『유마경』은 소승자리小乘自利의 독선을 파하고 이타利他를 기본으로 하는 불법의 생활화를 강조합니다. 그리고 묵묵히 문자·언어라는 것도 없다고 하여 직심直心이 곧 도량道場임을 말하고, 좌坐하는 것도 반드시 연좌宴坐에만 있는 것이 아니라고 설하며, 불이법문不二法門의 실천적 파악을 보여주고 있는 점 등은 선사상 및 선수행을 뒷받침하는 가르침이라 할 수 있습니다.

『화엄경』은 불타의 자내증自內證에 기초하여 광대한 묘유妙有의 세계관을 전개하여 일즉다一卽多・다즉일多卽一・주반구족主伴具足・중중무진重重無盡의 연기관계를 보여주고 있습니다. 이로써 버들은 푸르고 꽃은 붉다는 유록화홍柳綠花紅과 같은 일상의 절대현실에 철저하고, 어느 것 하나 진리로부터 벗어나 있지 않는 전일全一한 불법생활을 역설한 경전입니다. 그리고 청정한 일심을 드높이고 전일全一한 생활을 강조하여 보리심과 그 실천으로 승화시킨 점은 이후 조사선법의 사상적인 뒷받침이 되었습니다. 그러므로 선과 화엄의 결합은 일찍부터 행해져 화엄선이라는 말도 출현하였습니다.

　제2기 대승경전으로서는 『열반경』・『승만경』・『해심밀경』 등이 있습니다. 『열반경』은 법신[理法]은 영원하여 변역되지 않는다고 하며, 일체의 중생에게 성불의 선천적 근거로서 불성이 있다는 것을 보이고, 단선근斷善根이라는 일천제一闡提까지도 성불할 수 있다고 역설하는 경전입니다. 그 실유불성悉有佛性의 가르침은 선문의 즉심시불卽心是佛 내지 견성성불見性成佛의 사상적 근거가 되었다는 것은 말할 나위도 없습니다. 그것은 여래장을 설하고 있는 『승만경』・『여래장경』・『부증불감경』에 있어서도 하등의 차이가 없습니다.

　제3기 대승경론은 『능가경』・『기신론』 등을 들 수가 있습니다. 『능가경』은 대승의 제교설諸敎說을 여러 가지로 모아서 잡록한 것이지만 아뢰야식과 여래장을 조화시키려고 시도한 경전입니다. 불심과 여래장을 설하여 4종류의 선을 말합니다. 특히 여래선을 설명하여 여래의 불설일자不說一字 혹은 불설즉불설不說卽佛說의 이치를 설명하고, 불립문자를 강조하며, 사돈사점四頓四漸을 설명하고 있는 점은 선과 밀접한 관련을 지니고 있는 근거입니다. 달마는 『능가경』 4권을 혜가에게 전해주고 그것을 심요心要로 삼을 것을 부탁하였다는 것으로부터 더욱더 관계가 깊습니다.

대승불교는 가르치는 입장에 서서 무애자재를 중시하기 때문에 우선 그 근본정신을 취하고, 다시 이상理想을 주主로 삼는 불위佛位에 기초하여 향하向下하려고 하기 때문에 저절로 이타적이 되었습니다. 그것이 목표로 하는 것은 한결같이 불타의 근본정신으로 살아가며, 그것을 우리네 인격에 구현하여 사회에 그 이상을 실현하려는 점에 있습니다. 때문에 대승의 모든 경전은 불타의 체험내용을 보여주려는 문학적 표현이기도 합니다. 그리고 불교정신을 그 근저에서 취하고, 그 정신으로 살아가려는 데에는 선정만한 길이 없을 것입니다. 대승의 경전이 한결같이 입정 또는 출정이라는 설법의 형상에 의하여 나타나 있는 이유도 확실히 여기에 있습니다.

대승불교의 선정은 주로 대승경전에 나타난 삼매를 중심으로 이루어지는 선정을 말합니다. 곧 『반야경』 계통의 공삼매, 『법화경』의 무량의처삼매無量義處三昧, 『화엄경』의 해인삼매海印三昧, 『열반경』의 부동삼매不動三昧 등이 있습니다. 이들을 중심으로 하는 대승의 선관으로는 관불삼매觀佛三昧・법화삼매法華三昧・수능엄삼매首楞嚴三昧・일행삼매一行三昧・제법실상관諸法實相觀・관무량수경법無量壽經法, 般舟三昧 등이 그 일례입니다.

9 선법의 중국 전래

問 선법이 인도에서 발생하였고, 이후에 시대에 따라서 더욱더 다양하고 세련된 방식으로 전개되어 왔다는 것을 알게 되었습니다. 그런데 오늘날 우리가 말하는 선이라면 흔히 중국의 선이 전부인 것처럼 알고 있는 경우가 많습니다. 그것은 인드에서 13세기 초에 불교가 소멸된 것과도 관련이 깊다는 생각이 듭니다. 따라서 우리가 알고 있는 중국불교의 선은 어떻게 형성이 되었는지 말씀해주시기 바랍니다.

答 중국선은 보리달마의 서래西來로부터 그 시작을 잡고 있습니다. 그것은 오늘날까지 전승되어 온 선법이 모두 보리달마의 법손法孫들에 의해 형성되고 발전되며 전승되어 왔기 때문입니다. 그러나 중국에 불교가 공식적으로 전래된 것은 기원 이후 67년을 기준으로 삼고 있습니다. 중국불교사에서 불교가 전래되던서부터 가장 먼저 나타난 현상은 아무래도 인도로부터 전래된 경전의 번역이었습니다. 그 경전에는 선법과

관련된 다수의 경전, 이를테면 선경禪經이 포함되어 있습니다. 가령 『안반수의경』, 『좌선삼매경』, 『선법요해경』 등 수많은 경전이 한역됨으로써 그에 근거하여 실제로 선수행을 실천하는 사람들이 나타났습니다. 보리달마의 법손들은 그 일군의 무리들을 이른바 습선자習禪者라고 불렀습니다. 이것은 오늘날까지 전승되어 온 선법을 정통으로 간주하는 입장(달마의 법손)에서 바라본 것입니다. 보리달마가 주창한 선법의 부류에서 그 일군의 무리들을 제외시킨 결과입니다.

아무튼 이들 습선자들은 보리달마가 중국에 도래한 6세기 초반 무렵까지 활약했던 사람들로서 한때는 선법의 상당한 발전을 보여 주었습니다.

이들 습선자들에 대해서는 『양고승전』의 「습선편」에 의하면 인도와 서역으로부터 중국에 온 외국 스님들의 문하에서 수학했다기보다는 직접 선정을 닦은 것으로 보이는 인물로 아라갈阿羅竭·승현僧顯·영소令韶·지둔支遁·백승광帛僧光·담유曇猷·혜외慧巍·현호賢護·지담란支曇蘭·법서法緖 등이 있습니다.

이것은 중국에 보리달마가 본격적으로 선법을 전하기 이전에 이미 역출된 선경을 통하여 도래한 스님들뿐만 아니라 중국 출신 스님들에게도 선법이 실행되고 있었음을 말해주는 것입니다. 당시 외국 선승으로서 중국에 크게 영향을 끼친 사람으로는 불타발타라佛馱跋陀羅·담마밀다曇摩蜜多, 356-442)·강량야사畺良耶舍·담무비曇無臂·담마야사曇摩

耶사・구나발마求那跋摩・승가달다僧伽達多・승가다라僧伽多羅 등이 있었습니다.

한편 『속고승전』의 습선자들에 대한 기록을 보면 이전의 습선자들이 주로 소승계통의 습선자였음에 비하여 그와는 약간 달리 대승선을 수행한 것으로 등장하고 있습니다. 『속고승전』에 수록되어 있는 습선자의 수는 무려 95명에 달합니다. 이러한 추세는 시대가 흐를수록 점점 더했으며, 『속고승전』으로부터 『송고승전』이 출현하는 시대는 중국불교사에서 선이 중국적으로 토착화되어가는 모습을 잘 반영해주고 있습니다.

『속고승전』의 『습선편』에 기록되어 있는 인물 가운데 외국인으로 유명한 사람은 늑나마제勒那摩提오・불타선사佛陀禪師 등이 있습니다. 특히 불타선사의 제자인 승조僧稠스님이 유명합니다. 승조는 사념처법四念處法과 십육특승법*을 수행하여 모든 욕망을 여의고 깊은 선관의 뜻을 터득했다고 전합니다. 이 승조에게서 지도받은 습선자가 천육백 명에 이르렀다고 합니다. 이로써 보자면 보리달마가 도래하여 활동하던 당시에는 승조의 사념처법이 대세였을 뿐만 아니라 습선자라고 폄하할 하등의

---

* 十六特勝法의 特勝은 4념처 등의 관법보다 특승하다는 뜻이다. 곧 처음 調心으로부터 비상비비상처정에 이르기까지 각 계위마다 觀照하여 無漏善業을 일으키고 自害의 과실은 厭惡하기 때문에 特勝이라 한다. 16은 ① 知息入 ② 知息出 ③ 知息長短 ④ 知息徧身 ⑤ 除諸身行 ⑥ 受喜 ⑦ 受樂 ⑧ 受諸心行 ⑨ 心作喜 ⑩ 心作攝 ⑪ 心作解脫 ⑫ 觀無常 ⑬ 觀出散 ⑭ 觀離欲 ⑮ 觀滅 ⑯ 觀棄捨 등이다.

이유도 없었습니다. 그러나 역사는 언제나 그 역사를 기록하는 후손들의 손에 의하여 평가되어 왔습니다. 당시에 세력이 어찌 되었든 간에 오늘날의 기준으로는 보리달마의 선법이 후손들에 의해 정통으로 전승되어 오고 있습니다.

남조의 양나라 무제시대에는 보리달마 이외에 승부僧副와 혜초慧初 등은 산과 계곡에서 은둔생활을 하면서 깨침을 추구하는 선수행을 하였지만, 부흡傅翕은 대승적인 선법을 실천하였습니다. 부흡에게는 『심왕명心王銘』이라는 저술이 있는데 이 가운데 나타나 있는 즉심즉불即心即佛이라는 개념은 후대 조사선의 맹아萌芽가 되었습니다.

10 보리달마의 선법

問 보리달마의 법손들이 습선자들을 보리달마의 선법과 구별했다면 보리달마의 선법은 어떤 것입니까? 그리고 습선자들의 선법과 다르다면 어떤 점에서 다른지 말씀해 주시기 바랍니다.

答 선이 중국에 전래되고 나서부터는 그 행적行的인 문화성격과 결부되어 일찍이 인도에서는 볼 수 없었던 특색을 발휘하게 됩니다. 중국에 있어서 처음 독립적인 한 계통을 이룬 선종은 보리달마의 서래西來에서 기인합니다. 물론 달마가 서래한 당시의 불교 교학계는 이와 같은 특이한 선자(禪者: 보리달마)를 맞아들이기 위해서는 꽤 높은 수준에 도달해 있지 않으면 안 되는 상황이었습니다.

이 무렵 인도의 중요한 제경론諸經論은 거의 전역傳譯되어 연구와 실수가 점차 성황을 이루고 있었는데, 특히 대승선관에 대한 관심은 하나의 시대적인 흐름을 이루고 있었습니다. 이로부터 유구한 중국 선종의 역사는 대개 선의 형성시대·발전시대·계승시대·쇠퇴시대로 구분해 볼 수가 있습니다.

우선 보리달마菩提達磨로부터 조계혜능曹溪慧能에 이르기까지 200여 년 동안은 선종의 형성시대로 간주합니다. 이 시대의 선종은 속속 나타난 돈황문헌 및 『보림전寶林傳』·『조당집祖堂集』 등의 출현에 의해 기존 선종사에 대하여 재검토가 이루어져 왔습니다.

달마는 처음 뜻을 대승에 두고 마음을 허적虛寂에 명합시키는 정학定學의 사람이었습니다. 그러나 인도에서 정법이 쇠미해지는 여러 조짐을 보고는 슬퍼하여 멀리 산해山海를 넘어 표연히 중국으로 유화하였습니다. 보리달마가 중국에 도래한 일화에 대해서는 『낙양가람기』, 『보리달마남종정시비론』, 『보림전』, 『조당집』 등을 통하여 몇 가지 생각해 볼 점이 있습니다.

우선 달마 도래의 시기에 대해서는 480여 년 무렵 총령산맥을 넘어왔다는 설과, 520여 년 무렵 바닷길을 통해서 도래했다는 설이 있습니다. 또한 보리달마의 출신지역에 대해서는 페르시아 출신이라는 설과 남인도 출신이라는 설이 있습니다. 그 상황이야 어찌되었든 간에 오늘날에는 남인도 출신으로 바닷길을 통하여 도래했다는 설이 지배적이므로 그 설에 의거하여 말해 보고자 합니다.

바야흐로 보리달마의 중국 도래로부터 중국의 선법은 시작되었습니다. 그 단적인 일례는 보리달마와 양나라 무제 사이의 일화에서 찾아볼 수 있습니다. 이심전심의 선법을 통하여 부처님의 정법안장正法眼藏을 전하기 위해 인도로부터 수천리 떨어진 중국에까지 건너 온 달마에게는 불조혜명佛祖慧命의 계승이라는 분명한 목표가 있었습니다. 그러나 막상 중국에 와서 부딪친 것은 그것과는 너무나 다른 유루공덕有漏功德의 모습이었습니다. 보리달마가 생각하고 있는 공덕의 입장과 양무제가 생각하고 있는 복덕의 입장에 서로 괴리가 있었습니다. 오늘날 용어로 말하자면 서로 간에 코드가 맞지 않았던 것입니다. 『경덕전등록』에 수록되어 있는 내용은 다음과 같습니다.

무제가 물었다.
"짐이 즉위한 이래 절을 짓고 사경하며 스님을 배출한 일이 수없이 많았습니다. 그러니 어떤 공덕이 있습니까?" 달마가 말했다.
"공덕이 없습니다."
"왜 공덕이 없다는 겁니까?"
"그것은 단지 인간세상과 천상의 작은 공덕으로서 유루의 인因일 뿐입니다. 그래서 마치 형체를 따라 나타난 그림자와 같은 것이어서 진실한 것이 못됩니다."
"그러면 진실한 공덕이란 무엇입니까?"
"청정한 지혜는 미묘하고 원만하여 체성이 공적空寂한데, 그 공덕功德은 세간에서는 얻을 수 없습니다." 그러자 무제가 또 물었다.

"그렇다면 어떤 것이 성스러운 제일의제第一義諦입니까?" 달마가 말했다.
"성스러운 것은 없습니다."
"그러면 지금 제 앞에 있는 그대는 누구입니까?"
"저도 제가 누구인지 모르겠습니다."
결국 이 말의 뜻을 양무제가 알아듣지 못하자 달마는 근기가 맞지 않음을 알아차렸다.

이것은 바로 달마의 무루법無漏法과 무제의 유루법有漏法 사이에서 나타난 괴리의 결과였습니다. 그 당시 달마가 추구한 것은 사탑의 조성, 경전의 유포, 스님의 배출 등 구복신앙과 같은 유형적인 공덕이 아니었습니다. 사람마다 제각기 갖춘 본래 면모인 불성佛性의 현현이었습니다. 달마는 그것을 『이종입二種入』 속에서 다음과 같이 말하고 있습니다.

대저 깨침에 들어가는 길은 많지만 요점을 들어 말하자면 두 종류가 있다. 하나는 이입理入이고, 다른 하나는 행입行入이다. 이입이란 경전의 가르침에 의지하여 종지를 깨치는 것이다. 곧 모든 중생이 성인과 동일한 진성을 지니고 있으나 객진의 망상에 뒤덮여 드러내지 못하고 있음을 철저히 믿는 것이다. 만약 망상을 버리고 진성으로 돌아가려면 조용히 벽관을 행하여 자타가 없고 범성凡聖이 동일함을 굳게 지켜 움직이지 않아서 다시는 언교言敎에 구속되지 않아야 한다. 이처럼 이치에 그윽하게 계합하여 분별심이 없이 적연무위寂然無爲한 경지를 바로 이입이라 한다.

곧 모든 중생이 동일한 진성眞性 곧 불성을 지니고 있음을 철저하게 믿고, 그것을 구현하기 위해서는 붓다의 언어문자 가르침을 방편삼아 종지를 깨치는 것일 뿐이지, 그러나 그것에 얽매이지 말고, 오로지 벽관壁觀을 통해 진리에 계합해야 한다는 것입니다. 이로부터 보리달마의 교수태도는 한결같이 간명직절簡明直截한 방법을 보였습니다. 그 까닭은 마음의 깊은 심연을 직지直指하는 방법, 달마가 선택한 최선의 방법이었기 때문입니다. 이런 점이야말로 기존의 습선자들이 내세우는 선법과는 매우 다른 달마의 선법이 지니고 있는 특색이었습니다.

11 보리달마 선법의 특징

問 보리달마가 육지로 왔건 바다로 왔건 결국은 외국에서 중국으로 온 전법자였습니다. 그런데 보리달마는 수많은 서역의 전법자들 중에서 유일하게 경전을 한 권도 가지고 오지 않았다고 합니다. 그렇다면 보리달마는 경전을 공부하지 않은 것입니까? 혹은 선학禪學으로 인해 교학의 중요성을 인정하지 않았던 겁니까? 만약 보리달마가 교학을 연찬했다면 어떤 경전에 근거하여 공부하고 수행하여 깨친 것입니까? 또 인도에서 보리달마가 실천했던 활동에 대해서도 말씀해 주시기 바랍니다.

答 보리달마는 천연의 선자禪者였습니다. 인도에 있을 경우에는 스승 반야다라를 통하여 『반야경』의 공관空觀에 의거하여 수행하고 깨쳐서 인가를 받고 각지를 유행하며 전법하였습니다. 반야다라라는 말은 『반야경』에 통달했다는 뜻입니다. 그러니까 『반야경』을 공부한 스승으로부터 보리달마가 무엇을 배웠겠습니까. 당연히 반야공관般若空觀을 공부

하였겠지요. 때문에 이후 중국의 선서禪書에서는 마음을 허적虛寂한 경지에 두었다는 말로 기록하였습니다.

달마대사가 아직 인도에 있을 당시에 인도 전역을 누비면서 반야의 공사상을 바탕으로 하여 당시 인도의 여섯 종파의 수장들과 논쟁을 벌였다고 합니다. 곧 유물론자들에게 진리의 실상을 설하는 유상종有相宗, 일체를 부정하는 허무론자들에게 선정삼매禪定三昧에 투철할 것을 주장하는 무상종無相宗, 유물론자들에게 바른 이지理智를 설명하는 정혜종定慧宗, 계행론자들에게 청정한 계를 가르치는 계행종戒行宗, 회의론자들에게 진실한 입장에서 무득에 대한 깨침을 얻게 하는 무득종無得宗, 유심론자들에게 선종의 입장에서 적정을 알도록 하는 적정종寂靜宗 등 6종의 종사들을 하나하나 찾아다니면서 논법으로 승복시켰을 만큼 대단한 종통설통宗通說通의 안목을 갖춘 사람이었습니다.

이때 유상종의 종사로 있었던 사람이 바라제존자였습니다. 바라제존자는 달마의 가르침을 받고는 삼보를 업신여겼던 당시 인도의 이견왕을 불교로 끌어들여 개종시킨 사람이기도 합니다. 한 번 살펴보겠습니다.

어느 날 이견왕이 바라제존자에게 물었다.
"부처란 무엇입니까?"
바라제존자가 답했다.
"견성見性하는 것이 부처입니다."

왕이 다시 물었다.

"스님은 견성을 했습니까?"

"소승은 견성을 했습니다."

"성품이 어디에 있습니까?"

"성품은 작용에 달려 있습니다."

"그것이 어떤 작용이기에 나는 보지 못하는 겁니까?"

"지금 작용으로 드러나 있는데도 대왕께서 보지 못하는 것입니다."

"그럼 나한테도 있다는 겁니까?"

"만약 대왕께서 작용시킨다면 없는 곳이 없겠지만 대왕께서 만약 작용시키지 못한다면 자체도 보지 못할 겁니다."

"만약 작용시킨다면 어디에 출현합니까?"

"만약 출현할 때는 8가지로 나타납니다."

"그 8가지의 출현을 나한테 말해 주시오."

바라제존자는 다음과 같이 게송으로 말했다.

태중에 있을 때는 몸이고
태어나면 사람이라 하네.
눈에 있을 때는 본다 하고
귀에 있을 땐 듣는다 하네.
코에 있을 때는 냄새 맡고

혀에 있을 때는 말을 하네.
손에 있을 때는 쥐어 잡고
발에 있을 땐 옮겨 다니네.
드러나면 세계에 가득하고
거두면 티끌에 들어있다네.
아는 자에게는 불성이지만
모르는 자에겐 도깨비라네.

이견왕이 이 게송을 듣고는 그만 마음눈(心眼)이 활짝 열렸습니다. 이견왕은 향지국의 왕으로서 월정다라의 아들입니다. 월정다라는 보리달마의 큰형이기 때문에 속가로 보면 달마대사의 조카에 해당합니다. 그는 선대의 조상들과는 달리 즉위하면서부터 불교를 배척하였습니다.

'부처란 무엇인가, 내지 불교의 궁극적인 대의는 무엇인가?' 하는 질문은 선법에서 가장 흔히 언급되는 주요한 명제들입니다. 바로 성품을 파악하는 견성의 가르침이야말로 부처의 속성임을 묻고 있습니다.

견성見性은 견불성見佛性이요 견자성見自性이며 견본성見本性이고 견평상심見平常心입니다. 그래서 견성은 진심眞心을 파악하는 것으로 진여의 체득을 가리킵니다. 그러나 견성의 주요한 기능은 어디에나 누구에게나 언제든지 어떤 모습으로든지 생생하게 작용하고 있다는 것을 잊어서는 안 됩니다.

이것은 달마대사 이후로 소위 조사선祖師禪이 등장하여 활발하게 전개되던 당나라 시대의 선풍禪風, 바로 그것이었습니다. 그 전개는 다름 아닌 본성의 작용이기 때문에 작용이 결여된 견성이라면 그것은 한낱 철학이요 관념론으로 흐를 뿐입니다. 본성의 작용으로 말미암아 선은 비로소 조사선이 되는 겁니다.
　선이 선인 까닭은 본성의 작용이 없어서는 안 됩니다. 이것을 하택신회는 지知라고 했고, 마조도일은 용用이라고도 했습니다. 여기의 지知와 용用은 곧 무념이고 해탈이며 반야바라밀다였습니다. 바라제존자는 이견왕에게 대왕 자신이 본래부터 구족하고 있는 본성의 작용을 일깨워 줌으로써 외도의 가르침으로부터 불교로 귀의시킬 수가 있었습니다.

12 보리달마와 중국선

問 보리달마는 중국에 도래하여 어떤 가르침을, 누구한테 그리고 어떤 방식으로 펼쳤습니까? 그리고 중국 선종의 초조로 추앙받는 주된 이유는 어디에서 찾아야 하겠습니까?

答 그렇지요. 보리달마(菩提達磨, 5~6세기)는 중국선의 초조로 추앙받고 있는 인물입니다. 달마의 선수행禪修行, 그 가르침을 선풍禪風의 성격으로는 조사선祖師禪이라 말하고, 그 내용으로는 안심선安心禪이라고 말합니다. 그만큼 달마는 이전의 선법과는 색다른 선법을 중국에 전하였습니다. 달마가 전한 선을 조사선이라 말할 경우, 조사는 달마조사를 가리키는 말입니다. 곧 달마조사로부터 비롯된 선풍이라는 뜻입니다. 그만큼 달마가 중국의 선종사禪宗史에 끼친 영향은 지고하고 막대하였습니다. 이제 달마의 가르침이 어떤 성격을 지니고 어떤 방식으로 전개되었는지에 대하여 말해보고자 합니다.

선은 일정한 무엇이 되는 것(爲)이 아닙니다. 그와는 달리 무엇이 되지 않는 것, 다시 말하자면 '무엇도 아닌(非) 어떤 것이 되는(卽) 것' 입니다. 그래서 선은 그 어떤 것도 아닌 것이 되는 것입니다(禪非). 분별심이 없는 사량(非思量)이 그렇고, 계교計較의 사량을 하지 않는 마음(非心)이 그러하며, 당체의 사량(卽思量)이 그렇고, 망상과 번뇌가 없는 생각(無念)이 그러하며, 현실 그 자체에 계합된 마음(卽心)이 그렇고, 사량을 초월하여 자각하고 작용하는 마음(平常心)이 그렇습니다.

소위 인도적인 선의 개념은 자세하고 단계적이며 분별적이고 사유적인 측면이 매우 강합니다. 이것은 본질을 강조하는 것에서 유래한 것이라고 봅니다. 사유하는 현실이 그대로 진리라는 자각을 강조하는 선험적이고 본질적인 측면을 추구하는 인도적인 선은 이존理存의 측면이 강조되었습니다. 반면 현실속의 자신보다도 자신속의 현실을 내세우는 중국적인 선은 실존實存의 측면을 강조한 특징이 매우 농후합니다. 인도선의 경우 사유하는 그대로가 현실임을 강조하는 경향의 선은 기본적으로 이존理存의 특징을 지니게 마련입니다. 그러나 그 현실을 작용의 현실로 추구하는 선의 입장은 지금의 일상을 강조하는 실존의 특징을 지니게 마련입니다. 그래서 실존과 이존 사이에는 간격없는 틈이 자리하고 있습니다. 바로 그 이존과 실존이라는 무분별無分別의 틈새를 메우려는 노력과 결실이 보리달마라는 인물에 의하여 이루어졌습니다.

보리달마는 이존의 자각과 더불어 실존의 작용을 통하여 새로운 개념을 창출하였습니다. 이존적인 자각이 본질의 실현이었다면 실존적인 작용은 실체의 구현이었습니다. 보리달마의 경우, 자각自覺은 동시同時·동간同間에서 동각同覺되는 것이었습니다. 이와 같은 이존의 자각과 실존의 작용을 아우른 개념이 소위 조사祖師였는데 그 화신이 곧 보리달마였습니다. 그래서 조사는 이존이면서 실존을 무시하지 않고, 실존이면서 이존을 바탕으로 한 궁극적인 인간상이었습니다. 그 가장 전형적인 가르침이 보리달마의 가르침에서는 선이야말로 분별이 없는 것이 되는 것(禪非)의 요소로 발견된다는 점입니다.

자각의 실천화 내지 사유의 작용화란 일종의 자신에 대한 본질의 자기실현임과 함께 자연과 타인에 대한 경험의 자기투여입니다. 보리달마는 인간과 우주에 대한 자신의 깊은 통찰을 중시했던 인도의 선으로부터 과감하게 자신에 대한 인간과 우주의 반영을 탈체적脫體的으로 현성現成시켜 나아갔습니다. 그 가르침이 이른바 사여시四如是입니다.

주지하다시피 보리달마는 험한 바다를 건너 중국에 도래하였습니다. 그러나 사실로는 보리달마가 총령산맥을 넘고 파미르고원을 가로질러 위나라의 낙양에 도래하였습니다. 육지나 바다 가운데 어디를 통해서 왔던 간에 그런 것이 달마의 사상을 좌우하지는 못합니다. 다만 중국선종사中國禪宗史에서 역사적인 측면을 강조하자면 육지를 넘어왔다고 말해야 할 것이고, 명분과 사상으로 무장한 외국인을 완전하게 중국화 내지 전설화시켜야 할 경우에는 바다를 건너왔다고 말해야 할 것입니다. 어쨌든 간에 보리달마가 도래할 즈음에 중국의 사회현실은 대단히 복잡다기한 남북조시대였습니다.

그러나 마음이 질박하고 순수한 사람들은 달마에게 귀의하였지만 형식과 주의주장에 빠져 있던 사람들은 달마를 비난하고 심지어 해꼬지하는 일도 서슴지 않았습니다. 당시 도육道育과 혜가慧可 두 사람은 달마를 만난 것을 천운天運이라 생각하고, 지극정성으로 따르면서 열심히 수행하였습니다. 몇 년 동안 정진한 끝에 드디어 그들이 얻은 것이 사여시四如是였습니다. 곧 여시안심如是安心하고, 여시발행如是發行하며, 여시순물如是順物하고, 여시방편如是方便하는 것입니다.

여법하게 마음을 안정시키고, 여법하게 사행四行을 실천하며, 여법하게 중생을 대하고, 여법하게 공부해 나아가는 것입니다. 이것이야말로 대승안심의 가르침입니다. 이로써 사람들을 잘못되지 않게 바른 길로 인도하라는 것이었습니다.

첫째의 여시안심如是安心은 안심법문安心法門으로 잘 알려진 가르침입니다. 달마와 혜가 사이에서 등장한 이 문답은 후대 선문답의 원형이 되었지요. 달마선의 시초는 바로 안심문답에 의한 바가 컸음을 부정할 수 없습니다. 거기에는 단순하리만치 명쾌한 선의 이론이 생생하게 약동하고 있습니다. 그러나 후대의 선문답은 점차 복잡화되고 난해해져 갔습니다. 심지어 의미를 알아들을 수 없는 알쏭달쏭하거나 애매모호한 것을 흔히 선문답이라 하는 것은 이를 잘 말해주는 것입니다.

그러나 살아있는 선문답은 순일무잡純一無雜하고 단순명쾌單純明快하였습니다. 그리하여 생생한 선문답에는 어떤 수식이나 갖가지 언설도 무용지물입니다. 그처럼 소박하기 때문에 생생한 일상회화를 가능하게 만들었지요. 거기에는 달마를 조사로 하는 선의 실천적인 독자성이 들어있는 것입니다.

안심문답에 대해서는 달마와 혜가의 안심安心에 대한 문답, 이후 혜가와 승찬 사이에 이루어진 죄의 성품에 대한 문답, 승찬과 도신의 속박과 해탈에 대한 문답, 도신과 홍인의 불성에 대한 문답 등은 대대로 전승되어 내려오면서 여러 가지로 인용되거나 구사되고 내지 창의적으로 응용되어가는 모습을 보였습니다. 다음의 문답을 보시죠.

제자 혜가가 스승 달마에게 고백하는 형식으로 여쭈었다.
"저는 지금까지 스승님을 몇 년 동안 정성껏 곁에서 모시면서 열심히 정진하였습니다. 그런데 제가 아둔한 탓인지 아직까지 깨치지 못하고 있습니다. 이에 대하여 스스로도 참괴심慚愧心을 느끼면서 더욱 분발하고 있습니다. 그런데 자꾸만 불안해지는 것은 도저히 어쩔 수가 없습니다. 그 불안이란 만약 제가 스승님에게서 깨침을 얻기 전에 연로하신 스승님께서 열반에 드신다면 어떡하나, 그러면 누구를 다시 스승으로 모셔야 한단 말인가, 등등의 염려가 점차 마음속에 자리 잡고 있습니다. 그러므로 스승님이시여, 저의 이러한 마음을 안심시켜 주시기를 바라는 바입니다."

달마는 그 이야기를 듣고서 말했다.

"지금 그대가 불안하다고 느끼는 그 마음이란 도대체 어떻게 생겼단 말인가. 또 그대가 깨치기 이전에 내가 열반에 들지도 모른다는 그 마음은 대관절 어디서 온 것인가. 그대의 불안한 마음은 무엇이며 어디서 온 것인지 내가 이제 점검해보고자 하니 그 불안한 마음을 나에게 보여줄 수는 있겠는가?"

이에 혜가는 그로부터 자신의 입으로 말한 자신의 불안한 마음이 도대체 무엇인가를 참구하는 일에 몰두하기 시작했지요. 오랜 시일 끝에 마침내 혜가는 하나의 해답을 터득하였습니다. 자신이 지금까지 불안하다고 생각했던 마음이란 어디에서도 찾을 수가 없고, 또한 불안하다고 생각한 마음은 그 자체도 불안이라는 이름을 붙일 수가 없다는 것을 자각하였습니다. 이처럼 본래부터 존재하지도 않은 것에 얽매여 괜히 무엇인가 불안이라는 실체가 있는 걸로 착각하고 살아온 자신을 깊이 돌이켜보게 되었습니다. 마침내 자신의 마음은 불안하다는 것과는 전혀 관련이 없는 하나의 자기암시나 착각이었다는 것을 깨우칠 수가 있었습니다. 혜가는 너무나 기쁜 나머지 곧장 스승 달마에게 달려가 여쭈었습니다.

"스승이시여, 연전에 제가 불안하다고 생각했던 마음을 깊이 궁구해 본 결과 그 불안한 마음과 불안하다고 생각한 그 자체는 본래부터 존재하지도 않다는 것을 알게 되었습니다. 참으로 지극히 명쾌한 이 도리를 모르고 있었다는 것이 제 자신이 믿어지지 않을 정도로 어리석었습니다. 그러나 이제 불안의 실체란 본래 없고 불안하다고 여긴 제 마음도 본래 공하다는 것을 알게 되었으니, 이제 더 이상 불안하거나 불안에 헤매지 않게 되었습니다."

달마는 그 소리를 듣고 말했다.

"이제 그대의 마음은 완전하게 안심을 얻었다. 더 이상 존재하지도 않은 허깨비에 속아서 살지 말라. 마음이란 어디에도 없는 법이다. 그런데도 실제로 있다고 간주하는 그 착각이 미혹이고 번뇌이며 의심이 되는 것이다. 그대는 이에 완전하게 깨친 것이다."

혜가는 비로소 달마로부터 인가를 받은 것입니다. 누가 미혹하게 만든 것도 아니고 대신 깨우쳐주지 않습니다. 혜가 스스로 미혹하였고 스스로 깨우친 것입니다. 깨침은 각자의 몫입니다. 그것을 스승으로부터 확인하는 것뿐입니다. 혜가가 스스로 불안한 마음이란 존재하지도 않는다는 것을 터득한 마음의 비밀이야말로 혜가에게는 진정한 환희였습니다. 불안한 마음을 찾지 못했다는 절망의 소리는 결코 아니었습니다.

이와 같은 안심의 가르침은 이후 혜가와 한 수행자와의 사이에서도 그대로 나타나 있습니다. 예를 들면 혜가와 한 수행자 사이에 일어난 것으로 재봉직인裁縫職人이 비단을 절단하는 것과 관련하여 우선 상대방에게 비단을 내밀 것을 요구하는 다음의 비유가 있습니다.

한 승이 여쭈었다.
"저를 안심시켜 주십시오." 혜가가 말했다.
"그대의 마음을 가지고 오너라. 그러면 안심시켜 주겠다." 그 승이 여쭈었다.
"어떻게 저를 안심시켜 주겠다는 겁니까?" 혜가가 말했다.
"비유하자면 재봉사에게 옷을 재단해 줄 것을 요청하는 것과 같다. 재봉사는 그대의 비단을 받고 나서야 비로소 가위를 댈 수 있다. 그런데 본래 비단을 보지 않고서 어떻게 허공을 재단해 줄 수 있겠는가? 그대가 이미 마음을 나에게 가지고 올 수 없는 이상 내가 그대에게 어떻게 그리고 어떤 마음을 안심시켜줄 수가 있단 말인가? 나는 실로 허공을 안심시켜 줄 수는 없다네."

여기에서 혜가는 허공을 절단한다는 것은 가능하지 않다고 말하는 것입니다. 비단은 당시 현실생활에서 늘상 등장하는 물건입니다. 때문에 이 문답은 곧 당시의 일상생활에 즉卽해 있다는 것이 확실합니다. 이처럼 일찍이 혜가가 달마에게 물은 것도 혜가 자신의 현실문제였습니다. 현실에서의 안심의 문제는 자신의 삶의 문제입니다. 그러기에 진실하고 진지하며 분명하고 단순명쾌합니다. 그래서 여시안심如是安心은 스스로 자신의 문제를 직시하는 것입니다. 그 방법이 달마에게 있어서는 다름 아닌 벽관壁觀이었습니다. 벽관수행을 통하여 자신을 인식하고 스스로 참회하며 스스로 확신을 지니는 것입니다.

달마의 가르침에서 이것은 이입二入으로 나타나 있습니다. 곧 대저 불도를 깨치는 것에는 여러 가지 방법이 있지만 요약하면 두 종류가 있다는 겁니다. 하나는 진리에 합치하여 깨치는 방법이고[理入], 둘은 깨친 그 불도를 실천하는 것입니다[行入].

진리에 합치하는 것이란 불법의 가르침에 의해 불교의 근본적인 취지를 깨쳐서 중생은 성인과 동일한 진성을 지니고 있지만 단지 외부에서 오는 망상에 뒤덮여 그 진성을 드러내지 못할 뿐이라고 확신하는 것입니다. 만일 망념을 제거하여 진실로 돌아가 몸과 마음을 통일하여 벽처럼 고요하게 되어 자타의 구별이 없고 범부와 부처가 본질적으로는 동일하다는 경지에 굳게 머물러 움직이지 않아 조금도 문자개념에 의한 가르침에 휩쓸리지 않는다면, 그때에 진리와 하나가 되어 분별을 떠나 진정한 고요에 도달하는데 이것을 진리를 깨쳤다고 합니다.

둘째의 여시발행如是發行은 사행四行을 실천하는 것입니다. 매사에 분명하고 명쾌한 판단을 내려 왜곡됨이 없이 지속해 나아가는 것입니다. 이것은 곧 여법한 발심이기도 합니다. 스스로 발심한 것을 마음으로 입으로 몸의 행동으로 여법하게 실천해 나아가는 것입니다.

이것은 달마의 가르침 가운데 행입行入인데 그 구체적인 내용은 사행四行으로 나타나 있습니다. 불도를 실천하는 것은 네 가지의 실천으로서 외적인 실천은 모두 이 수행에 포함됩니다. 네 가지란 다음과 같습니다.

하나는 전세前世의 원한에 대한 실천이고, 둘은 인연에 따르는 실천이며, 셋은 아무것에도 집착하지 않는 실천이요, 넷은 법의 본성에 계합된 실천입니다.

하나, 전세의 원한에 대한 실천[報怨行]입니다.

수행자가 괴로움을 만났을 때 '나는 옛적부터 무한한 시간에 걸쳐서 본래의 나를 잊고 지말枝末을 추구하여 미혹한 세계에 헤매면서 많은 원한심을 일으켜 남과 대립하여 사람들을 해쳐 왔다. 지금은 죄를 범하지는 않았지만 이 괴로움은 내 전세의 죄업이 있었기 때문이지 신이나 악마 따위가 주는 것이 아니다' 라고 반성하면서 달게 받아들이며 원망하지 않는 것입니다. 어느 경전에서는 '괴로움을 만나도 번민하지 않는다. 왜냐하면 대상을 인식하여 근본의 진리를 알았기 때문이다' 라고 말합니다. 이러한 심경이 되었을 때 진리와 심경이 어울려 원한의 마음을 깨끗이 해결함으로써 불도에 나아가게 됩니다.

둘, 인연에 따르는 실천(隨緣行)입니다.

생명을 가지고 살아가는 것은 자아라는 영원한 실체가 없이 모두 인연을 따라 움직이며, 고락을 받는 것이 다 연으로부터 일어나는 것임을 아는 것입니다. 만약 좋은 과보나 명예를 얻었다 해도 모두 과거의 숙명적인 원인에 의한 것이므로 지금 그것을 얻은 인연이 다하면 무로 돌아가는 것이기 때문에 기뻐해야 할 것은 아무것도 없다는 것입니다. 성공과 실패는 인연에 의한 것으로 마음에는 증감이 없으므로 좋은 운명에도 요동함이 없이 암묵적으로 도에 계합하는 것입니다.

셋, 집착이 없는 실천(無所求行)입니다.

세상의 사람들은 항상 미혹하여 가는 곳마다 무언가를 탐내고 그것을 구하려 하지만, 지혜로운 사람은 진실을 깨달아 도리를 알아 세속과 반대하여 마음을 자연히 침착한 경지에 두며, 신체도 또한 운명에 맡기면서 모든 존재는 실체가 없음을 잘 알아 이것저것을 구하지 않는 것입니다. 공덕천功德天과 흑암녀黑闇女는 서로 수반하여 떨어지지 않고, 욕계欲界·색계色界·무색계無色界의 괴로운 생활은 불난 집(火宅)처럼 위험하여 육체가 있으면 모두가 그통인 것입니다. 이러한 도리를 알면 일체의 존재에 대하여 욕심을 그만두고 구하는 바가 없게 됩니다. 경전에 '구하는 바가 있으면 다 괴롭고 구하는 바가 없으면 즐겁다'는 것이 무집착의 수행으로서 참된 도의 실천입니다.

넷, 법의 본성에 계합된 실천(稱法行)입니다.

법의 본성은 청정하다는 진리의 터득을 행위의 규범으로 삼는 것입니다. 이 진리란 모든 현상은 공이어서 더러움도 집착함도 없으며 이것과 저것이라는 대립도 없습니다. 경전에서는 '진실한 이법理法에서 말하자면 생명을 가지고 살아가는 모든 것은 실체가 없다. 그것은 생존한다는 더러움을 초월했기 때문이다. 진실의 이법에서 말하자면 아我라는 실체가 없다. 그것은 아我라는 실체의 더러움을 초월했기 때문이다'라고 말합니다.

만약 지혜 있는 자가 이렇게 확신하여 요해한다면 반드시 가르침을 따라 실천해 나아갈 것입니다. 가르침의 본체에는 모든 것을 아깝다고 보는 것이 없으므로 신체에 있어서나 목숨에 있어서나 재물에 있어서도 보시를 행하는 마음에 아까워하는 바가 없습니다. 자기와 상대와 보시물이 원래 공함을 알아 무엇에도 의지하지 않고 얽매이지도 않고, 단지 더러움을 제거하기 위하여 모든 생명 있는 것을 도우며 형태에 집착하지도 않아 그것을 자리와 이타로 삼아 잘 깨침의 길로 이끌어 나아가는 것입니다. 보시의 공덕이 이와 같은 이상 다른 다섯 종류의 바라밀다도 마찬가지입니다. 망상을 제거해 나가기 위하여 육바라밀다六波羅蜜多의 행을 실천하고 그것을 실천했다는 행위까지도 없음을 법성의 본체에 칭합하는 실천이라고 말합니다.

셋째의 여시순물如是順物은 자신이 깃들어 살고 있는 세속의 관습을 존중하고 인정해 따르는 것입니다. 각 나라마다 고유한 문화와 전통이 있게 마련입니다. 그것을 몸소 익히려고 애쓰고 그들과 함께 스스로 그 의미를 터득하려고 노력해 나아가는 행위를 말합니다. 곧 상대방의 문화와 성격과 입장을 충분히 이해하고 더불어 살아가는 것입니다. 그래서 선에는 이류중행異類中行이라는 말이 있습니다. 보살이 중생을 제도하려는 것에 스스로 그들 중생의 입장에서 행위하면서 동화하고 교화하는 동일생명同一生命으로 화광동진和光同塵을 말합니다. 가령 개를 제도하려면 몸소 개가 되어야 합니다. 악인을 제도하려면 악인의 모습으로 다가가서 그들과 함께 어울리는 지혜가 있어야 합니다. 일체의 행동에 거스름이 없이 매끄럽게 순응하는 것이 여시순물입니다.

넷째의 여시방편如是方便은 섬세하고 온갖 마음을 기울여 정성을 다하는 공부로서 유연한 마음을 말합니다. 모든 일에는 방법이 있고 전통이 있으며 사람이 있고 목표가 있습니다. 그것을 스스로 존중하면서 경우에 필요한 것을 적절하게 구사하여 효과를 이끌어내는 것으로서 선교방편善巧方便을 사용하는 것입니다. 구체적으로는 깊이 스승의 말을 믿고 스승의 가르침을 수용하며 스스로 노력을 기울이고 상황을 잘 파악하여 대처하는 것입니다.

이와 같은 사여시四如是의 가르침은 달마법문의 전체라고 해도 과언이 아닙니다. 달마는 스스로의 경험에서 우러나는 가르침을 몸소 그와 같은 네 가지 방법으로 제자에게 전해준 것입니다. 달마는 이국의 스님으로서 많은 오해와 질투를 받으면서도 그것을 대치가 아닌 포용과 순응으로 능숙하게 극복하였습니다.

달마는 일반인의 많은 지지를 받았기 때문에 그것으로 인하여 도리어 혐의嫌疑를 받았던 것도 사실입니다. 달마가 전한 심법의 가르침은 당시에 이미 토대가 구축된 교학적인 풍토에서 환영받을 수가 없었습니다. 심지어 박해에 가까운 대우와 취급을 받았습니다. 그와 같은 소지를 포함한 가운데서 곧 네 가지 실천행四行이 등장한 것은 필연적인 귀결이었습니다. 곧 보원행報怨行과 수연행隨緣行이 무엇보다도 그것을 잘 보여주고 있습니다. 교학자들로부터 몇 차례의 독살위협을 당하면서 질투와 견제 나아가서 목숨까지 넘보는 당시의 불안정한 상황에서 불법의 전승자로서 자신의 의무를 다하는 날까지 살아남기 위해서는 이 밖에도 무소구행無所求行 및 칭법행稱法行과 같은 일상생활과 구체적으로 관련된 처세술이 반드시 필요했던 것입니다.

13 보리달마 선법禪法의 전승傳承

問 보리달마의 선법이 지금까지 단절되지 않고 전승될 수 있었던 데에는 깨침에 대한 스승의 인가 및 그 전승방식과 깊은 관련이 있습니다. 이것은 후대에 선종이 존속할 수 있었던 중요한 계기였습니다. 그렇다면 보리달마가 제자에게 전법한 방식과 그 의의는 무엇입니까?

答 선의 목적은 깨침이라 말할 수 있습니다. 깨침은 자신이 깨치는 것입니다. 그러나 전적으로 자신의 것만은 아닙니다. 깨침은 반드시 스승의 인가를 받아야 합니다. 그렇지 않은 깨침은 천연외도天然外道에 불과합니다. 곧 자기만족의 경험일 뿐입니다. 이런 점에서 깨친 이후에는 인가印可라는 과정이 없어서는 안 됩니다. 그런 점에서 인가는 제자와 스승이 서로 이심전심하는 경험입니다. 보리달마 시대에는 스승과 제자가 일대일로 수수授受하는 방식이었는데 그것은 이후 육조혜능 시대까지 하나의 전통으로 형성되었습니다. 감히 제삼자가 엿보지 못했던 것입니다.

그것이 지금까지 불조정전佛祖正傳의 선법으로 전해 온 것은 우선 사자상승師資相承의 상면수수相面授受라는 방법에 토대를 두었기 때문입니다. 일례로 선가에서 이심전심의 방식인 심심상인心心相印은 염화미소拈花微笑로 대표되는 『대범천왕문불결의경』에서 그 연원을 찾아볼 수 있습니다.

그때에 대범천왕이 부처님께 사뢰었다.
"세존께서는 출세한 이후 40여 년 동안 갖가지 설법을 하셨습니다. 그런데 어떤 것이 일찍이 없었던 법이며, 어떤 것이 언설로 행한 법입니까? 원컨대 세간의 모든 인간세상과 천상세상을 위하여 가르침을 내려 주십시오."
말을 마치고 금색의 큰 바라꽃 천 잎을 가지고 부처님 위에 뿌렸다. 그리고 나서 물러나 몸으로 법상을 만들어 그 위에 앉으시기를 기다리고 있었다. 그때 세존께서 그 법상에 자리를 잡고 앉아 조용히 꽃을 들어 대중에게 보이셨다. 그러나 백만의 인人과 천天 및 비구들이 다 묵연히 있었다. 그런데 대중 가운데 오직 마하가섭 존자만이 그것을 보고 파안미소하면서 자리에서 일어나 합장하고 바로 서 있으니 말은 없었으나 기품이 있었다. 그때에 부처님께서 마하가섭에게 말씀하셨다.
"나에게 정법안장正法眼藏 열반묘심涅槃妙心 실상무상實相無相 미묘법

門微妙法門이 있어 불립문자 교외별전不立文字教外別傳으로 지혜 있는 이나 없는 이나 인연을 만나 증득케 한다. 오늘 이제 이것을 마하가섭에게 부촉하니 마하가섭은 미래세에 제불을 받들어 장차 성불할 것이다."

이것은 세존의 염화와 가섭의 미소라는 상징적인 에피소드를 통하여 깨침의 인가를 드러내고 있는 장면입니다. 이것은 이후 선가에서 스승과 제자 간에 있어서 상면수수相面授受하는 하나의 알맹이(核心:핵심)로서 그 역할로 전승되었습니다. 이와 같은 방식을 통하여 인가를 받은 제자는 다시 전법의 경험을 필요로 합니다. 전법을 통해야만 비로소 정법안장의 자격이 주어지고 출세할 수가 있게 됩니다. 이 경우 달마는 혜가를 비롯한 제자들과의 피皮 · 육肉 · 골骨 · 수髓의 문답을 통하여 정법안장을 전법하였습니다. 한 번 아래를 살펴보지요.

달마가 중국에 도래한 지 9년이 지나자 이제 천축으로 돌아가려고 제자들에게 말했다.
"바야흐로 때가 되었다. 그대들은 각자 얻은 바를 말해 보라." 먼저 도부가 말했다.
"문자에 집착하지도 않고 문자를 여의지도 않는 도를 의용하게 되었습니다." 달마가 말했다.

"그대는 내 피부를 얻었다." 다음으로 총지 비구니가 말했다.

"제가 이해한 바는 아난이 아촉불국을 보고 나서 다시는 보지 않는 경지입니다." 이에 달마가 말했다.

"그대는 내 살을 얻었다." 다음으로 도육이 말했다.

"사대가 본래 공하고 오음도 없습니다. 그리하여 저의 견해로는 일법도 가히 얻을 바가 없게 되었습니다." 달마가 말했다.

"그대는 내 뼈를 얻었다." 마지막으로 혜가는 나와서 예배를 하고는 그 자리에 다소곳이 서 있었다. 그러자 달마가 말했다.

"그대는 내 골수를 얻었다."

이에 혜가를 향해 말했다.

"옛날 여래께서 정법안장을 가섭대사에게 부촉하신 이후 계속 이어져 나에게 이르렀다. 내 이제 그대에게 부촉하니, 그대는 장차 잘 호지하라. 아울러 법의 신표로 가사를 전해주니, 그 각각의 의미를 알아라." 혜가가 말했다.

"청컨대 스승께서 말씀해 주십시오." 달마가 말했다.

"안으로는 법인法印을 전해 깨친 마음에 계합하고, 밖으로는 가사를 부촉하여 종지를 정한다."

이로써 달마의 정법안장은 혜가에게로 전승되었습니다. 혜가의 정법안장은 다시 이와 같은 전통에 따라서 승찬에게로 전승되고 승찬의 정법안장은 도신으로 계속하여 계승되었습니다. 이와 같은 방식의 근본은 부집언어不執言語 · 불립문자不立文字 · 일체개공一切皆空을 갈무리한 불이법문不二法門이었습니다. 이로써 달마는 네 제자를 통해 점검하고 인가하여 마침내 불조의 혜명을 전수하고 있습니다.

여기에서는 이전의 양 무제와의 대화의 경우보다 달마의 심지법문이 더한층 부각되어 있습니다. 이것은 태조혜가의 사상에 대해서도 암시하는 바가 들어 있습니다. 달마의 정법안장을 계승한 태조혜가太祖慧可에게는 저술이 남아있지 않고 그 이름을 가탁한 저술도 보이지 않습니다. 다만 혜가의 법어로 간주되는 것으로 『이입사행론』의 법어 제57부터 법어 제63까지 여섯 가지 법어의 내용이 전해지고 있습니다. 그 내용은 범성凡聖 · 고하高下 등의 분별심을 내지 말 것, 그리고 안심安心 · 참회懺悔 · 성불成佛 · 지옥地獄 · 망상妄想 등에 대한 가르침을 엿볼 수가 있습니다.

14 초기 선종의 전법상승

問 붓다로부터 마하가섭으로 전승된 정법안장의 소식은 아난으로 계승되었고, 대대상전代代相傳하여 마침내 보리달마에 이르렀습니다. 이후 달마의 정법안장은 혜가 → 승찬 → 도신 → 홍인 등으로 계승되었습니다. 그간의 구체적인 모습에 대하여 말씀해 주시기 바랍니다.

答 선가禪家의 전등계보傳燈系譜는 7세기부터 8세기에 걸쳐 소위 본격적으로 선종이 형성되면서 그 속에서 각각 자파의 정통성을 주장하는 방식으로 등장하였습니다. 이 무렵에는 중국의 전등법맥傳燈法脈뿐만 아니라 인도불교, 더 과거의 과거칠불에까지 소급되었습니다. 그것이 오늘날까지 하나의 선종계보禪宗系譜를 형성해 왔습니다. 『보림전』에 의하면 다음과 같습니다.

과거 7불의 계보는 ① 비바시불 ② 시기불 ③ 비사부불 ④ 구류손불 ⑤ 구나함모니불 ⑥ 가섭불 ⑦ 석가모니불입니다. 그리고 인도의 28대

조사계보祖師系譜는 ① 대가섭 ② 아난 ③ 상나화수 ④ 우바국다 ⑤ 제타가 ⑥ 미차카 ⑦ 바수밀 ⑧ 불타난제 ⑨ 복태밀다 ⑩ 협존자 ⑪ 부나야사 ⑫ 마명보살 ⑬ 가비마라 ⑭ 용수보살 ⑮ 가나제바 ⑯ 나후라다 ⑰ 승가난제 ⑱ 가야사다 ⑲ 구마라다 ⑳ 사야다 ㉑ 바수반두 ㉒ 마노라 ㉓ 학륵나 ㉔ 사자비구 ㉕ 바사사다 ㉖ 불여밀다 ㉗ 반야다라 ㉘ 보리달마 입니다. 그리고 중국의 6대 조사계보는 ① 보리달마 ② 혜가 ③ 승찬 ④ 도신 ⑤ 홍인 ⑥ 혜능입니다. 이들을 통틀어 불조계보佛祖系譜라 하고, 그 가운데 조사계보를 삽삼조사卅三祖師라 말합니다.

　여기에서 달마의 법을 계승한 혜가, 그는 젊은 시절에 유생儒生으로서 널리 세간의 전적典籍과 『장자』·『주역』 등의 대의를 보고 들었는데 거기서 만족하지 못했습니다. 그의 나이 41세 무렵, 숭락嵩洛에 머물고 있던 달마대사를 찾아가 4~5년 동안 사사하였습니다. 달마의 가르침을 받은 후에도 다시 5년 여 동안 계속 곁에서 시봉하였습니다. 특히 그때 혜가는 자신의 한쪽 팔을 잘라서 달마에게 구법의 열의를 보였다는 설중단비雪中斷臂 이야기는 동서고금에 널리 회자되었습니다. 진위여부를 떠나서 그 당시 진리를 구하는 구도자의 자세를 말해 주는 대표적인 예화일 겁니다. 이와 같이 그의 태도는 지극히 진지하고 겸손하여 진리학도眞理學徒로서 운명적인 삶을 살게 됩니다. 매우 감동적인 일이고 후세에 큰 영향을 미치게 됩니다.

　그런 혜가는 북주파불北周破佛 때, 서주 환공산에 은거하였다가 59

세 때 다시 업도에 나와서 선법을 펼치다가 입적을 하였습니다. 혜가는 출가 이전에 이미 세간의 전적과 『장자』 및 『주역』 등을 학습하였고, 출가해서는 삼장을 두루 열람하였습니다. 당시에 삼론종의 혜포(慧布, 518~587)도 그에게 감화를 받았을 정도로 교학에도 밝았던 선자(禪者)입니다. 그의 제자 승나(僧那)의 행적과 관련해보면 혜가는 마하가섭의 두타행에 철저했습니다. 혜가의 사상은 달마 이입사행의 근본취지에 철오(徹悟)하였고, 『능가경』을 의용하여 만법유심(萬法唯心)의 일심에 입각하였습니다. 그리하여 일체의 분별과 집착은 무릇 자기의 마음에서 나타난 망심(妄心)으로 간주하였습니다.

혜가는 철저한 심법의 소유자로서 공(空)의 실천에 힘썼습니다. 특히 달마로부터 전수받은 4권 『능가경』을 승찬에게 전했다는 사실로부터 『능가경』은 물론이고 『반야경』과 『열반경』에 기초하고 있었음을 알 수가 있습니다. 혜가의 선법은 3조 승찬에게 계승되었습니다. 한 번 보시죠.

어느 한 거사는 나이 40이 넘도록 자기의 성명도 몰랐습니다. 마침내 혜가를 찾아와 예를 드리고 물었습니다.
"저는 몸에 풍병(문둥병)이 있습니다. 청컨대 스님께서 저의 죄를 뉘우치게 해 주십시오." 혜가가 말했다.
"죄를 가져 오면 참회시켜 주겠다." 그러자 거사는 양구(良久)하고 이윽고 말했습니다.

"죄를 찾을 수가 없습니다." 다시 혜가가 말했다.

"이미 그대에게 죄를 참회시켜 주었다. 그러니 마땅히 불법승佛法僧 삼보에 의지해 살아가라." 거사가 말했습니다.

"지금 스님을 뵈니 승僧은 알겠지만 아직 불과 법은 모르겠습니다." 혜가가 말했다.

"마음이 불이고 마음이 법이다. 법과 불은 다르지 않다. 승도 또한 마찬가지이다." 거사가 말했습니다.

"오늘에야 비로소 죄의 성품이 안과 밖과 중간에도 없으며, 그 마음 또한 불과 법과 다르지 않음을 알았습니다." 혜가는 거사가 법기法器임을 알고 머리를 깎아주고 말했다.

"그대는 출가한 나의 보배이다. 그러니 이름을 승찬이라 하거라."

거사는 그 해 3월 18일에 광복사에서 계를 받고 그로부터 얼마 후에 몸의 질병이 모조리 없어졌습니다. 그리고 혜가를 모시기 2년이 되는 어느 날, 혜가가 말했다.

"보리달마께서 멀리 천축으로부터 와서 나에게 정법안장을 친밀히 전하셨다. 내 이제 그대에게 정법안장과 더불어 달마의 믿음의 표시인 옷을 그대에게 전해주니, 그대는 마땅히 수호하여 단절되지 않게 하여라."

승찬은 몸에 문둥병을 앓고 있었습니다. 그러던 차에 혜가를 만나

나눈 대화의 내용입니다. 곧 죄성罪性은 본래 공하기 때문에 내·외·중의 어느 곳에서도 찾을 수 있는 것이 아닙니다. 그것은 참죄와 병고가 달리 있는 것이 아니기 때문입니다. 그래서 마치 불과 법이 다르지 않고 심도 또한 다르지 않다는 것입니다. 이러한 사상은 이후 조동종의 개조인 동산양개의 어록 가운데 「오위현결五位顯訣」·「보경삼매가寶鏡三昧歌」·「현중명玄中銘」·「신풍음新豊吟」 등 여러 가지 가송에 잘 나타나 있습니다.

이와 같은 모습은 반드시 은밀하게 실중室中에서 스승과 제자 사이에 상면수수相面授受되었습니다. 이러한 전통은 전법의 대대상전이라는 선종의 특징이기도 하지만, 특히 이후 조동종의 기본 교의인 동산양개의 편정오위偏正五位가 은밀하게 전수되는 것도 같은 경우입니다.

또한 '사원에서 『열반경』을 강의하자 스님의 법을 듣는 학도들이 점점 늘어났다'고 하여 『열반경』도 설하였음을 볼 수 있습니다. 혜가가 『열반경』을 설할 때는 사람들이 구름처럼 모여들었으며, 가담항설街談巷說이 다 그를 칭송하는 말들이었습니다. 이때 변화법사辯和法師라는 사람이 있었습니다. 그는 혜가의 인기에 대하여 질투의 분노를 참지 못하고 몹시 시기하고 투기하였습니다. 이에 대해서 혜가는 몹시 태연했습니다. 진실을 아는 사람은 자기를 알아준다고 하여 변화법사에 대해 좋은 마음으로 응수하였습니다. 『조당집』의 기록에 의하면 결국 변화법사의 무고에 의하여 안타깝게도 혜가는 감옥에서 107세의 나이로 입적하였습니다.

　　승찬僧璨의 본향과 성은 명로하지 않습니다. 처음 업도鄴都의 주변에서 혜가에게 참문하여 도를 닦았습니다. 574년에 행해진 북주파불 무렵에 혜가를 따라 서주 환공산에 들어가 산곡사에 은거하였습니다. 혜가가 579년에 다시 업도로 돌아갔을 때 승찬은 업도에 나아가지 않고 안휘성 태호현 서북쪽에 있는 서주 사공산으로 들어갔습니다. 그곳에서 24년 동안 주석하였습니다. 592년에 도신을 만나 법을 물려주고 마침내 남방의 나부산羅浮山에 3년 동안 주석한 후에 환공산에 돌아와 606년에 조용히 입적하였습니다. 대종 태력 7년(772)에 독고급獨孤及의 주청에 의하여 경지선사鏡智禪師, 鑑智禪師라는 시호를 받고 탑호를 각적覺寂이라 하였습니다. 방관의 비문에 따르면 승찬은 마치 유마와 같이 호방하면서 자유롭고 깔끔한 성품을 지녔다고 전합니다.

　　승찬에게는 당대에 아직 선종이 본격적인 형태를 갖추기 이전에 나타난 운문형태의 최초의 저술이기도 한 『신심명』이 있습니다. 『신심명』은 4언 146구 584자로 구성된 단편입니다. 그러나 이 속에는 불법의 요체 및 불조의 신심을 명료하게 압축하고 있습니다. 특히 신심信心의 두 글자는 이 『신심명』의 강령으로서 초심에 대기大機를 발하여 불이不二의 대도를 체득함으로써 신심불이信心不二 불이신심不二信心의 종지를 꿰뚫게 하는 내용으로 주목됩니다. 때문에 『신심명』에서는 일체의 이견二見을 단절하는 내용으로서 지止와 동動, 일一과 이二, 일一과 일체一切, 대大

와 소小, 유有와 무無, 그리고 능能과 경境 등의 관계를 일심의 원리로 전개하고 있습니다. 이와 같은 상즉상재相卽相在하고 호섭호융互攝互融하는 일심은 다름아닌 신信이고 일체一切로서 이후에 제자인 쌍봉산의 대의도신에게 전해졌습니다.

15 도신대사의 선법

問 달마로부터 승찬 시대까지, 그 사이에 한편으로는 혜가·승찬·승나·혜만 등과 같이 순연純然하게 선자禪者로서 두타행을 수행하는 사람과, 다른 한편으로는 화선사和禪師 및 그의 제자 현경玄景·정애靜藹의 계통과 같이 선자이면서도 경론을 강의한 교가敎家와 비슷한 사람들이 있었습니다. 물론 전자는 선의 정계正系로서 다수의 제자를 두기는 했어도 스승 자신은 일의일발一衣一鉢로써 도시와 농촌의 어느 곳에도 정주定住하지 않고, 또한 한 곳에 두 번 정주하지 않았으므로 집단적으로 생활하는 경우는 있을 수 없었습니다.

혜가의 경우가 그렇습니다. 보리달마가 입적한 후 혜가가 그 법을 이어서 동위국東魏國의 업도鄴都에 나아가 선법을 펴서 달마의 선법이 나날이 드높아졌습니다. 혜가의 가르침을 보면 사람들은 본래 마니주를 지니고 있는데 미혹하여 그것을 장벽와력牆壁瓦礫과 같은 하찮은 것으로 잘못 알아 마니주의 존재를 자각하지 못하고 있다는 것입니다. 그러나 그것을 활연히 자각하면 참된 마니주를 얻는다고 역설하고 가르쳤습니다. 이에 "만법이 모두 이와 같은 줄을 마땅히 알아라. 이 몸과 불佛이 차별이 없음을 관찰하면 어찌 다시 그 밖의 것을 찾을 필요가 있겠는가?" 하고 유행생활을 통하여 직지直指의 가르침을 펼쳤습니다.

혜가의 문인으로서 삼조인 승찬은 양나라 말기부터 수나라에 걸쳐 어지러운 세상을 몸소 겪은 사람입니다. 이 시대에는 경서經書가 민절泯絶하여 승찬에 대한 자세한 기록은 없지만 그의 『신심명』이 남아 있어 승찬의 선사상을 엿볼 수가 있습니다. 그 내용은 상즉상재相卽相在하고 호섭호융互攝互融이라는 일심의 원리로 전개되고 있습니다. 그 일심이 바로 다름아닌 신信이고 일체입니다. 이것이 다시 쌍봉산의 대의도신에게 전해지고 있습니다. 그와 같은 도신대사의 선법에 대하여 말씀해 주시기 바랍니다.

答 사조도신(580~651)은 승찬을 따라 수행하기를 10년 내지 12년, 후에 출가하여 수 대업 연간에 길주에 이르러 형산에 가고자 하여 강주江州를 거쳐 여산의 대림사에 10년 동안 주석했습니다. 그러고는 출가자와 재가자들의 간청을 받아들여 무덕 연간(618~626) 초기에 거기서부터 그다지 멀지 않은 파두산으로 옮겼습니다. 『역대법보기』에 의하면 도예가 높아 당나라 정관 태종의 칙명에 의하여 입내入內하라는 권청을 받았습니다. 그러나 세 차례 모두 사양하였습니다. 태종은 조칙을 내려

만약 초청에 응하지 않으면 목을 베어오라고 하였습니다. 황제의 사자가 당도하니 이미 전말을 알고 있던 대사는 자신의 목을 잘라가라고 길게 내밀었습니다. 이 소식을 전해들은 황제는 더욱 크게 흠모하였습니다.

『속고승전』에 의하면 도신대사는 당 고종 영휘 2년(651)에 입적했는데 세수 72세였습니다. 제자가 500여 인이었다고 하는데 그 중에 홍인弘忍·원일元一·법현法顯·선복善伏 등은 뛰어난 사람들이었습니다. 당 대종황제는 대의선사大醫禪師라는 시호를 내리고, 탑호를 자운慈雲이라 하였습니다. 한편 당대의 문장가 두정륜杜正倫은 도신대사의 비문을 지었습니다.

도신의 사상을 전하고 있는 문헌사료가 별로 없지만 『능가사자기』와 『종경록』의 기록이 주목됩니다. 도신에 있어서 좌선의 본지本旨는 임운무작任運無作으로서 일심을 청정하게 유지하는 데에 있습니다. 그 청정심은 온갖 미묘한 공능功能을 발생시키는 문으로서 항사恒沙와 같은 공덕의 근원이었습니다. 이와 같은 도리를 분명하게 터득하는(了了常知) 일심은 일체의 조작적인 행위를 끊고 마음대로 어느 곳에나 드러나는 것이었습니다. 도신에게는 또한 일심이 대승의 정리正理에 들어가는 긴요한 것으로 ① 지심체知心體, ② 지심용知心用, ③ 상각부정常覺不停, ④ 상관심공적常觀心空寂, ⑤ 수일불이守一不移 등을 언급하고 있습니다. 이에 대한 『능가사자기』의 설명은 다음과 같습니다.

『무량수경』에 다음과 같은 말이 있다. '제불의 법신이 일체중생의 마음에 들어 있는데 그 마음이 곧 부처를 이룬다.' 그러니 마땅히 알아라. 부처는 곧 이 마음이요, 마음 밖에 달리 부처가 없다는 것을. 그것을 간략히 말하자면 무릇 다섯 가지가 된다. 첫째는 마음의 체성을 아는 것이다. 마음의 체성은 청정하여 부처와 같다. 둘째는 마음의 작용을 아는 것이다. 마음의 작용이 법보를 발생하고 열반을 짓는데, 모든 번뇌도 이와 마찬가지이다. 셋째는 깨침은 영원하다. 깨침은 멀리 있지 않지만 그 각각의 법에는 형상이 없다. 넷째는 항상 몸이 공적함을 관찰한다. 안과 밖이 다름이 없어 몸이 법계에 드니 일찍이 걸림이 없다. 다섯째는 하나(一)를 굳게 지킨다. 동과 정이 항상 함께 하여 수행자로 하여금 분명히 불성을 보아 곧 선정에 들게 한다. 여러 경전에는 많은 종류의 관법이 있으나 부대사가 설한 바 수일불이守一不移가 가장 뛰어나다.

곧 마음의 체를 알고, 마음의 작용을 알며, 항상 부지런히 깨어 있고, 항상 몸이 공적함을 관찰하며, 하나를 지켜 변함이 없게 하는 것[知心體·知心用·常覺不停·常觀身空寂·守一不移]을 강요綱要로 하면서 그 원리를 좌선관심坐禪觀心에 두고 있습니다. 여기에서 승찬의 신심信心이 수일守一, 곧 수일심진여의 원리로 바뀌어 전개되고 있습니다. 곧 마음의 본체가 불성임을 알아서 불성이 동과 정의 양변에 흔들리지 않는 평등

일미平等一味임을 관찰하는 것입니다.

이 일심의 진여, 곧 불성을 지킨다는 것은 저 『금강삼매경』의 골자이기도 하면서, 이후 홍인 및 법랑 등에게 전해져 오조인 홍인에게 선사상의 바탕을 이루게 하고 있습니다. 특히 도신의 법을 계승한 법랑은 8세기 중엽에 신라에 최초로 선법을 전래한 스님으로서 유명합니다. 법랑의 선법은 신행-준범-혜은을 거쳐 소위 신라의 구산선문 가운데 희양선문의 개산조가 되었습니다. 이것은 우리나라에 전래된 최초의 선법이라는 의의가 있습니다.

16 우두법응의 선법

問 중국선의 경우 도신의 선법은 홍인·법랑 및 법융에게로 전승되었습니다. 법융의 선법은 중국에서는 정통으로 간주되지 못하고 있지만 도신의 정통선법을 계승했다는 점에서는 하등의 차이가 없습니다. 그러면 법융의 선법은 무엇인지 설명해 주시기 바랍니다.

答 도신의 선법은 홍인과 법융과 법랑 등에게로 전승되어 크게 발전하였습니다. 홍인의 선법은 이후 육조혜능에게로 전승되었다는 것은 주지의 사실입니다. 그러나 여기에서 도신의 선법이 우두법융(牛頭法融, 594~657)에게 전승되어 그 당시에는 자못 큰 세력을 지니고 있었습니다. 우두의 선법은 도신의 법이 분기한 것으로 중국선에서는 최초에 해당합니다. 법융은 19세에 이미 유학儒學의 고전을 탐구해 마쳤습니다. 그러나 마침내 그것은 궁극적인 것이 아닌 것으로 간주하고 반야지관般若止觀을 닦으려고 모산茅山에 들어가서 경법사炅法師를 따라 출가하였

습니다. 각고의 정진을 하여 마침내 궁극의 경지에 도달하여 심리를 개명하고 아란야에서 20년 동안 묵좌默坐를 계속하였습니다.

정관 17년(642) 우두산 유서사幽棲寺에 들어가 북쪽 바위 아래에 선실을 짓고 아침저녁으로 정진을 계속하였습니다. 수년이 지나자 구도심을 지닌 대중이 백여 명 모여들었으며, 금수禽獸까지도 그 덕화를 받았습니다. 그리고 칠장경서七藏經書를 독파하고, 대장경을 강의하였는데, 특히 『법화』·『대품』·『대집경』을 설하였고, 삼론종의 경법사로부터 반야지관을 체득하였습니다. 후에 도신대사를 만나 스승으로 모시고 그 법을 이어받았습니다.

우두에게는 『심명心銘』이라는 저술이 있으며, 또한 『절관론絶觀論』도 그의 저술로 알려져 있습니다. 우두가 주안점으로 삼은 것은 「보리본유菩提本有 번뇌본무煩惱本無」를 강조하여 일체의 조작적인 분별행위를 떠나 일심을 온전히 현현시키는 것으로, 곧 반야공관에 철저하여 불공不空의 오묘한 성품을 성취하는 것이었습니다. 우두의 선법은 이후 지엄智巖 – 혜방慧方 – 법지法持 – 지위智威 – 혜충慧忠으로 전승되었고, 9세기 말까지도 그 세력이 계속되었습니다.

17 홍인대사의 선법

問 홍인은 『금강반야경』을 수지하면서 심성의 본원에 철저함을 본지로 삼아 수심守心, 즉 수본진심守本眞心의 참학參學을 강조하였습니다. 그리고 이것을 현창하기 위해서 『수심요론修心要論, 最上乘論, 一乘顯自心論』을 저술하였습니다. 후에 혜능은 『수심요론』에 대하여 '홍인대사가 범부를 깨침으로 인도하기 위해 수심修心의 도를 보여준 요론'이라 정의하고, 그 근본사상은 수심守心에 있다'고 평가하였습니다. 그러면 홍인의 선법은 무엇인지 말씀해 주시기 바랍니다.

答 대만홍인(大滿弘忍 : 601-674)의 전기를 수록하고 있는 정각淨覺의 『능가사자기』는 그의 스승인 현색玄賾의 『능가인법지楞伽人法志』의 기록을 인용하였습니다. 그러나 『능가인법지』는 현존하지 않습니다. 기타 『신회어록』, 『역대법보기』, 『조당집』, 『송고승전』, 『경덕전등록』, 『천성광등록』, 『속전등록』, 『불조통기』, 『불조역대통재』, 『연등회요』, 『오등회

원』 등에 전기가 전하지만 대동소이합니다. 홍인의 속성俗姓은 주周씨이고 기주 황매현 출신으로 수 대업大業 3(607)년, 7세 때 당시 여산에 머무르고 있던 도신을 참문參問하고 30년 동안 곁에서 모셨습니다.

『역대법보기』에 의하면 당 고종 현경 5년(660) 황매현 빙무산에 칙사가 와서 경사京師로 와달라는 부름을 받았지만 응하지 않았습니다. 칙사가 다시 청했으나 그것마저 고사하였기 때문에 칙사는 경사에 돌아가 홍인에게 의약품을 보냈습니다. 홍인의 회하會下는 대단히 많았기 때문에 선종이 후세에 대성황을 이루는 기초가 여기에서 구축되었습니다. 『능가사자기』에 의하면 홍인은 함향 5년(674) 74세로 입적하였습니다.

홍인의 선은 자성청정심에 계증하는 것을 중요한 안목으로 삼아 정심定心에 근거한 즉심즉불卽心卽佛의 도리를 현양시킨 점을 볼 수가 있습니다. 그 저술로 간주되는 『수심요론』(본래 제명은 『기주인화상도범취성오해탈종수심요론蘄州忍和上導凡趣聖吾解脫宗修心要論』 혹은 『도범취성오해탈종수심요론導凡趣聖吾解脫宗修心要論』이다)에는 수심守心의 가르침이 잘 나타나 있습니다.

텍스트로는 『돈황겁여록』(『一乘顯自心論』으로 수록) 제13, 『소실일서』 수록본, 스타인본 2669 · 3558 · 4064 및 페리오본 3434 · 3559 · 3777, 용곡대학본龍谷大學本 등이 알려져 있습니다. 또한 대정신수대장경 제48권에는 『최상승론最上乘論』이라는 제명으로 수록되어 있습니다. 모두 14단락의 주제로 나뉘어 수심修心의 도리에 대한 문답의 형식으로 구성되어 있습니다. 『기주인화상도범취성오해탈종수심요론』의 제목을 해석하면 '기주의 홍인화상이 범부를 이끌어 성인의 길로 나아가게 하고 해탈의 종지를 깨치도록 말씀해주신 마음을 닦는 중요한 가르침'입니다. 그 구체적인 내용은 다음과 같습니다.

먼저 수도의 본체는 몸과 마음이 본래부터 청정하여 생멸이 없기 때문에 분별과 집착할 것이 없는 줄을 터득하는 것이다. 이로써 자성이 원만한 청정심이야말로 자기의 본사本師이기 때문에 시방의 제불을 찾는 것보다 중요하다. 그리고 자심自心이 본래청정하여 불생불멸한 줄을 터득하는 방법은 진여불성이 본래청정하다는 것을 자각해야 한다. 마음이 자기의 본사本師이기 때문에 진심眞心을 유지하는 것이 가장 중요한 수행이다. 그런데도 범부와 부처의 차별이 있는 것은 진성을 알지 못하는 까닭이다. 중생과 부처가 지니는 마음자세는 본래심을 자각하는 여부에 따른다. 때문에 본래진심本來眞心을 지키는 것이야말로 열반의 근본이고 깨침의 근본 가르침이며 십이부경의 으뜸이고 삼세제불의 시조이다. 이에 본래의 진심을 지키는 것이야말로 일체의 차별상을 초월하여 조작이 없고 적멸한 무위의 경지인 열반이 터득된다. 이와 같은 수일심守一心은 곧 본래진심을 지키는 것으로서 일체경의 근거이고 삼세제불의 개조開祖이다. 수일심의 첫걸음은 자기의 본래심을 자각하는 것이다. 그 방법은 관무량수경에 의거하여 자세를 바르게 하고 단정히 앉아서 눈을 감고 입을 다물며 마음은 전방을 수평으로 향하여 16관상법을 통하여 본래의 진심을 잃지 않고 늘상 깨어 있는 것이다. 이로써 본심의 근원이 드러나고 일체의 심의心義에 도든 서원이 만족되며 일체행이 원만하여 생사의 고통을 초월한다. 그러므로 부지런히 정진해야 한다. 이에 무기심無記心에 빠지지 말고, 도달한 경지에 자만하지 말며, 팔풍八風에 흔들리지 말고, 아소심我所心을 소멸시켜야 한다. 이와 같은 가르침은 신심을 갖추어 조급해하지 말며, 몸을 바르게 하고 호흡을 조절하며, 마음을 집중하여 심식心識을 관찰해야 한다. 출가자의 본분을 수지하되 일체의 행위에 좌선을 근본으로 하여 궁극적으로 일불승을 드러내야 한다는 것을 말한다.

이와 같이 『수심요론』에 보이는 수심守心의 사상은 도신에게서 전승된 것으로 일심의 본체가 불성임을 알아 그 불성이 동과 정의 양변에 흔들리지 않는 평등일미임을 관찰하는 것으로 승화되었습니다. 이 일심의 진여 곧 불성을 지킨다는 것이 홍인 선사상의 바탕을 이루고 있습니다. 이로써 홍인은 『금강반야경』을 수지하면서 심성의 본원에 철저함을 본지로 삼아서 일심을 잘 유지시키는 수심守心 곧 수본진심守本眞心의 참학을 강조하였다. 이것을 드러내기 위한 가르침이 『수심요론』이었습니다. 이후에 그 제자 혜능은 『수심요론』에 대하여 '홍인대사께서 범부를 깨침으로 인도하기 위해 수심修心의 가르침으로 안내해 준 요론'이라 정의하고, 그 근본사상은 수심守心에 있다고 천명하였습니다.

18 동산법문의 전개

問 홍인대사에게는 소위 십대제자가 있었습니다. 그들의 선풍은 어떤 세력을 지니고 있었는지 말씀해주시기 바랍니다.

答 도신과 홍인의 선법은 동산법문으로 알려져 있습니다. 중국의 거의 중앙부인 호북성의 기주蘄州 지방에서 동산법문으로 성립된 선종은 홍인의 십대제자들에 의하여 발전되고 계승되었습니다. 그 대표적인 제자로는 동쪽으로 장강 하류지역 강소성의 우두산에 거처를 정한 법지(法持, 635~702), 서쪽으로 사천성의 자주에 거처를 정한 지선(智詵, 609~702), 득법한 후에 남방의 고향인 광동성의 조계로 돌아갔던 혜능(慧能, 638~713), 그리고 북쪽으로 당시에 정치의 중심이었던 중원지방으로 진출한 법여(法如, 638~689)·혜안(慧安, 582~709)·신수(神秀, 606~706) 등이 있었습니다.

이들은 정착했던 각 지역에서 포교활동을 전개하고 각각 제자들을 양성하여 일파를 형성하였습니다. 이 가운데 법지의 계통은 법지法持－지위智威－혜충慧忠과 현소玄素 등으로 계승되었습니다. 지선의 계통은 지선智詵－처적處寂－무상無相으로 계승되었습니다. 혜능의 계통은 혜능慧能－신회神會－무명無名 등으로 이어졌습니다. 법여의 계통은 법여法如－원규元珪·영운靈運 및 두비杜朏로 계승되었습니다. 혜안의 계통은 혜안慧安－진초장陳楚章·무주無住 및 후막진염候莫陳琰 등으로 계승되었습니다. 신수의 계통은 신수神秀－보적普寂·굉정宏正 및 도선道璿과 의복義福과 후막진염候莫陳琰 등으로 계승되었습니다.

이 가운데 중원으로 진출한 사람들이 가장 주목받고 큰 세력을 형성했습니다. 이들은 당시에 지배층이었던 황실과 귀족 등의 귀의를 받았습니다. 처음에 중원에 발을 내디딘 것은 홍인 문하의 법여法如였지만 일찍이 입적한 까닭에 이후에 혜안과 신수, 그리고 최후까지 홍인의 휘하에 남아 있었던 현색玄賾 등이 입경한 이후에 측천무후에게 입내공양을 받고 조야로부터 숭배를 받게 되었습니다. 혜안은 후에 숭산으로 물러갔기 때문에 장안과 낙양의 양경에서는 신수와 그 제자였던 보적(普寂, 651~739)이 크게 추앙을 받았습니다.

이리하여 신수 및 보적의 계통은 다른 문파의 사람들로부터 그 권위를 인정받게 되었습니다. 현색의 제자였던 정각淨覺이 지은 『능가사자기』와 법여의 제자였던 두비杜朏가 지은 『전법보기』는 곧 신수를 정통으로 하는 권위를 인정한 경우에 해당합니다. 십대제자들은 모두 홍인의 휘하에서 수행하였으므로 그 기본적인 입장은 홍인의 수심守心에 근거한 가르침이었습니다. 그 수심은 이후 소위 조사선의 기본적인 이념이 되었습니다. 그들이 생존해 있던 8세기 초엽까지는 각 파 사이에 사상적으로 큰 차이는 거의 없었습니다. 다만 개개인 성격의 차이와 그들이 의거했던 각 지역 상황의 차이로부터 세대가 교체되면서 그 독자성이 강하게 나타났습니다. 신수와 혜안의 양자에게 배운 후막진염候莫陳琰의 『돈오진종금강반야수행달피안법문요결頓悟眞宗金剛般若修行達彼岸法門要決』이 그 일례입니다.

　이처럼 홍인의 동산법문은 신수와 혜안의 입내공양으로부터 더욱더 선종의 권위와 가치를 인정받았습니다. 이리하여 자신들의 권위를 내세우고 그것을 정통으로 주장하는 일련의 선종사서 곧 전등사서傳燈史書가 등장하게 되었습니다. 소위 『능가사자기』와 『전법보기』는 그 결과였습니다. 그 내용은 그 전등사서가 편찬된 시대에 이르기까지 선의 가르침이 어떻게 전해졌는가를 서슬하고 있는데 구체적으로는 사제관계와 각 선사들의 경력 및 그 언동에 대한 서술이 중심으로 이루고 있습니다. 선종수행의 중심은 습선習禪에 있지만 습선에서는 선수행에 익숙한 스승의 지도가 절대적인 의미를 지니고 있습니다. 그때문에 불타의 말을 기록한 경전과 다름없는 가치를 부여하고 그 이해를 통하여 깨침에 다다르려는 일반의 교학자들과는 다른 경향을 보였습니다. 그것이 자파의 정통성을 증명하는 것으로 드러난 전등사서였습니다.

19 북종선의 출현

問 홍인대사의 문하에서는 이후에 선법이 소위 북종과 남종으로 출현하였습니다. 먼저 신수의 선풍을 계승하여 형성된 북종의 상황에 대하여 말씀해 주시기 바랍니다.

答 홍인대사의 문하에서 당시 중원에 큰 세력을 지니고 있었던 것은 신수-보적 계통의 사람들이었는데, 그들의 선풍을 일반적으로 북종이라 부릅니다. 여기에서 북종이라는 말에 대하여 먼저 알아둘 필요가 있습니다. 본래 북종이라는 말은 하택신회가 보적의 계통을 비판하면서 사용한 폄칭으로부터 유래합니다. 일찍이 동산법문 사람들은 남천축국 출신의 보리달마 계통을 계승한 선풍을 남종이라 불렀습니다. 그런데 신회는 그 남종의 용어를 중국 남방지역의 종지라는 의미로 바꾸어 자신이 속한 남방의 혜능 일파야말로 정통의 남종이고 북방에서 전개된 신수-보적 계통에게는 남종이라는 명칭을 부여할 자격이 없다고 주장하

였습니다. 따라서 신회 무렵에 이 남종이라는 용어는 보리달마의 계통이라는 의미와 혜능문하의 남방의 계통이라는 개념으로 이야기되었습니다. 그러나 이후에 점차 정통논쟁이 활발하던 시기에는 소위 혜능의 계통을 남종이라 하고 신수-보적의 계통을 북종이라 지칭하게 되었습니다.

그래서 십대제자가 생존해 있던 8세기 초엽에는 각 지역에서 전개한 사람들 사이에 명료한 사상적인 차이가 없었기 때문에 북종을 신수-보적 계통의 선풍이라는 의미로 한정하는 것은 동산법문의 각 계통에서 세대교체가 진행되어 제각각 독자성이 강화되어 가던 730년 무렵 이후로 보아야 합니다. 이와 같이 신회에 의한 남종과 북종의 구별은 동산법문 각 파의 사상적인 차이를 분명하게 한 것이기도 하였습니다. 가령 법지파와 지선파는 각각 우두종과 정중종을 형성하였고, 혜안파로부터 나온 무주는 하택신회와 정중종의 영향을 받아 보당종을 형성하였습니다. 이로써 북종은 선종의 한 분파에 불과했지만 그들이 가장 큰 세력을 형성하여 선종을 대표하는 것으로 보였던 것은 사실입니다.

20 북종선의 특징

問 결국 신수와 혜능이 입적한 얼마 이후 곧 8세기 중반부터 남종과 북종의 개념이 명확해졌던 것이군요. 그러면 당시에 북종에서 내세우는 선풍의 특징은 어떤 것이 있습니까?

答 북종에서 출현한 문헌은 먼저 신수 혹은 신수의 이름에 가탁하여 저술한 것이 주목됩니다. 일반적으로 싸잡아서 『대승오방편大乘五方便』이라 불리는 것으로 『대승무생방편문大乘無生方便門』· 『대승오방편북종大乘五方便北宗』· 『통일체경요의집通一切經要義集』 및 『관심론觀心論』 등이 유명합니다. 이것은 신수의 저술로 전해지고 있지만 사실은 신수가 입적한 이후 수십 년이 지난 8세기 중엽 이후에 신수-보적 계통의 사람들이 자신들의 사상을 얽어서 신수의 이름에 의탁한 것입니다. 그래서 소위 북종의 문헌이라 부르는 것이 좋습니다.

『관심론』은 여래장사상을 기초로 해서 마음을 관찰하는 관심觀心의 수행을 통하여 망상 없이 전체가 진여 그 자체가 되어 깨침의 경지에 들어가야 할 것을 주장합니다. 그리고 그 관심의 수행법을 절대화하여 다른 수행은 모두 여기에 포함되는 것으로 간주합니다. 전체적으로는 홍인대사의 『수심요론修心要論』에서 중요시하는 수심守心을 대신하여 관심을 제기한 것이기도 합니다. 『관심론』에서 주목해야 할 것은 관심이 모든 수행을 그 안에 품고 있다고 설하는 것입니다. 가령 삼취정계三聚淨戒에 대하여 삼독심을 제어하는 것으로 해석하고, 육바라밀다에 대하여 육적을 다스리고 육근을 청정하게 하는 것으로 해석하는 경우가 그것입니다. 이와 같은 해석을 「심관석心觀釋」이라 하는데 이것이야말로 관심과 함께 북종의 선사상의 형식을 가장 선명하게 드러내어 후대로 갈수록 다양한 형태로 전개되었던 것입니다.

한편 『대승오방편』으로 불렸던 일군의 몇 가지 저술은 그 전체의 구성 및 사상이 기본적으로 일치합니다. 곧 서장에서 동산법문 이래의 전통인 염불에 의한 청정심의 획득 등을 설한 후에 총창불체總彰佛體·개지혜문開智慧門·현부사의문顯不思議門·명제법정성明諸法正性·자연무애해탈도自然無礙解脫道의 5장이 이어지는데, 이것은 각각 『대승기신론』·『유마경』·『사익경』·『법화경』·『화엄경』 등을 사용하여 깨침의 경지를 설명한 것입니다. 여기에서 관심을 끄는 것은 거기에 표현되어 있는 깨침의 경지 그 자체보다도 오히려 그 표현방법, 곧 단적으로 말하자면 경론의 이용방식에 대한 것입니다. 그것은 여기에서도 「심관석」에 의하여 사상의 표전表詮이 이루어지고 있기 때문입니다. 가령 『대승오방편북종』에는 『유마경』의 「유마힐언선래문수사리維摩詰言善來文殊師利」의 구절을 인용하여 '유마힐은 정체淨體이고 문수사리는 묘혜妙慧이다. 정체와 묘혜가 만날 때 심心은 생기지 않는데 이것이 선래이고, 식識이 생기지 않으면 그것이 혜慧이다' 라고 말합니다.

여기에 보이는 해석방식은 오늘날 보자면 황당무계하기 짝이 없습니다. 그러나 이와 같은 해석이 북종 사람들에게는 지극히 중요한 것이었습니다. 이러한 「심관석」의 수법으로 쓰여진 것으로 금강장보살주金剛藏菩薩注로 되어 있는 『금강반야경주金剛般若經註』와 『관세음경찬觀世音經讚』, 혜변惠弁이 찬술한 『심왕경주心王經註』, 찬술자 미상의 『법구경소法句經疏』, 우도愚道가 찬술한 『주관음경注觀音經』 등이 있습니다.

이처럼 북종선의 심관석心觀釋은 자기의 선체험과 경전의 권위 내지 그 가치를 존중했다는 점에서는 중요시됩니다. 이와 같은 「심관석」은 그 자체가 같은 성격을 지닌 천태의 관심석觀心釋으로부터 많은 영향을 받았던 것으로 보입니다. 또한 황실과 귀족계층에서 크게 지지했던 것도 경전을 중시했던 북종이 「심관석」을 발전시킬 수 있었던 것과 관련이 있습니다. 이러한 것들이 오히려 황실 및 귀족계층의 눈에는 매력적으로 작용했던 것입니다. 어째든 북종선이 지향한 방향은 당시에 교학을 부정하고 선관의 실천에 의하여 깨칠 것을 추구했던 동산법문의 입장과는 대단히 이질적인 것이었습니다.

21 대통신수의 선풍

問 소위 북종의 개조로도 간주되었던 신수대사는 홍인대사의 상수제자였습니다. 신수대사는 어떤 사람이었고, 그 선풍은 어떤 것인지에 대하여 말씀해주시기 바랍니다.

答 홍인대사의 문하에는 700명의 대중이 운집했다고 합니다. 소위 십대제자 가운데서도 정법을 이어 크게 활동한 제자로는 대통신수大通神秀와 대감혜능大鑑慧能과 지선智詵 등이 있습니다. 특히 남돈북점南頓北漸으로 알려진 남종과 북종의 두 계통도 여기에서 연원합니다. 신수(神秀, 606~706)의 속성은 이李씨이고 하남성 출신입니다. 속가의 제자인 장열張說의 비문에 의하면 어려서 서생이 되었으며, 강남지방에서 널리 학문을 익혔는데 노장의 현지 · 주역의 대의 · 삼승의 경론 · 사분율의四分律儀 · 훈고음운訓詁音韻 등에 통달했다고 합니다.

신수대사는 무덕 8년(625) 낙양의 천궁사天宮寺에서 구족계를 받았습니다. 그리고 지천명에 이르러 기주로 홍인을 참문하여 6년 동안 주야를 가리지 않고 정진하였습니다. 그래서 홍인은 마침내 "동산의 법이 모두 신수에게 있다"고 칭찬하고 자신의 발을 씻도록 명하였으며, 더불어 조실의 자리를 나누었다고 합니다.

56세, 곧 당 고종 용삭 원년(661) 혜능이 홍인대사의 법을 계승했을 때에는 스승을 하직하고 15~6년 동안 밀행을 하였습니다. 의봉 연간(676~678) 초에는 형주 옥천사로 옮겨 옥천사의 동쪽 7리 쯤 되는 높은 산에 도문난야度門蘭若를 짓고 두타행을 닦았습니다. 그 덕을 사모하여 도를 구하려는 사람이 점점 늘어나 승당이 17동이고 제자가 3천 명이나 되었다고 합니다.

당시 그곳의 관리였던 송지문宋之問이 그 덕화에 감화되어 신수대사를 측천무후에게 추천하자 구시 원년(700)에 조칙을 내려 국사의 예를 갖추었습니다. 신수대사는 대족 원년(701)에 경사에 나아가 가부좌한 채로 황제를 알현하였고, 가마를 탄 채로 궁궐에 들어가서 만조백관의 예를 받았으며, 황제에게 신하의 예를 취하지도 않았습니다. 그리고 마침내 그 이후에는 장안과 낙양의 양경법주兩京法主에 추거되었고, 무후·중종·예종의 삼제국사三帝國師가 되었습니다. 경사에 6년 동안 머무르고 신용 2년(706) 2월 28일 낙양의 천궁사에서 천화하였습니다. 조칙에 의하여 조사弔使가 있었고, 국장으로 장례를 치루었습니다. 3월 2일에는 대통선사大通禪師라는 시호를 내렸습니다. 득도한 제자가 19인이었는데 그 가운데 보적普寂·의복義福·경현敬賢·혜복慧福·거방巨方·향육香育·항마장降魔藏 등이 크게 역할을 하였습니다.

신수의 선풍은 본유本有의 각성覺性에 바탕을 두고 현실적인 수행으로서 자신의 본래청정한 마음을 자각하고 그것을 잘 유지하는 간심간정看心看淨 혹은 불진간정拂塵看淨을 중요시하였습니다. 또한 신수는 화엄사상에 바탕을 두고 염정수심染淨隨心과 자타상즉自他相卽을 설명하여 각성覺性과 망념妄念이 원융함을 잘 보여주었습니다. 또한 신수대사는 오방편五方便을 널리 설하였습니다.

오방편은 첫째 『기신론』에 기초하여 부처님의 본질을 해명하고, 둘째 『법화경』에 의하여 부처님의 지견을 개시하였으며, 셋째 『유마경』에 의거하여 불가사의해탈을 설명하였고, 넷째 『사익경』에 의거하여 제법의 정성正性을 명료하게 밝혔으며, 다섯째 『화엄경』에 기초하여 무이無異를 요달하고 자연의 무애해탈을 설하였습니다. 그 밖에 『관심론』이라는 저술이 있는데 『소실육문집』에는 『파상론破相論』이라는 이름으로 수록되어 있습니다.

22 남종선의 출현

問 오늘날 전승되고 있는 선법은 모두 혜능선사의 계통에 속하는 남종의 선풍으로 알고 있습니다. 혜능선사의 삶과 가풍 및 특징에 대하여 말씀해주시기 바랍니다.

答 육조혜능(六祖慧能, 638~713)은 속성이 노盧씨이고, 광동성 소주 곡강현 출신입니다. 향관은 오늘날 북경 근처인 범양인데 좌천되어 광동의 신주에서 농사를 지었습니다. 어려서 아버지를 잃고 20세 전후까지 신주 용산에서 어렵게 살았습니다. 후에 남해지방으로 옮겨서도 생활이 빈궁하여 시전에 나무를 내다 팔면서 노모를 봉양하였습니다. 마침 어떤 사람이 나무를 사겠다고 하여 점포까지 날라다 주고 돈을 받아 나오다가 한 스님이 『금강경』 독송하는 것을 듣고 홀연히 발심하였습니다.

마침내 그 스님의 말을 듣고 황매의 홍인대사가 주석하는 곳으로 찾아간 것은 용삭 원년(661)으로 혜능의 나이 24세였습니다. 오조와 처음

상견했을 때의 문답은 사람에게는 남북이라는 출신지의 차별이 있지만 불성에는 남북의 구별이 없다는 심성의 근본적인 뜻에 대한 문제였습니다. 그 심지의 고매함을 인정받아 홍인의 문하에 들어가 8개월 남짓 방아찧는 일을 하였습니다. 혜능은 간난신고 끝에 마침내 대오하여 의발衣鉢을 전수받게 되었습니다. 이후 16년의 은둔생활 끝에 의봉 원년(676) 혜능의 나이 39세에 광주 법성사에서 인종印宗스님을 만나 풍동번동風動幡動의 문답을 기연으로 계를 받고 제육대 조사가 되었습니다.

다음 해 지장智藏이 개창한 보림사에 주석하고 있을 때 소주자사 위거韋據의 청에 응하여 성내의 대범사에 나아가서 설법을 하였는데 이것이 『육조단경』의 주요한 부분을 이루고 있습니다. 그 이래로 조계에 36년 동안 머물면서 소주韶州와 광주廣州 지방에서 많은 교화를 이루었습니다. 혜능은 68세 때 혜안(慧安, 582~709)과 신수(神秀, 606~706)의 추거에 의하여 신룡 원년(705)에 중종황제의 부름을 받았지만 병을 핑계로 고사하였습니다. 그 해 보림사를 중흥사中興寺로 개칭하고, 신주의 옛집이 있던 자리에는 국은사國恩寺라는 절을 지었습니다. 혜능은 선천 2년(713) 8월 3일 입적하였습니다. 원화 11년(816) 헌종은 대감선사大鑑禪師라는 시호를 내렸습니다. 혜능의 수많은 제자 가운데 법을 계승한 자는 43인입니다. 특히 행사行思·회양懷讓·신회神會·현각玄覺·혜충慧忠·법해法海 등이 큰 역할을 하였습니다.

홍인의 수본진심守本眞心은 혜능의 견성법見性法 및 신수의 간심간정

看心看淨으로 이어집니다. 혜능은 후에 무상계無相戒의 수계를 중심으로 한 마하반야바라밀다법을 설하였는데 이것은 『육조단경』의 주요한 핵심을 형성하고 있습니다. 『단경』의 중심을 구성하고 있는 선법은 견성성불見性成佛 사상입니다. 홍인은 『수심요론』에서 '우선 진심을 지킨 후 성불한다'고 하는데, 이것은 혜능의 견성성불의 다른 표현입니다. 그것은 양자의 경우 자성의 원만한 청정심을 수심守心으로 실천할 것인가, 아니면 자성의 청정한 원만심을 자각하여 그 자체로 인정할 것인가의 차이입니다. 혜능의 견성은 홍인의 수심守心 · 수진심守眞心 · 수본정심守本淨心에 의해 개화되고 고양된 것입니다. 말하자면 심心의 종교적 개념을 성性으로 완성한 것입니다.

혜능의 선풍이 반야공관에 근거한 것은 대범사에서 설법한 마하반야바라밀다법에 잘 나타나 있습니다. 마하반야바라밀다법은 몸을 가지고 직접 염념에 실천하는 것으로 반야삼매라고도 말합니다. 그리고 정定 · 혜慧는 일체一體로서 불이不二를 강조하였습니다. 곧 정定은 혜慧의 체體이고, 혜慧는 정定의 용用으로서 혜에 즉했을 때 정은 혜에 있고 정에 즉했을 때 혜는 정에 있다는 것입니다.

혜능은 불성의 유무에 의하여 홍인에게 인정받고 그 문하에 들어간 바와 같이 그의 생애를 통하여 동일진성의 철견을 강조하였습니다. 그것은 곧바로 심성, 그 자체에 계합하여 그것을 일상의 생활에서 구현하는 것이었습니다. 심성을 철견하는 행위가 곧 좌선이었습니다. 그리고 좌라는 것은 일체에 있어서 걸림이 없고 망념이 사라지는 것을 말하고, 선이란 본성을 철견하여 혼란스럽지 않는 것을 말합니다. 또한 밖으로 상相을 초월한 것을 선이라 하고, 안으로 마음이 산란하지 않는 것을 정이라 합니다. 이로써 본각진성이 서로 융즉하여 혜와 정이 발현되는 것이 바로 혜능의 선이었습니다.

이와 같은 혜능의 법문을 곧 돈교라 말하는데 여기에 철견하는 것이 바로 돈오입니다. 돈오는 곧 자기의 묘심에 입각하여 번뇌망념이 본래 공한 것을 증득하는 것입니다. 그래서 일상의 사위의四威儀가 모두 직심直心으로 확충되고 일체법에 대하여 집착이 없는 실천을 일행삼매一行三昧라 합니다. 혜능은 단순한 좌선에만 머문 것이 아니라 선정의 참된 정신을 일상생활 속에서 구현하였습니다. 나아가서 사신이었던 설간薛簡에게도 "도는 마음을 말미암아 깨치는 것이다. 어찌 좌라는 형태에 있겠는가"라고 설하였습니다. 그리고 직심이 곧 도량이기 때문에 정토는 반드시 직심을 떠나 멀리 있는 것이 아니라고 하며, 만약 무생돈법을 깨달으면 서방정토를 보는 것도 단지 찰나에 있을 것이라고 말합니다. 이처럼 혜능의 돈교법문은 출가와 재가의 차별이 없이 일체에 타당하게 적용되어 있습니다.

23 남악회양의 선법

問 혜능의 남종선풍은 오늘에 계승된 거의 모든 선종의 바탕이 되어 있습니다. 그 가운데 오늘날까지 법계가 무성한 남악회양에 대하여 말씀해주시기 바랍니다.

答 혜능의 남종선풍은 청원행사와 남악회양의 계통이 크게 발전하였습니다. 그래서 남악과 청원의 시대, 당나라 말기에서 오대의 말기에 이르기까지 무릇 250년 동안은 소위 선종의 발전시대로서 흔히 선의 황금시대라고도 말합니다. 이 기간에는 혜능을 기점으로 하는 남종선이 크게 발전하여 오가五家로 분립되는 등 종단적으로 보아 대단히 크게 번성을 구가하던 시기였습니다.

남악회양(南嶽懷讓, 677~744)의 속성은 두杜씨이고, 협서성 안강현 금주 출신으로 10세에 이미 불서를 즐겨 열람하였습니다. 『송고승전』에 의하면 약관으로 형남 옥천사에 나아가 15세 때 홍경율사(弘景律師,

634~712)에게서 삭발하고 구족계를 받았습니다. 이후 남악에 있으면서 숭산혜안(嵩山慧安, 582~709)의 가르침을 받았고, 다시 조계에 나아가 혜능을 참문하였습니다. 회양은 참으로 눈 밝은 스승을 만난 것에 기뻐하고 밤낮으로 8년 동안 정진하여 마침내 경용 원년(707)에 대사大事를 해결하였습니다. 그때 육조의 질문에 대하여 "일물이라고 말씀하신 것도 딱히 들어맞는 것은 못됩니다[說似一物卽不中]"라는 답변과 "수증은 곧 없지 않지만 단지 오염되지 않을 뿐입니다"라는 답변이 중요한 의미를 포함하고 있습니다. 조계에서 15년 동안 정진하고 법을 이었습니다. 선천 2년(개원 원년 713)에 호남성 형산현 남악의 반야사 관음당에 주석하였습니다. 경운 2년(711)에 그곳을 떠나 무당산에 올라 10여 년 동안 오후수행을 하였습니다. 개원 연간(713~741)에 마조도일이 그 법을 이었습니다. 청원행사와 더불어 혜능의 양족兩足으로서 그들 법문은 후에 중국 선종의 주류가 되었습니다. 남악에 23~4년 동안 머물고, 천보 3년(744) 8월 10일 68세로 시적하였습니다. 경종황제는 대혜선사大慧禪師라는 시호를 내렸습니다. 사법제자 6인 가운데 마조도일이 가장 유명합니다. 『육조단경』에는 다음과 같은 기록이 전합니다.

> 회양선사는 금주 두杜씨의 후손이다. 처음에 숭산의 혜안국사를 참문하였는데 혜안의 지시를 받아 조계에서 가르침을 구하였다. 회양이 도착하여 예배를 드리자 대사가 말했다.

"어디에서 왔는가?" 회양이 말했다. "숭산에서 왔습니다."

대사가 말했다. "무엇이 여기에 왔냐는 말이다."

회양이 말했다. "일물이라고 말씀하신 것도 곧 이미 어그러지고 맙니다."

육조가 말했다. "그렇지만 일물에 대한 수행과 깨침은 있어야 하지 않겠는가?" 회양이 말했다.

"일물에 대한 수행과 깨침이 없지는 않지만 곧 염오되지 않도록 할 뿐입니다."

대사가 말했다. "무릇 그와 같이 염오되지 않게 하는 것이야말로 제불이 호념하신 바이다. 그대는 이미 그와 같은 경지가 되었고, 나 또한 그와 마찬가지이다. 인도의 반야다라께서 그대를 두고 다음과 같이 참언하셨다. '발밑에서 말 한 마리가 출현하여 천하의 사람들을 짓밟아 죽일 것이다.' 그러니 그대의 마음에만 담아두고 섣불리 발설하지 말라."

회양은 활연히 육조의 마음과 계합되었다. 그리고 마침내 혜능의 문하에서 15년 동안 모셨는데 나날이 깊은 진리에 도달하였다. 후에 남악으로 가서 선종을 크게 진작하였다. 시호는 대혜선사이다.

회양의 사상과 그 실천은 남종선의 강령이 그대로 나타나 있습니다. 수修와 증證을 대립시켜서 좌선하면서 깨침을 구하거나 작불作佛을 도

모하는 것이 아닙니다. 곧 본래성불에 바탕을 둔 것으로 본증묘수本證妙修와 수행과 깨침을 분리하지 않는 수증일여修證一如의 좌선이야말로 번뇌에 휩싸이지 않는 불염오不染汚의 청정한 수행이라는 입장이었습니다. 또한 회양은 일체를 일심법계로 파악하여 유무의 대립을 포월包越하여 무이無二의 진심眞心으로 귀착해야 할 것을 강조하였습니다. 또한 회양은 "그대의 지금 그 마음이 곧 불이다. 때문에 달마가 서래하여 오직 일심을 전했을 뿐이다. 삼계유심이므로 삼라와 만상도 일법에 계합하는 것으로 무릇 눈에 보이는 색은 모두 자심自心일 뿐이다"고 설하여 즉심즉불卽心卽佛 · 삼계유심三界唯心의 입장을 개시하였습니다.

24 청원행사의 선법

問 혜능의 남종선풍은 남악회양과 더불어 또 청원행사의 계통이 크게 번성하였습니다. 청원행사는 어떤 분이었습니까?

答 청원행사(靑原行思, ?~740)의 전기는 자세한 기록이 거의 없습니다. 『송고승전』에 의하면 제9권 의복전義福傳에 부가된 기록으로만 전할 뿐입니다. 또한 『조당집』·『전등록』에서도 극히 간략한 기록이 있을 뿐입니다. 행사는 강서성 길주 안성 사람으로 속성은 유劉씨이고, 여릉 사람으로 출가한 후에 20세에 구족계를 받고 수년 동안 각고정진하였습니다.

이후 소양에 나아가 혜능을 참문하고, 강서성 길주의 청원산 정거사靜居寺에 주석하자 문도들이 운집하였습니다. 그 문하에서 후에 선종오가禪宗五家 가운데 조동종曹洞宗·운문종雲門宗·법안종法眼宗이 출현하였습니다. 행사가 육조를 초참했을 때의 문답은 후에 『육조단경』에 다음과 같이 인용되어 있습니다.

> 행사선사는 길주의 안성 출신으로 성은 유劉씨이다. 조계 법석의 교화가 성대하다는 말을 듣고 곧바로 찾아가 참례하였다. 그리고는 물었다. "저는 어떤 수행에 힘써야 분별계급에 떨어지지 않겠습니까?" 대사가 말했다. "그대는 일찍이 어떤 수행을 해왔던가?" 행사가 말했다. "성제聖諦조차 수행한 적이 없습니다." 대사가 말했다. "그렇다면 계급에 떨어지고 만 꼴이다." 행사가 말했다. "성제聖諦도 추구하지 않았는데 저한테 어떤 계급이 있단 말입니까?" 대사는 행사를 법기法器로 여기고 행사로 하여금 대중을 거느리도록 하였다. 어느 날 대사가 행사에게 말했다. "그대에게 이제 한 지역을 담당하여 교화하도록 맡겨주겠다. 그러니 법이 단절되지 않도록 하여라." 행사는 법을 터득하고 마침내 길주의 청원산으로 돌아가서 법을 홍포하며 스승의 교화를 계승하였습니다. 시호는 홍제선사이다.

행사는 육조의 문하에서 10여 년 동안 사사하고 육조가 시적하기 2~3년 전에 고향인 길주로 돌아갔다고 합니다. 득법한 후에 청원산 정거사에 들어갔습니다. 그 후에 크게 교화의 문을 열어 사방에서 선객이 다투어 몰려들었습니다. 『조당집』과 『전등록』에 의하면 신회는 후에 행사의 휘하에 와서 참했다고 합니다.

행사의 사상에 대해서는 그 자료가 매우 빈약합니다. 그러나 『종경록』 권97 길주 사화상思和尙의 말이라 하여 기록되어 있는 것을 주목할 필요가 있습니다. 이에 의하면 그 중심사상은 "시심시불是心是佛"・"미오迷悟는 모두 일심에 있다."・"초목에 불성이 있는 것은 그것이 모두 일심이다. 밥을 먹는 것도 불사이고 옷을 입는 것도 불사이기 때문이다"는 점이 주목됩니다. 이와 같은 가르침은 소위 조사선풍의 기본적인 대의이기도 합니다. 일례로 『조당집』과 『전등록』에 의하면 "어떤 것이 불법의 대의입니까?"라는 승의 질문에 대하여 행사는 "여릉의 쌀값은 얼마인가?"라고 말한 내용이 있습니다. 이것은 철저하게 현실에 즉한 불법의 가르침에 바탕을 둔 조사선풍을 상징합니다. 이와 같이 답변하는 형식은 이후에 점차 변화하여 선문답의 특징을 출현시키게 되었습니다.

25 하택신회의 선법

問 혜능으로부터 깨침을 인가받은 제자로는 43명이라고 합니다. 그 가운데서 특히 후대 선종에 큰 영향을 끼친 하택신회의 선법에 대하여 말씀해주시기 바랍니다.

答 하택신회(荷澤神會, 668~760)의 속성은 고高씨이고, 양양 사람으로 어려서 돈명惇明스님에게서 오경五經을 받고 노장老莊의 사상을 배웠으며 『후한서』를 읽고 불교를 알아서 마침내 호원顥元에게 출가하였습니다. 신수의 문하에서 3년 동안 제자로 공부했다고도 합니다. 그러나 신수가 경사에 나아갔기 때문에(701) 그 지시를 받아 조계로 갔습니다. 혜능에게 4년 동안 참문한 후에 수도에 나아갔다가 709년 무렵 다시 조계로 돌아와 혜능이 시적할 때까지 모시다가 밀인密印을 받았습니다. 개원 8년(720) 53세로 남양 용흥사에 칙주하였지만 당시의 의복·보적 등 북종 사람들에 비하면 그 명성은 거의 보잘것 없었습니다. 그러나 후에 낙

양 하택사에 주석하면서 서천동토西天東土의 조사를 정하고 육조의 진당을 만들어 남종의 정통확립에 힘썼습니다. 마침내 개원 22년(734) 정월 15일 활대 대운사에서 무차대회를 열고 남북 양종의 진위를 가려 북종배격의 횃불을 높이 치켜들었습니다. 그때 신회가 북종에 대하여 북종은 그 법계가 방계라는 사승시방師承是傍 및 그 법문이 점법이라는 법문시점法門是漸이라고 주장하였습니다. 이로써 신회는 혜능의 선법을 중국의 선종사에서 정통으로 확립하는데 큰 공헌을 하였습니다.

이후 천보 14년(755) 겨울 안록산의 반란이 일어나 낙양이 점령되자 당나라 황실은 재정적으로 대단히 궁핍하였습니다. 신회는 그 이듬해 낙양에 돌아와 불타버린 사원에다 하나의 절을 짓고 계단戒壇을 설치하여 향수전香水錢을 받아 군비에 보충케 하여 황제의 신임을 더욱더 크게 받았습니다. 신회가 시적한 것은 상원 원년(760) 93세였는데, 칙명으로 진종대사眞宗大師라는 시호를 받았습니다. 그의 저술에 『현종기』가 있고, 또한 어록으로 『신회어록』이 있습니다. 『육조단경』에는 신회가 혜능에게 참문한 내용이 있습니다.

이름이 신회라는 한 동자는 양양의 고씨 출신이다. 13세 때 옥천사로부터 와서 참례하자 조사가 말했다.

"그대는 멀리서 오느라 수고가 많았다. 그런데 근본은 터득하고 왔는가? 만약 근본을 터득했다면 곧 도리(主)를 알았을 것이다. 자, 한 번 설명해 보라." 신회가 말했다.

"무주로써 근본을 삼는데 그것을 보는 것이 곧 도리(主)입니다." 조사가 말했다.

"어린 사미 주제에 어찌 그렇게 손쉽게 지껄이는가?" 이에 신회가 물었다.

"화상께서 좌선해보니 그것이 보입디까? 보이지 않습디까?" 조사가 주장자로 세 차례 때려주고서 말했다.

"내가 그대를 때렸는데 아픈가? 아프지 않는가?" 신회가 대답하였다.

"아프기도 하고 아프지 않기도 합니다."

조사가 말했다. "나한테도 그것이 보이기도 하고 보이지 않기도 한다." 신회가 물었다.

"보이기도 하고 보이지 않기도 한다는 것은 무슨 뜻입니까?" 조사가 말했다.

"내 소견으로는 늘상 자심(自心)의 허물은 보이지만 타인의 시(是)·비(非)·호(好)·오(惡)는 보이지 않는다. 이것이 곧 보이기도 하고 보이지 않기도 하는 것이다. 그대가 말한 아프기도 하고 아프지 않기도 하다는 것은 무엇인가? 만약 그대가 아프지 않다면 목석과 같다는 것이고, 만약 아프다면 범부와 마찬가지로 곧 성냄과 원한을 일으킬 것이다. 그대가 조금 전에 말했던 보이기도 하고 보이지 않기도 하다는 것은 곧 이변(二邊)의 경우이고, 아프기도 하고 아프지 않기도 하다는 것은 생멸의 경우이다. 그대는 자성조차도 또한 보지 못하면서 감히 사람을 희롱하는구나."

신회가 예배하고 사죄를 드렸다.

조사가 다시 말했다. "그대가 만약 마음이 미혹하다면 아직 보지 못했을 터이니 선지식한테 물어서 길을 찾아라. 그러나 그대가 만약 이미 마음을 깨우쳤다면 곧 스스로 견성해서 법에 의하여 수행하여라. 그대가 스스로 미혹하여 자심自心을 보지 못했으면서 도리어 보이느니 보이지 않느니 하고 나한테 묻는구나. 그러나 내가 이미 보아서 스스로 알고 있단 한들 어찌 그대의 미혹을 대신해 주겠는가. 반대로 그대가 만약 스스로 보았다고 한들 나의 미혹을 대신할 수가 없다. 그런데도 어찌 그대 스스로 알려고도 않고 그대 스스로 보려고도 않으면서 이에 나한테는 보이느니 보이지 않느니 하고 묻는단 말인가."

신회가 다시 예배하고, 백여 번의 절을 드리면서 잘못에 사죄를 청하였다. 이에 부지런히 시봉하면서 그 곁을 떠나지 않았다.

어느 날 조사가 대중에게 말했다. "우리 모두가 지니고 있는 일물一物은 머리도 없고 꼬리도 없으며 명칭도 없고 글자도 없으며 등도 없고 얼굴도 없다. 그대들은 그것이 무엇인지 알겠는가."

신회가 나서서 말했다. "그것은 제불의 본원本源이고, 또한 저 신회의 불성이기도 합니다."

조사가 말했다. "조금 전에 내가 그대한테 명名도 없고 자字도 없다고 말했는데도 불구하고 그대는 곧 본원本源이니 불성이니 하고 들먹이는구나. 그대는 이후로 작은 암자나 지어놓고 단지 지해종도知解宗徒 노릇은 하겠구나."

조사가 입적한 후에 신회는 낙경洛京 곧 낙양에 입성하여 조계의 돈교頓敎를 널리 펼쳤다. 신회가 저술한 『현종기』는 세상에 크게 유행하였다.

『현종기』에는 "무념無念을 종宗으로 삼고 무작無作을 본本으로 삼으며 진공眞空을 체體로 삼고 묘용妙用을 용用으로 삼는다. 대저 진여眞如는 무념無念으로서 상념想念으로는 알 수 있는 바가 아니고, 실상實相은 무생無生인데 어찌 색심色心으로 볼 수 있겠는가." 이렇게 서술하고 있듯이 신회는 적지寂知를 체體로 삼고 무념無念을 종宗으로 삼았습니다. 이것은 혜능선법을 충실하게 계승한 것이기도 합니다. 특히 적지寂知는 공적영지空寂靈知로서 선종사에서 지知의 개념을 크게 확장하여 이후에 규봉종밀(圭峯宗密, 780~841) 및 고려의 보조지눌(普照知訥, 1158~1210)의 선사상에도 큰 영향을 주었습니다.

26 영가현각의 선법

問 혜능선사의 많은 제자 가운데 영가현각은 독특한 사람이기도 합니다. 우선 법계가 천태종에 속하기도 하고, 그의 선법을 계승한 제자가 없다는 점도 그렇습니다. 영가현각 선사에 대하여 말씀해주시기 바랍니다.

答 그렇습니다. 영가현각(永嘉玄覺, 665~713) 선사는 매우 뛰어난 인물이었지만 요절한 까닭에 그 문하는 계승되지 못하였습니다. 영가현각의 속성은 대戴 씨로서 온주 영가 출신입니다. 처음에 천태혜위(天台慧威, 634~713)에게 공부하였고, 좌계현랑(左溪玄朗, 673~754)과 도가 계합하였습니다.

그런데 어느 날 『반야경』을 듣고 활연대오하였습니다. 이후 동양東陽의 현책玄策선사와 함께 조계에 이르러 육조를 참하여 종요를 질문하였습니다. 이에 곧 인가를 받아 일숙하고 돌아갔다 하여 일숙각一宿覺이라 불리었습니다. 그의 저술인 『선종영가집』과 『증도가』는 오늘날에도 널리 일반화되어 있습니다. 선천 2년(713)에 세수 49세로 입적하였습니다. 호는 무상대사無相大師입니다. 『육조단경』에는 다음과 같은 일화가 전합니다.

> 영가현각 선사는 온주 출신으로 대戴씨의 후손이다. 젊어서 경론을 공부하였고, 천태의 지관법문을 닦았으며, 『유마경』을 읽고는 마음을 깨쳤다. 혜능의 제자인 현책과 자주 왕래하면서 더불어 절차탁마하였는데 나누는 이야기가 제조사의 본의에 부합되었다.
> 현책이 말했다. "그대가 어떤 스승한테 불법을 배웠는가?" 현각이 말했다.
> "나는 여러 스승을 참문하여 방등의 경론을 들었다네. 그러나 후에 『유마경』을 통하여 불심의 종지를 깨쳤지만 아직까지 증명을 받지 못했다네."
> 현책이 말했다. "위음왕불 이전에는 그럴 수 있었겠지만 위음왕불 이후에는 스승 없이 홀로 깨쳤다는 자는 모두 곧 천연외도라네."
> 현각이 말했다. "그렇다면 그대가 내 깨침을 증명해주길 바라네."
> 현책이 말했다. "내 말은 아직 미진하네. 그러나 조계에는 육조대사가 있는데 사방에서 몰려들어 거기에서 법을 받는 자들이 많다네. 만약 조계로 가겠다면 나와 함께 가지 않겠는가?"
> 현각은 마침내 현책과 더불어 조계를 내참하였다. 조계대사를 우요

삼잡右遶三匝만 하고는 석장을 흔들고는 앞에 우뚝 섰다.

대사가 말했다. "대저 사문이라면 삼천 가지 위의와 팔만 가지 세행을 갖추어야 한다. 그런데 대덕은 어디에서 왔기에 대아만을 내는가?"

현각이 말했다. "생사사대生死事大이므로 무상신속無常迅速입니다."

대사가 말했다. "생사에 대하여 체득하면 곧 무생이고 요달하면 본래 신속조차 없는 도리를 어째서 모르는가?"

현각이 말했다. "이제야 본체가 곧 무생으로서 본래 지체와 신속이 없음을 요달하였습니다."

대사가 말했다. "그래, 바로 그렇다."

현각은 그제서야 위의를 갖추고 예배를 드렸다. 그리고는 곧바로 하직인사를 드렸다. 그러자 대사가 말했다.

"이대로 돌아간다니 너무 서두르는 것 아닌가?" 현각이 말했다.

"본래 움직임조차 없는데 어찌 서두름이 있겠습니까?" 대사가 말했다.

"그렇다면 움직임조차 없다는 도리를 아는 주체는 누구란 말인가?" 현각이 말했다.

"지금 화상께서 괜히 분별을 내시고 있는 것 아닙니까?" 대사가 말했다.

"그대는 진정으로 무생의 뜻을 깨우쳤구나." 현각이 말했다.

"무생이라는데 어찌 뜻인들 있겠습니까?" 대사가 말했다.

"뜻 자체가 없거늘 누가 분별을 내겠는가?" 현각이 말했다.

"분별한다 해도 또한 뜻이 없습니다." 대사가 말했다.

"그래, 그렇다. 머물렀다 일숙하고 가거라." 이런 까닭에 일숙각一宿覺이라 불리었다.

이후에 『증도가』를 저술하였는데 세상에 크게 유행하였다. 시호는 무상대사無相大師인데, 생전의 호는 진각대사眞覺大師이다.

현각의 선풍은 '무명無明의 실성實性이 곧 불성佛性이고 환화幻化의 공신空身이 곧 법신法身'이라 하여 일체의 대립관념을 부정하였습니다. 진眞을 구하지도 않고 그렇다고 망妄을 끊지도 않으며 본래무일물本來無一物에 주住하는 것을 선의 본지本旨로 삼았습니다. 이로써 중생과 부처가 일체라는 생불일체生佛一體 및 삼라만상의 제법은 다르지 않다는 만법일여萬法一如를 깨치면 걸어가는 것도 선이고 앉아 있는 것도 선이며 말하고 침묵하며 움직이고 고요한 일체의 상태에도 부동의 경지가 된다는 행역선行亦禪 좌역선坐亦禪 어묵동정체안연語默動靜體安然이라 갈파하였습니다. 이것은 곧 선의 일상화 바로 그것을 말하고 있습니다.

27 남양혜충의 선법

問 혜능선사의 문하에는 뛰어난 제자들이 많이 배출되었습니다. 그 가운데는 남양혜충처럼 국사를 지낸 사람도 있습니다. 국사는 제자를 접화하는 특별한 수단을 부리기도 하였다는데 그러한 접화법에 대하여 말씀해 주시기 바랍니다.

答 혜능의 수많은 제자들 가운데 법을 계승한 제자는 43명이라고 합니다. 그 중에서도 남양혜충(南陽慧忠, ?~775)은 속성이 염冉씨이고 월주 출신입니다. 어려서부터 학문을 좋아하고 쌍봉에서 공부를 하였으며, 육조가 입적한 후에는 제방을 유행하였습니다. 마침내 남양에 터를 잡고 40년 동안 산문을 나가지 않았습니다. 그 도성道聲이 멀리 경사에까지 알려져 숙종과 대종, 두 황제의 국사를 지냈습니다. 시적은 대력 10년(775)이고 시호는 대증선사大證禪師입니다.

혜충의 선지는 신심일여身心一如 · 교즉선教即禪 · 무정설법無情說

法·표상현법表相現法 등으로 널리 알려져 있습니다. 신심일여는 일반적인 선의 입장이기도 합니다. 곧 몸의 좌선과 마음의 깨침을 따로 간주하지 않는 것이기도 하고, 나아가서 신信 곧 마음과 좌坐 곧 신체의 조화를 의미하기도 합니다. 이것은 다음과 같이 일찍이 달마로부터 혜능을 거쳐 그 이후의 선풍으로 일관되게 전개되어 갔습니다.

무엇에 대한 입장의 차이는 같은 사물에 대하여 견해의 차이를 수반하게 마련입니다. 선은 바로 모든 문제에 있어 개관적으로만 취급하지 않고 자신에게 수용된 생생한 입장에서 취급합니다. 의문해의依文解義의 불교는 아무리 심원深遠하다 해도 그것은 단순히 이해의 불교에 머무르기 쉽기 때문에 생명력이 넘치는 불법으로 파악되기는 용이한 일이 아닙니다.

그런데 선은 바로 이와 같은 행行의 불법에 철저하였습니다. 곧 선의 좌선은 행의 불법으로서의 좌선이었습니다. 그래서 신身의 좌坐가 그대로 심心의 깨침으로 통하기 때문에 그것은 물심이원론物心二元論에 기초한 좌선이 아닙니다. 그래서 도를 얻는 데에는 몸으로써 얻으며, 몸에 의한 좌坐에 전일專一해야 한다는 말은 좌선이 곧 신체를 통한 행불위의行佛威儀이기 때문입니다. 이러한 예는 혜능에게서 잘 나타나 있습니다. 혜능은 선정과 지혜가 궁극적으로는 둘이 아니라 하나라는 것을 다음과 같이 말합니다.

선지식이여, 나의 이 법문은 정과 혜로써 근본을 삼는다. 그러니 먼저 미혹하여 정과 혜가 다르다고 말하지 말라. 정과 혜는 그 체성이 같아 다르지 않다. 그래서 정定은 혜慧의 체體이고 혜는 정의 용用이다. 혜가 작용할 때 정은 혜에 있고 정이 작용할 때 혜는 정에 있다. 선지식이여, 이것은 정과 혜가 같다는 뜻이다. 그러니 학도자들은 정이 먼저여서 혜를 낸다거나 혜가 먼저여서 정을 낸다거나 하여 서로 다르다고 말하지 말라. 이러한 견해는 법에 두 모습이 있다는 것이다. 입으로는 선을 말하면서 마음이 선하지 않으면 정과 혜가 다른 것이고, 마음과 입이 함께 하여 내외가 같으면 이것이 정과 혜와 같은 것이다.

혜능의 이와 같은 정혜관은 몸 행위로서의 정과 마음, 작용으로서의 혜입니다. 이에 대한 더욱 구체적인 모습은 좌선에 대한 혜능의 견해에 나타나 있습니다. 곧 "밖으로 일체 선악의 경계에 대하여 심념心念이 일어나지 않는 것이 좌坐이고 안으로는 자성을 보아 움직임이 없는 것을 선禪이라 한다. 선지식이여, 선정이란 무엇인가. 밖으로 형상(相)을 초월한 것이 선이고 안으로 혼란스럽지 않는 것이 정이다"라고 하여 여기에서 혜능이 말하는 좌선의 의미는 좌라는 본래의 앉음이라는 의미를 일체의 행위로까지 확대시키고 있음이 주목됩니다. 그리하여 혜능에게 있어서 좌선의 의미는 일행삼매一行三昧의 좌선입니다. 어묵동정語默動靜

에서 밖으로 상에 걸림이 없고 안으로 움직임이 없는 경지가 곧 좌선이라는 것입니다. 이러한 좌선의 의미는 후에 간화선 수행에서 화두일념話頭一念의 경지와 일치하여 행역선行亦禪 좌역선坐亦禪으로 통합니다.

그리고 나아가서 좌선의 의미는 앉음새 그 자체를 의미합니다. 좌가 단순한 좌가 아니라 앉음새의 좌에 철저한 좌입니다. 그래서 지관타좌只管打坐일 수 있는 것입니다. 상식적으로 보자면 신身과 심心은 각각 다른 존재입니다. 그렇지만 신과 심 곧 신체와 정신은 원래 동일한 현실체임에도 불구하고 다만 그 구별은 현실체에 대한 견해의 차이에서 온 것입니다. 그것을 선에서는 본래부터 신심일여身心一如이고 성상불이性相不二라고 합니다. 더욱이 상주常住를 말하는 입장에서는 만법이 모두 상주하며, 신과 심을 구별하지 않고, 적멸을 말하는 입장에서는 제법이 모두 적멸입니다. 그래서 성과 상을 구별하지 않습니다. 그럼에도 불구하고 몸은 소멸하고 마음은 상주한다고 말한다면 그것은 선니외도先尼外道에 불과합니다. 선니외도들은 신심분리身心分離를 말합니다. 곧 집에 불이 났을 때 집주인은 밖으로 뛰쳐나와 죽음을 모면합니다. 그러나 집은 불타 없어집니다. 여기에서 집주인은 정신이고 불에 타버린 집은 신체라는 것입니다. 이에 대하여 남양혜충은 신심분리를 주장하는 선니외도들을 통렬하게 비판합니다. 몸이 없는 마음은 불가능합니다. 그리고 마음이 없는 몸은 무의미합니다.

이와 같은 입장에서 보자면 선니외도가 주장하는 실체아는 분명히 부정되어야 할 것입니다. 그리고 심心과 성성을 나누어 성性을 심心의 본체, 심心을 성性의 현상으로 보는 이원론적인 견해도 부정됩니다. 왜냐하면 신身의 학도學道는 심心의 탈락이기 때문입니다. 곧 신심일여身心一如·성상불이性相不二해야 비로소 타좌打坐의 불법에 철저할 수 있기 때문입니다.

이와 같이 주관과 객관의 대립을 일심으로 통일시킨 것이 곧 삼계유심三界唯心입니다. 그러므로 삼계유심에서 삼계는 유심의 소산이라는 의미가 아닙니다. 삼계가 그대로 곧 유심입니다. 여기에서 삼계도 그리고 일심도 엄연하게 자기의 존재성입니다. 삼계라고 볼 때는 삼계뿐이고 일심이라고 볼 때는 일심뿐입니다. 이것을 양자의 대립으로 보는 것은 사유의 추상일 뿐이지만 구체적으로는 일체불이一體不二입니다. 일심이 주체가 되어 삼계가 따르는 것도 아니고, 주관이 먼저이고 객관이 나중이라는 것도 아닙니다. 양자가 상의상자相依相資의 존재인데 이것을 정전正傳하여 온 마음이란 것은 일심일체법一心一切法이며 일체법일심一切法一心입니다.

이것은 진시방세계盡十方世界가 곧 자기라는 것에도 통하는 말입니다. 이러한 이치가 타좌打坐로 심화되면 바로 본래의 깨침에서 몸의 수행이 이루어지는 묘수妙修가 되어 더 이상 단순한 좌선이 아닙니다. 이 바탕에서 전개된 불법이 곧 수증불이修證不二입니다. 여기에서 수는 오롯하게 지관타좌하는 실천을 말하고, 증은 바로 이 수에 의해서 나타나는 대오입니다. 굳이 상대적인 개념을 붙여 설명한다면 오悟는 좌선이라는 수행의 이상理想이고, 좌선은 그 목적을 구현하기 위한 방법이라 할 수 있을 것입니다.

대저 수修와 증證이 하나가 아니라고 생각하는 것은 바로 외도의 견해이다. 불법에서는 수와 증은 하나이다. 지금 깨달은 분상의 수행이기 때문에 초심의 변도辨道는 바로 본증本證의 전체이다. 그렇기 때문에 수행의 용심을 가르침에 있어서 수 이외에 증을 바라는 생각을 하지 말라고 한다. 직지直指의 본증本證이기 때문이다. 이미 수에 증이 있으므로 증은 끝이 없고, 증에 수가 있으므로 수는 시작이 없다. 그러므로 석가여래와 가섭존자 등도 모두 깨달음의 분상에서 수修를 수용하였고, 달마대사와 육조혜능도 역시 깨달음의 분상에서 수를 활용했다. 불법주지佛法住持의 발자취는 모두 이와 같다. 증을 떠나지 않은 수이다. 우리들은 다행스럽게도 자신에게 갖추어져 있는 묘수妙修를 단전單傳하였다. 초심의 변도는 바로 자신의 본증을 무위의 경지로써 얻는 것이다. 그러므로 알아라. 수행을 여의지 않는 깨달음을 더럽히지 않게 하기 위하여 불조들은 계속하여 수행의 고삐를 늦추지 않도록 가르친다. 묘수를 놓아 버리면 본증이 손안에 가득하고, 본증을 초월해 버리면 묘수는 온 몸에 가득하다.

이것은 곧 좌선을 하여 그 결과 깨달음을 얻는다는 것을 극력 배제하는 내용입니다. 왜냐하면 몸을 통하여 마음의 깨침을 얻는다는 것은 몸과 마음의 불일치를 의미하기 때문입니다. 선은 그와 달리 몸의 행위가 그대로 마음의 행위라는 입장이기 때문에 좌선수행은 대오待悟도 아니고 작불作佛도 아니기 때문입니다. 현재의 수修 가운데 증證이 본래 갖추어져 있고 증상에서 수가 걸림없이 작용하고 있기 때문입니다. 곧 증의 수임과 동시에 수의 증입니다. 좌선이 진실한 것이 되기 위해서는 아我와 불佛이라는 대립의 미정迷情을 버려야 합니다. 혜능은 "이것을 깨치지 못하면 부처도 곧 중생이고 일념을 깨치면 중생도 곧 부처이다."라고 말합니다. 그래서 중생 그대로가 부처이고 부처 그대로가 곧 중생이기 때문에 중생은 부처의 중생이고 부처는 중생의 부처입니다. 다시 말하자면 중생과 부처가 하나(生佛一如)인 도리로서 일체一切는 중생이고 중생은 실유悉有이며 실유悉有는 불성佛性의 구조입니다.

　이 근저에는 철저한 신信이 자리하고 있습니다. 그래서 『화엄경』에서는 불법의 대해大海는 믿음(信)으로써 들어간다고 말합니다. 그러니 무릇 믿음(信)이 현성하는 곳에 곧 불조가 현성하는 것입니다. 곧 불조에 대한 믿음(信)에 바탕을 두고 그것을 정신正信하는 대기大機만이 좌선변도坐禪弁道하여 수증불이修證不二가 되는 것입니다. 그 정신正信이란 좌선은 곧 불법이고 불법은 타좌를 말합니다.

　그리하여 보리달마는 심신深信할 것을 강조합니다. 보리달마의 여러 가지 가르침 가운데 『이입사행론』만큼은 이론의 여지없이 달마의 친설로 받아들여지고 있습니다. 이입二入은 이입理入과 행입行入을 가리키는 말로서 여기 이입理入의 이법理法은 진여의 이법입니다. 인위人爲를 버리고 분별을 잊고 스스로 진성으로 돌아가는 것입니다. 달리 말하면 허망을 버리고 진성으로 돌아가는 것인데 나아가서는 진성과 허망이 서로 은밀하게 부합하는 것을 말합니다. 행입行入은 이입理入의 구체적인 실천을 의미합니다.

그러나 단순히 이입理入의 실천적인 측면만이 드러나 있는 것은 아닙니다. 여기에서의 입入이라는 말은 깨침이라는 뜻입니다. 그래서 이입理入은 행입行入의 원리이고 행입行入은 이입理入의 실천입니다. 그래서 달마의 가르침은 단순히 이입理入과 행입行入이라는 각자의 입장으로만 끝나는 것이 아닙니다. 그 이면에는 형이상학적인 이법으로서의 이입理入은 곧 철저하게 행위로 드러나는 행입行入과 혼동되지 않고 그 자체가 뚜렷한 영역을 지니면서 그것이 동시에 깨침의 원리로서 확대되어 행입의 하나하나에 이입理入의 실상이 자리하고 있습니다. 곧 이입이 없는 행입은 무모한 행위이기 쉽상이고, 행입이 없는 이입은 공리공론에 빠지기 쉽습니다.

이러한 의미에서 달마는 행입이라는 구체적인 실천성을 이입이라는 원리성으로 재정립한 것입니다. 왜냐하면 달마의 행입은 이전에 벌써 소승불교의 실천인 오정심관五停心觀에서 드러나 있었으며, 『화엄경』 속에서도 그 상세한 실천이 나타나 있었기 때문입니다. 달마는 실천적인 수행을 그 자신이 이입이라는 원리성에 입각하여 정리함에 있어 서로의 불가분리적인 열린 관계(回互)를 인정하고 있었던 것입니다.

이처럼 달마가 행입의 원천으로 내세운 이입의 발상은 안심에서 찾아볼 수가 있습니다. 달마가 이입의 성격에 대하여 제자들에게 가르친 "이입理入이란 교학에 의지하여 종지를 깨치는 것이다. 그것은 곧 중생은 부처와 같은 진성을 지니고 있음을 깊이 믿는 것이다. 단지 객진번뇌의 망상에 뒤덮여 있어 그 진성을 드러내지 못하고 있을 뿐이다. 그러니 만약 허망을 버리고 성으로 돌아가 벽관壁觀을 응주凝住하면 자타가 없고 범성이 평등하여 굳건히 머물러 움직이지 않게 된다. 이리하여 다시는 문교文敎에 따르지 않으면 그것이 진리에 그윽하게 합치되어 분별이 없어 적연무위寂然無爲하는 것이 곧 이입理入이다."라는 말에는 진리에 대한 달마의 생각이 잘 드러나 있습니다. 자교오종藉敎悟宗이라는 말은 그대로 교敎에 의지하여 종지宗旨를 깨친다는 뜻입니다. 그 교라는 것은 다름아닌 부처님의 일대시교를 말합니다. 그 가르침을 심신深信함으로써 깨침을 터득하는 것입니다.

이 심신은 곧 일체중생실유불성一切衆生悉有佛性을 자각하는 것입니다. 그 자각의 한 가운데는 중생과 부처의 자타가 없고 성인과 범부의 구분이 없습니다. 그 활용태가 곧 벽관壁觀*입니다. 그러기에 벽관은 문교文敎의 형태이고 문교는 벽관의 내용입니다. 문교와 벽관이 다른 것이 아닙니다. 객진번뇌는 단지 자각하지 못하는 상태일 뿐이지 달리 번뇌가 존재하는 것이 아닙니다. 그 번뇌는 보리의 중생적인 형태이고 보리는 번뇌의 부처적인 내용일 뿐입니다. 이와 같은 확신에 가득 차 있는 입장이 곧 달마 이입理入의 성격입니다.

이처럼 오로지 정신正信 곧 심신深信의 대기大機만이 충분히 깨칠 수가 있습니다. 믿지 않는 사람들은 설사 가르쳐 주어도 알기가 어렵습니다. 그래서 『법화경』에서는 퇴역가의退亦佳矣라는 말이 있습니다. 부처님께서 설법을 하려고 하자 그 자리에 모였던 많은 대중들이 자리를 떠났습니다. 그러자 부처님은 그들을 말리지 않고 조용히 지켜보았습니다. 그리고는 자신의 설법을 이해할 만한 대중들만 남아 있음을 알고 물러갈 사람은 물러가라는 말입니다. 그리고 나서 설법을 한 것입니다. 대저 마음으로부터 수행하고 참학하여 반드시 그 마음이 믿음이 되지 않으면 안 된다.

이와 같은 믿음을 바탕에 두고 불계佛界에 들어가는 정문正門이 곧 좌선입니다. 이 좌선을 올바르게 하는 데에는 결가부좌의 일법一法밖에는 없습니다. 이 결가부좌는 몸으로의 앉음새일 뿐만 아니라 마음으로

---

* 벽壁이란 밖으로부터 객진과 작위적인 망념이 침입하지 않는 것으로 마음의 비유이기도 하다. 이러한 의미에서 벽을 관찰한다든지 벽이 되어 관찰한다든지 하는 것은 바로 벽을 마주 한다든가 벽을 등진다든가 하는 의미와 동일하다. 벽을 등지지 않고서는 벽을 마주할 수가 없기 때문이다.

단정하게 부여잡은 심신의 모습이기도 합니다.

이와 같은 신심일여의 가르침뿐만 아니라 남양혜충에게는 무정설법 無情說法이라는 가르침이 있습니다. 일체의 존재를 깨침의 모습으로 간주하는 조사선풍의 입장에서 무정물의 일체가 그대로 설법을 하고 설법을 들으며 수행을 하고 깨치는(修證一如) 것이라고 말합니다. 일체의 존재가 각각 문답하고 각각 증명한다는 것입니다. 이것은 깨침의 입장에서 보면 그렇지만 중생의 입장에서 보면 전혀 그렇지 않습니다. 이에 무정설법을 알아차리는 사람은 무정과 유정에 분별이 없습니다. 곧 철저한 본래성불本來成佛에 기초한 말입니다.

한편 남양혜충은 처음으로 표상현법表相現法을 내세워 선법을 널리 폈습니다. 표상현법은 선법의 수행과 깨침 등에 대한 모습을 일상의 언설을 초월하여 갖가지 부호와 기호와 상징적인 그림 등 96종의 형상을 통하여 표현한 것입니다. 이것을 그 제자인 탐원응진耽源應眞에게 전수하였습니다. 이후 앙산혜적(仰山慧寂, 807~887) – 신라의 요오순지(了悟順之, 807~883)에게 전수되어 해동에서도 널리 전개되었습니다.

28 선종오가의 출현

問 혜능의 선풍은 소위 선종오가禪宗五家로 불리는 다섯 종파로 계승되었습니다. 혜능의 남종선풍이 선종오가로 분립되어 형성된 원인은 무엇입니까?

答 6세기 초반에 보리달마의 도래로부터 시작된 중국 선종은 200여 년이 지난 8세기 초반부터는 소위 남종 및 북종이라는 법맥과 선풍에 대한 정통과 방계의 경쟁을 거치게 됩니다. 그 결과 혜능의 선풍을 위시한 남종 계통이 정통법맥을 자부하게 됨으로써 자파에 대한 긍지를 바탕으로 하여 새로운 선풍의 도래를 출현시켰습니다. 그것이 곧 본격적인 조사선의 가풍이었습니다. 조사선은 보리달마에 그 바탕을 두고 중생과 성인이 다르지 않고 애초부터 수행과 깨침을 동일시하는 입장에서 본래성불本來成佛 사상에 근거하여 그것을 일상의 생활에서 실천하는 선풍이었습니다.

특히 마조도일(馬祖道, 709~788)과 석두희천(石頭希遷, 700~790)을 쌍벽으로 하여 각각 강서지방과 호남지방을 근거지로 잡화포雜貨鋪와 진금포眞金鋪의 선풍을 전개하였습니다. 이들은 주로 오랫동안 한 곳에 주석하고 있던 지방을 중심으로 하여 인물을 통해 다양한 가풍을 출현시켰습니다. 이에 9세기 중반부터는 그와 같은 인물을 중심으로 하여 개성이 강한 선풍이 전개되었습니다. 그것이 소위 선종오가禪宗五家입니다. 선종오가는 중국의 선종이 가장 번성했던 시기에 출현한 다섯 종파를 말합니다.

첫째는 임제의현(臨濟義玄, ?~867)의 선풍을 중심으로 형성된 것이 임제종臨濟宗입니다. 임제의현의 속성은 형邢씨이고 조주曹州 출신입니다. 어려서부터 뛰어났으며 효성이 지극하였습니다. 낙발하고 구족계를 받으면서 강사가 되었으며 율을 궁구하고 널리 경론을 탐색하였습니다. 그러나 마침내 교외별전의 종지를 추구하고자 선문에 입문하여 황벽의 문하에 들어갔습니다. 그곳에서 3년 동안 순일하게 행업을 닦아 수좌였던 진존숙陳尊宿 목주睦州로부터 "비록 후에 다시 태어난다 해도 대중과는 다를 것이다"라는 찬탄을 자아냈다고 합니다.

그리고 목주의 지시를 받아 황벽희운黃檗希運에게 불법의 궁극적인 뜻에 대하여 세 차례를 물었지만 모두 계합되지 못하였습니다. 임제는 그곳을 떠날 결심을 하고 황벽의 지시를 받아 고안대우高安大愚의 문하에 참문하여 깨쳤습니다. 이에 다시 황벽으로 돌아와 황벽희운의 법을 계승하였습니다. 다시 하북으로 가서 진주성鎭州城의 동남쪽에 있는 호타하滹陀河 부근에 작은 암자를 짓고 머물렀는데 곧 임제원臨濟院입니다. 여기에서 임제는 선기를 치성하게 사용하고 방棒·할喝을 휘두르면서 무사無事의 종풍을 크게 거양하였습니다. 이리하여 임제의 작은 암자는 갑자기 하북에서 선의 중심지로 발전하였습니다.

후에 병란을 피하여 옷을 벗고 남쪽으로 숨어들어 하남부河南府로 옮겼습니다. 당시 하남부의 부주府主인 왕상시(王常侍 곧 王敬初)는 임제를 맞아들여 스승의 예를 취했습니다. 임제는 어느 날 옷을 정제하고는 앉아서 "내가 멸한 후에 정법안장이 멸각되지 않도록 하라."는 가르침을 남기고 질병 없이 홀연히 입적하였습니다. 의종황제는 혜조선사慧照禪師라는 시호를 내렸습니다. 입실제자가 22인으로 삼성혜연三聖慧然·보수연소保壽延沼·위부대각魏府大覺·흥화존장興化存奘 등이 임제의 가풍을 크게 발전시켰습니다.

임제의 근본사상은 중생과 부처가 다르지 않다는 생불불이관生佛不二觀에 입각하여 무심無心을 중시하고 무사無事를 종지로 삼은 점에 있습니다. 학인을 접득하는 방법으로는 사할四喝·사료간四料揀·삼구三句·삼현三玄·삼요三要·사조용四照用·사빈주四賓主 등이 있습니다. 제자 혜연이 편집한 『임제록』은 선사의 언행을 기록한 것으로 상당上堂·시중示衆·감변勘弁·행록行錄 등이 수록되어 있어 임제의 선풍을 엿볼 수 있는 가장 중요한 어록입니다.

둘째는 위산영우(潙山靈祐, 771~853)와 앙산혜적(仰山慧寂, 807~883)의 선풍을 중심으로 형성된 것이 위앙종潙仰宗입니다. 백장회해(百丈懷海, 749~814)의 제자 위산영우의 속성은 조趙씨입니다. 15세에 건선사建善寺의 법항율사法恒律師에게 나아가서 20세에 삭발하고, 3년이 지난 23세에 구족계를 받았습니다. 23세에 천태산에 들어가 은사였던 한산寒山을 만나고, 다시 국청사에 이르러 습득拾得을 만나보고 나서 "담潭을 만나면 곧 멈추어라."는 예언적인 일구를 들었습니다. 그리고 강서의 늑담泐潭에 이르러 백장을 참하고 곧 입실을 허락받았습니다. 백장을 모시고 있으면서 화롯불 속의 불로 인하여 문득 달마조사의 뜻을 요달하였습니다.

백장의 권유를 받아 호북성 장사부의 심산유곡이었던 대위산大潙山에 주석하면서 상수리와 밤을 주식으로 삼으면서 오로지 묵좌默坐에 정진하였습니다. 산민山民이 그것을 보고 여러 신도들과 함께 절을 지었는데 상湘·담潭을 통섭하고 있던 이경겸李景謙이 좋은 인연이 있기를 원하여 주청으로 이것을 동경사同慶寺라 하였습니다. 이곳에서 42년 동안 교화하면서 선풍을 진작하였습니다. 후에 회창법난(會昌法難, 842~845) 시절에는 모자를 둘러쓰고 백성이 되어 더불어 지내다가 그 법난 이후에 다시 세상에 드러나 배휴裵休·최군崔群 등으로부터 존숭을 받았습니다. 시호는 대원선사大圓禪師이고, 입실한 제자 41인 가운데 앙산혜적

仰山慧寂과 향엄지한香嚴智閑 등이 그 선풍을 널리 전파하였습니다.

위산영우는 매우 근엄하여 면밀한 종풍을 선양한 것으로 알려져 있습니다. 범凡·성聖의 분별이 사라지면 체로진상體露眞常·이사불이理事不二하여 곧 그대로 여여불如如佛임을 가르쳤습니다. 위산의 면목은 악각惡覺과 정견情見이 없이 마음이 추수와 같이 맑은 무위無爲·무사無事를 보여주어 무심無心을 실천하였습니다. 이미 무심·무사의 경지가 되어 높은 것은 높은대로 평탄하고 낮은 것은 낮은대로 평탄하여 제법이 각기 제자리에 주하여 걸림이 없는 모습이었습니다. 그래서 상당법어 가운데는 "실제이지實際理地의 일진一塵도 받지 않고, 만행문중萬行門中의 어떤 법도 버리지 않는다"는 말은 주자朱子의 마음을 감동시켰다고 합니다.

앙산혜적의 속성은 섭葉씨이고 광동성 광주부의 소주 출신입니다. 15세에 출가를 청했지만 부모가 허락하지 않자 17세가 되어 다시 청하였으나 또 부모의 유예로 출가하지 못했습니다. 그 밤에 두 줄기의 흰 빛이 조계로부터 뻗어 나와 곧 그 집을 뚫고 들어왔습니다. 이에 혜적은 오른손의 무명지와 새끼손가락을 잘라 부모 앞에 바쳤습니다. 부모는 곧 자식의 지성이 감응한 것을 알고 출가를 허락하였습니다.

혜적은 곧장 남화사南華寺의 통선사通禪師에게 삭발하고, 18세에 사미계를 받고 제방으로 선지식을 참방하였습니다. 우선 길주吉州에 이르러 탐원응진耽源應眞에게 참문하여 수년 동안 사사하여 현지를 깨치고

96종의 원상圓相을 받았습니다. 이후에 위산에 올라 영우에게 참문하여 14~5년 동안 정진하여 마침내 그 심인을 받았습니다. 그리고 35세에 대중을 거느리고 출세하였습니다. 징허대사澄虛大師라는 호와 자의紫衣를 받았는데, 상공이었던 정우鄭愚와 육희성陸希聲도 앙산의 교화를 받았습니다. 시호는 지통선사智通禪師입니다.

앙산의 선풍은 위산영우의 "凡聖情盡 體露眞常 事理不二 卽如如佛"의 현지玄旨를 깨치고나서 회광반조回光返照하여 여실하게 수행하는 것을 크게 고조시켰습니다. 그리고 교화방식으로는 갖가지 부호를 이용하였고, 원상을 응용하여 소위 표상현법表相現法을 현창하였습니다. 이것은 남양혜충-탐원응진으로부터 전수받았으며, 또한 백장회해-위산영우로부터도 그와 관련된 방편을 터득하였습니다.

셋째는 동산양개(洞山良价, 807~869)와 그 제자인 조산본적(曹山本寂, 840~901) 및 운거도응(雲居道膺, ?~902)의 선풍을 중심으로 형성된 것이 조동종曹洞宗입니다.

운암담성(雲岩曇晟, 780~841)의 제자 동산양개의 속성은 유兪 씨로서 절강성 소흥부의 제기현 출신입니다. 어려서 마을 절에서 『반야심경』을 읽고는 근根·진塵이 없다는 뜻을 물었습니다. 원주는 자신이 양개의 스승이 될 자격이 없다 여기고 마침내 절강성 금화현의 오설산五洩山 영묵(靈默, 747~818)에게 보내서 출가를 시켰습니다. 21세에 숭산嵩山으로 가서 구족계를 받았습니다.

유행에 나서서 처음 마조의 제자인 남전보원(南泉普願, 748~834)을 참문하고 깊은 현지를 터득하였습니다. 이어서 대위산에 가서 영우에게 참문하여 남양혜충의 무정설법無情說法을 물었습니다. 그리고 영우의 권유에 의하여 곧 운암산에 가서 담성曇晟에게 의탁하였습니다. 거기에서 무정설법의 뜻을 터득하고 깊이 깨친 바가 있었습니다. 담성의 곁에서 모시다가 담성이 시적한 후에는 위산에 가려고 밀사백密師伯 곧 神山僧密과 더불어 길벗을 삼아 개울을 건너가다가 개울물에 비친 자신의 모습을 보고 대오하였습니다.

39세 때에 회창파불을 만나 난을 피하여 속복을 입었다가 선종황제 때 신풍산에서 선법을 펴고, 이후 강서성 예장현 균주의 동산洞山으로 옮겨 크게 교화를 폈습니다. 시호는 오본대사悟本大師이고, 사법제자가 26명인데 그 가운데서 운거도응雲居道膺과 조산본적曹山本寂이 가장 뛰어났습니다. 특히 운거도응의 문하에서는 해동의 사무외대사四無畏大士를 비롯하여 신라 출신의 선사들이 많이 배출되기도 하였습니다.

동산양개의 사상은 『보경삼매寶鏡三昧』・『현중명玄中銘』・『신풍음新豊吟』을 비롯하여 두 종류의 어록과 『조당집』・『전등록』 등을 통해서 엿볼 수 있습니다. 요컨대 동산은 시대에 즉하여 선법을 현양하고 명리를 배척하며 학인을 책려하고 면밀한 행업을 닦게 하는 데에서 그 특색을 찾을 수 있습니다.

『보경삼매』의 서두에 말하는 '여시법如是法'이란 불조정전佛祖正傳의 선법으로서 자성청정한 일심의 오수悟修를 가리키는 말입니다. 그 일심이란 석두희천(石頭希遷, 700~790)의 『참동계』에서 말하는 부처님이 마음을 가리키는 축토대선심竺土大仙心입니다. 그것을 곧 보경寶鏡에 비유하여 운문인 시의 형태로 수도의 마음자세를 표현한 것입니다. 『보경삼매』의 주요한 뜻은 정편회호正偏回互를 설하는 데 있습니다. 정편오위의 사상은 조사선에서 말하는 보살행의 실천을 철학적인 원리를 가미하여 다섯 가지 측면으로 엮어낸 것입니다.

조산본적의 속성은 황黃씨이고 복건성 홍화부 천주泉州 출신입니다. 19세에 복주의 영석산에서 출가하고 25세에 구족계를 받았습니다. 회창법난을 겪고나서 동산양개에게 참문하여 입실을 허락받았습니다. 대중에 처해서는 어리석은 듯하였고, 말을 하는데 있어서는 무척 어눌하였습니다. 수년 동안 참학하여 수법受法하고 동산을 떠나 널리 강호를 유방遊方하였습니다.

처음 대중들로부터 초청받아 법을 펼친 곳은 강서성 무주부의 길수산吉水山이었는데 조계혜능의 뜻을 기리고자 조산曹山이라 개명하였습니다. 후에 하옥산荷玉山으로 옮겼는데 법석이 더욱 융성하여 동상洞上의 현풍을 크게 떨쳤습니다. 참선학도가 여름이나 겨울이나 항상 천 2~3백 명에 달하였습니다. 남평왕南平王 종전鍾傳이 재삼 사신을 보냈지만 병을 핑계로 응하지 않았습니다. 조산은 스승인 동산양개의 오위

五位를 널리 현창하여 조동종의 종지로서 지금까지 전승되고 있습니다. 칙명으로 원증선사元證禪師라는 시호를 받았습니다. 동산이 『보경삼매』에서 오위의 도리에 대하여 비유를 가지고 나타냈지만 조산은 나아가서 그것을 조직화하여 스승의 문풍을 진작시켰습니다.

운거도응의 속성은 왕王씨로서 하북성 옥전현의 유주 출신입니다. 25세에 하북성 경조부 범양의 연수사延壽寺에서 구족계를 받았습니다. 처음에는 소승의 계율을 익혔지만 취미산翠微山으로 가서 3년 동안 문법하고 좌선을 하였습니다. 후에 예장현에서 온 어떤 승이 들려주는 동산선사의 법요를 듣고 동산에 나아가 그 문하에 들어갔습니다. 그곳에서 득법한 후에 삼봉三峰에 머무르고, 다시 강서성 영수현 홍주의 운거산雲居山에서 크게 교화하였는데 대중이 항상 천여 명 이상이었습니다. 시호는 홍각선사弘覺禪師입니다.

도응의 선풍은 초탈무의超脫無依하였는데, 만법즉일심萬法卽一心 일심즉일체성一心卽一切性을 설하였습니다. 28명의 사법제자 가운데 동안도비同安道丕 · 귀종담권歸宗澹權 · 귀종회운歸宗懷惲 · 운거도한雲居道閑 등이 유명합니다.

넷째는 운문문언(雲門文偃, 864~949)의 선풍을 중심으로 형성된 운문종雲門宗입니다. 운문문언의 속성은 장張씨로서 절강성 가흥현 오월의 소주蘇州 출신입니다. 어린 나이에 가흥현의 공왕사空王寺 지징志澄에게 출가하였습니다. 지징스님을 모시고 율을 익히고 나서 진존숙陳尊宿으로 불렸던 목주도종睦州道蹤에게 참문하였습니다. 도종의 지시를 받아 설봉의존을 참문하여 그곳에서 수행하며 함개函蓋가 서로 합치하여 은밀히 심인을 받았습니다. 후에 동암·소산·조산·천동·귀종·건봉·관계 등 제방을 유력하고, 나아가서 소주 영수원靈樹院의 여민如敏을 참문하고 그곳의 제일좌第一座가 되었습니다.

여민이 시적한 후에 유시遺示를 받아 영수원에 주석하였는데, 입내入內 설법하여 자포紫袍 및 광진선사匡眞禪師라는 호를 받았습니다. 만년에 광동성 유원현의 운문산雲門山으로 옮겨 사찰을 크게 신축하고 선법을 크게 진작하였습니다. 시호는 대자운광진운문선사大慈雲匡眞雲門禪師이고, 득법한 제자 61명 가운데 익주의 향림징원香林澄遠의 법계가 후대까지 이어졌습니다.

운문의 접화 방법은 금종서권擒縱舒卷·종횡변화縱橫變化하여 신묘神妙를 다하고 그 설법은 사람들의 의표를 찌르는 날카로움이 있었습니다. 그리고 납자를 상대해서는 일어일자一語一字로써 갈등을 직절直截케 하는데 중점을 두었습니다. 요컨대 운문은 모든 사람들에게 광명이 내재되어 있음을 인정하고 무심無心·무사無事를 강조하였으며, 더욱이 평상에 활작략의 선기를 현성시키는 교화를 펼쳤습니다.

다섯째는 법안문익(法眼文益, 885~958)의 선풍을 중심으로 형성된 법안종法眼宗입니다. 나한계침(羅漢桂琛, 867~928)의 제자인 법안문익은 청량문익淸凉文益으로도 불리는데 속성은 노魯씨로서 절강성 항주부의 여항현 출신입니다. 7세에 속가를 나와 신정新定의 지통원智通院에서 삭발하고 전위선백全偉禪伯에 의지하였습니다. 후에 개원사에서 구족계를 받고, 명주 육왕사育王寺의 희각율사希覺律師를 참문하고, 복주의 장경혜릉長慶慧稜에게 참문하였습니다. 다시 지장원地藏院에 우거하며 나한계침羅漢桂琛의 접득을 받았습니다. 대오한 후에는 법진法進 등과 동행하면서 임천臨川에 이르렀습니다. 그곳 주목州牧의 청에 응하여 숭수원崇壽院에 주석하였는데 사방의 운수납자들이 몰려들어 그 문하에 항상 천 명 이상이 있었습니다.

이후 남당南唐의 이변李昪의 초청에 의하여 금릉의 보은선원報恩禪院으로 옮겼고, 다시 청량사淸凉寺에 주석하면서 선풍을 진작하여 제방의 총림이 모두 그의 교화를 입었습니다. 득법한 제자 83인 가운데 천태덕소天台德韶가 가장 유명합니다. 법안이 저술한 『종문십규론宗門十規論』은 선의 폐풍을 지적하여 훈잠訓箴을 가한 책입니다.

문익이 거양한 법문은 선교융합입니다. 그리고 명암明暗과 이사理事가 상즉하는 묘용을 드러내는 것입니다. 또한 화엄의 원융도리를 설하여 삼계유심三界唯心·만법유식萬法唯識의 도리를 보였습니다. 문익은 석두의 선법을 좋아하여 『참동계』를 홍포하고 그 주해를 짓기도 하였습니다. 문익이 개창한 법안종은 천태덕소를 거쳐 영명연수(永明延壽,

904~975) 시대에 크게 유행하였습니다.

이와 같이 선종오가의 사상은 일반적으로 즉심시불卽心是佛을 바탕으로 하여 선자의 경험과 전승과 성격 등에 의하여 실수實修의 가풍이나 접화의 수단에 나타난 차이였습니다. 오가의 분파에 대하여 원나라 시대의 천목중봉(天目中峰, 1263~1323)은 그 가풍을 간소하게 곧 '임제의 통쾌痛快·위앙의 근엄謹嚴·운문의 고고高古·조동의 세밀細密·법안의 상명祥明'이라고 평가하였습니다.

요컨대 임제종지는 선기가 엄격하여 살활殺活의 작용을 자유자재하게 드러내며, 위앙종지는 근엄한 문답을 통하여 스승과 제자가 은근히 계합하고, 조동종지는 수행과 이해가 상응하여 행업이 주도면밀하며, 운문종지는 기발하고 단출한 언구를 가지고 취사분별의 온갖 번뇌를 그치고, 법안종지는 교학의 다양한 교의를 활용하여 납자의 번뇌를 제거하였습니다. 이로써 남종에서 분립된 선종오가의 법맥을 도표로 나타내면 다음과 같습니다.

```
혜능 ┬ 남악회양-마조도일-백장회해 ┬ 황벽희운-임제의현(임제종)
     │                              └ 위산영우-앙산혜적(위앙종)
     └ 청원행사-석두희천 ┬ 약산유엄-운암담성-동산양개-조산본적(조동종)
                        └ 천황도오-용담숭신-덕산선감-설봉의존 ┬ 운문문언(운문종)
                                                              └ 현사사비-나한계침-법안문익(법안종)
```

제2부 조동종의 원류

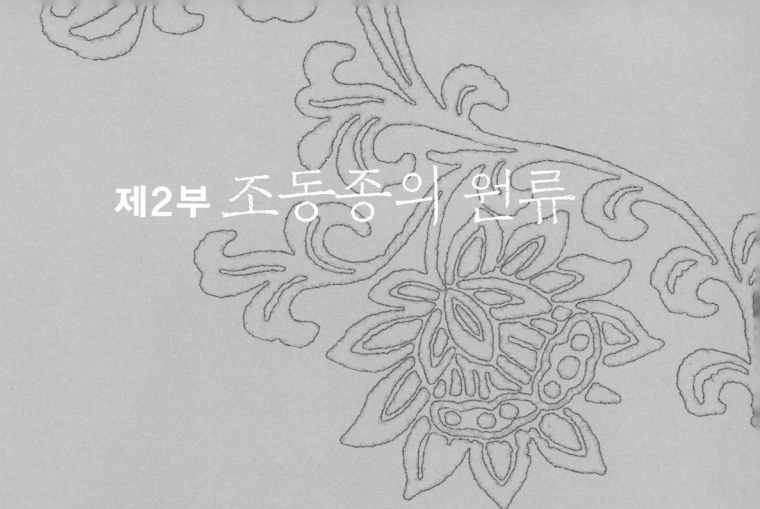

29 석두희천의 선법

問 선종의 오가 가운데 조동종의 연원이 되었던 것은 청원행사 계통의 선법이었습니다. 청원행사의 선법을 계승한 석두희천 대사에 대하여 말씀해 주시기 바랍니다.

答 육조혜능의 많은 제자들 가운데 청원행사 및 남악회양의 계통이 후대에 크게 번성하였습니다. 이 가운데 청원행사의 선법은 석두희천과 약산유엄과 운암담성으로 계승되어 조동종 교의의 근본을 형성하였습니다.

청원행사의 법을 계승한 석두희천(石頭希遷, 700~790)은 길주 청원행사의 법을 잇고 남악에서 살았습니다. 단주端州의 고요高要 사람으로 성은 진陳씨이고 이름은 희천입니다. 태중에 있을 때에 어머니가 비린내와 누린내를 끊었고 탄생할 때엔 방안에 광명이 가득하였습니다. 당시에 그 마을에서는 모두가 미신을 숭상하여 희생물을 바치면서 복을 빌었는데 희천은 제단을 헐고 희생물을 빼앗으며 미신의 행위를 부정하였습니다. 이후 십여 년이 지나니 모두가 절로 돌아와 더욱 깨끗한 업을 닦기 시작했습니다. 12~3세 무렵에 희천은 혜능대사가 거주하는 신주新州로부터 가까운 곳에서 살았으므로 자주 찾아가서 뵐 기회가 있었습니다.

육조께서 한 번 보자마자 기뻐하고 머리를 만지면서 말했습니다. "그대가 나의 참 법을 잇게 될 것이니라." 그리고는 공양을 함께 하면서 출가하기를 권하여 머리를 깎고 속세를 떠났습니다. 육조께서 임종하실 때 선사가 물었습니다. "화상께서 입적하신 뒤에는 저는 누구에게 의지해야 합니까?" 육조께서 대답했습니다. "사思를 찾아가라."

육조가 시적하자 나부산羅浮山 및 삼협三峽 등지를 유행하였습니다. 그리곤 청량산 정거사靜居寺로 청원행사 스님을 찾아뵙고 정성을 다하여 공부하였습니다. 29세에 나부산에서 구족계를 받고, 행사에게 참문하여 처음 문답에서 그 견해가 고매함을 인정받아 "비록 뿔[角]이 많지만 기린의 뿔 하나면 충분하다."는 말을 들었습니다. 이 문답의 중심은 자기의 본성이 곧 부처이지만 스승에게 참문하여 비로소 그것을 인가받았다는 점에 있습니다.

개원開元 16년에 나부산羅浮山에서 구족계를 받고 율부律部를 공부하다가 장점과 단점을 발견하고 분연히 "자신의 청정한 성품이 계의 본체이다. 부처님들은 지음(作)이 없거늘 어찌 생겨남이 있으랴"라고 탄식했습니다. 이로부터는 조그마한 절제에 구애되지 않고 문자에도 얽매이지 않았습니다. 또 승조僧肇의 『열반무명론涅槃無名論』을 읽다가 "만상萬像을 망라하여 자기로 삼는 것은 성인뿐이다"라는 곳에 이르러 다음과 같이 찬탄했습니다.

> 성인은 자기가 없으되 자기 아닌 것이 없고, 법신은 한량이 없으니 누가 나와 남을 분별하겠는가. 둥근 거울에 비치면 만상萬像의 현묘한 본체가 저절로 나타난다. 경계와 지혜가 진실로 하나이거니 어찌 가고 옴이 있으랴. 참으로 장하도다, 이 말씀이여.

일찍이 산골 초막에서 잠시 졸다가 꿈을 꾸었는데, 자신이 육조와 한 마리의 거북을 타고 깊은 연못 위를 오고가는 것이었습니다. 꿈에서 깨어나 "거북이는 신령한 지혜요, 연못은 성품의 바다이니, 나와 우리 스님은 함께 성품의 바다에 왕래한 지가 오래되었다"라고 생각하고는 육조의 가르침에 대한 깊은 믿음을 가졌습니다.

이후 당나라 천보 연간 초에 형산의 남사南寺에 추거되어 그곳에 주석하였습니다. 절의 동쪽에 넓은 바위가 있었는데 거기에 초암을 짓고 살았으므로 사람들이 석두화상石頭和尙이라 불렀습니다. 광덕 2년(764) 이후 문인들의 청에 응하여 담주의 양단에 내려왔지만 만년에 다시 남악으로 돌아가 10여 년 동안 주석하였습니다. 석두는 호남지방에서 선풍을 크게 진작하였는데 순일하게 좌선을 강조하였기 때문에 제방에서는 석두의 선풍을 소위 진금포眞金鋪라 불렀습니다. 어느 날 석두는 다음과 같은 상당설법을 하였습니다.

> 내 가르침은 예전부터 부처님께서 전수해 주신 것이다. 그래서 선정과 정진에 집착하여 논함이 없이 불지견을 통달하면 곧 그 마음이 부처가 된다. 그래서 본래의 청정한 마음과 부처와 중생과 보리와 번뇌가 이름만 다르지 그 본체는 동일하다. 그대들은 잘 알아야 한다. 자기의 마음은 신령스러운 체성으로 본래 단상斷常을 벗어나 있어 그 성품에 더럽다든가 청정하다는 분별이 없고 담연하고 원만하여 범부와 성인이 똑같아서 그 작용에 방소가 없고 심의식心意識을 벗어나 있다. 그리고 삼계와 육도는 모두 자심이 드러난 것으로 마치 물 위에 비친 달의 모습과 거울에 비친 형상과 같은 것이니 어찌 생멸이 있겠는가. 그대들이 이와 같은 도리를 자각하기만 하면 본래부터 갖추지 못함이 없다.

약산이라는 젊은 스님이 앉아서 좌선을 하고 있었을 때, 석두선사께서 가까이 다가가 물었습니다.

"여기서 무엇을 하는가?"

"아무것도 하지 않습니다."

"그렇다면 한가롭게 앉아있는 것이로구나."

"한가롭게 앉아있다는 것도 역시 어떤 행위를 하는 것이 되는 것입니다."

"그러면 그대는 아무것도 하지 않는다는데 아무것도 하지 않는다는 그것은 도대체 무엇인가?"

"아무것도 하지 않는 그 도리는 가령 천 명의 부처님이 출현한다 해도 모르는 겁니다."

이에 선사께서는 다음과 같이 게송으로 약산을 찬탄하였습니다.

이전부터 함께 있었건만 이름조차 모르는데	從來共住不知名
제멋대로 언설과 형상으로 무엇을 어찌하랴	任運相將作摩行
예로부터 성현들조차 알지 못하는 도리인데	自古上賢猶不識
수행경력이 미천한 무리들이 어찌 알겠는가	造次常流豈可明

선사께서 당의 정원貞元 6년에 입적하시니 세수가 91세이고 법랍은 63세였습니다. 희종황제께서 무제無際라는 시호를 내리고 탑호는 견상見相이라 하였습니다. 사법嗣法한 제자로는 천황도오(天皇道悟, 748~

807)·약산유엄(藥山惟儼, 745~828)·단하천연(丹霞天然, 739~824)·조주대전(潮州大顚, 732~824) 등이 뛰어났습니다.

『송고승전』의 기록에 의하면 석두의 답변은 지극히 간결하고 명쾌하였습니다. 그 사상에는 만물을 끌어 모아서 자기로 삼는 점이 자주 보이는데 그것은 그의 저술인 『참동계』 및 『초암가』 등에 잘 나타나 있습니다. 곧 즉심시불을 역설하였는데, 특히 『참동계』에 의하여 근본(靈源)과 현상(支派)이때로는 서로 상즉상입하는 열린 관계(回互)와 때로는 자기의 위상을 고수하는 닫힌 관계(不回互)의 도리를 설명하여 이후 조동종의 근본적인 교의의 바탕을 형성하였고, 나아가서 남북 양종의 조화를 도모하였습니다.

30 약산유엄의 선법

問 석두희천의 선법은 오로지 좌선으로 일관했던 약산유엄이 계승하였습니다. 약산유엄 선사에 대하여 말씀해 주시기 바랍니다.

答 약산유엄(藥山惟儼, 745~828)은 석두의 법을 이었고 낭주에서 살았습니다. 이름은 유엄이고 성은 한韓씨이며 강주江州에 살다가 나중에 남강으로 이사하였습니다. 17세에 조주潮州의 서산혜조西山慧照 선사를 섬긴 후에 형악衡岳에서 희조希澡 율사에게 계를 받았습니다. 이후 심법을 터득하고자 석두대사를 뵙고 현묘한 뜻을 은밀히 이어 받았습니다. 선사는 정원貞元 초에 예양澧陽의 작약산芍藥山에 살았기 때문에 약산화상이라 불리었습니다.

유엄스님은 처음에 거주지가 없어서 마을의 외양간을 얻어 승당僧堂을 만들어 우관牛關이라는 현판을 내걸고 좌선수행에 힘썼습니다. 얼마 가지 않아 스무 명 정도가 모였는데, 소문을 듣고 점차 사람들이 모여들자 장소가 비좁아 뒷산에 올라가 조그마한 암자를 짓고 약산스님을 상석에 모시고 설법을 들었습니다. 다음과 같은 일화가 있습니다.

정승이었던 이고李翶가 화상을 뵈러 왔는데 화상은 경전만 보고 돌아본 체도 하지 않으니 이고가 절은 하지도 않고 비꼬는 말을 하였습니다. "얼굴을 보니 천 리에서 듣던 소문과는 영 딴판이로구나." 이에 선사가 "이고여!" 하고 부르자 이고가 엉겁결에 "예"하고 대답을 하니 선사가 말했습니다. "어째서 그대는 귀만 소중히 여기고 눈은 천하게 여기는가?" 이고가 얼른 절을 하고 물러나서 물었습니다. "어떤 것이 도입니까?" 선사께서 하늘을 가리켰다가 다시 물병을 가리켰습니다. 이고가 마침내 알지 못하자 선사께서 말했습니다. "구름은 하늘에 떠 있고 물은 물병에 들어 있소〔雲在天 水在瓶〕." 그제서야 이고가 옷깃을 여미 예배하고 나서 다음과 같은 게송을 읊어 찬탄하였습니다.

수행으로 다진 몸은 학처럼 고상하고　練得身形似鶴形
천 그루 솔밭에는 몇 권의 경뿐이네　千株松下兩函經
스님께 도를 물으니 별말씀 없으시고　我聞師道無餘說
구름은 청천하늘 물은 물병이라 하네　雲在靑天水在瓶

후일 이 문답은 크게 회자되었습니다.

석두의 다른 제자였던 천황도오(天皇道悟, 748~807)는 속성이 장張씨였는데 백장의 제자로 있던 운암담성雲岩曇晟과는 친분이 두터운 사이였습니다. 그런데 한참 동생뻘이었던 운암이 먼저 출가하여 백장회해百丈懷海의 제자로 있었습니다. 늦게 출가한 도오는 석두의 제자로 있으면서 언젠가 운암에게 다음과 같은 편지를 썼습니다.

"석두는 순금을 파는 가게(眞金鋪)이고 마조는 잡화를 파는 가게(雜貨鋪)인데 그대는 거기에 뿌리를 내리고 무엇을 하려는가. 바라건대 속히 이곳으로 오시게나."

운암이 이 편지를 받고 근심에 사로잡혀 있으니 백장이 물었습니다.

"네게 무슨 일이 있기에 얼굴이 거칠고 여위어 마치 배고픈 사람과 같은 모습인가? 아프거든 말을 하라."

그러자 "아무 일도 없습니다"라고 말했습니다. 이에 백장은 도오의 편지를 받은 것을 알아차리고는 운암의 성품으로 보아 약산의 제자가 되면 크게 출세할 것을 알고는 약산에게 보냈습니다. 이로써 운암은 약산의 제자로서 인가를 받았습니다. 운암의 성품을 엿볼 수 있는 것으로 다음과 같은 일화가 있습니다.

운암이 약산선사께 목욕을 하시라고 청하니 선사께서 말했다. "나는 목욕을 않겠다." "어째서 목욕을 않겠다는 겁니까." "때가 없기 때문이다." "때가 없어도 목욕은 하셔야 됩니다." "이 중생아, 글쎄 때가 없다는데 번거롭게 목욕은 해서 무엇하겠는가?" 이에 운암이 말했다. "그러나 온 몸에 더러운 것이 끊임없이 흘러나오는 여러 구멍이 있으니 어찌한단 말입니까?"

약산의 행위는 번뇌는 본래부터 공적한 것임을 보여주는 것입니다. 때문에 진정한 수행이란 번뇌를 퇴치하는 여부에 관계없이 일상이 본래의 지속적인 행위임을 말해주고 있습니다. 그것을 운암을 통하여 확인시켜주고 또 그 자리에서 그대로 실천으로 옮겨 보이는 것입니다. 또한 다음과 같은 내용이 전해옵니다.

선사는 태화 8년 어느 날 대중에게 다급하게 외쳤다. "법당이 쓰러진다. 법당이 쓰러진다." 대중이 그 뜻을 헤아리지 못하고 모두들 무서워서 얼른 물건들을 들고 나가 버렸다. 그러자 선사께서 손뼉을 치면서 깔깔 웃고 말했다. "그대들은 내 말의 뜻을 모르는구나." 그리고는 곧바로 열반에 들었다.

약산은 세수가 84세이고, 법랍은 65세였습니다. 시호는 홍도대사弘道大師이고 탑호는 화성化城이었습니다.

31 운암담성의 선법

問 조동종의 개조인 동산양개의 스승이었던 운암담성 선사에 대하여 말씀해 주시기 바랍니다.

答 운암담성(雲岩曇晟, 782~841)은 약산의 법을 이었고 담주의 예릉현澧陵縣에 있었습니다. 이름은 담성曇晟이고 성은 왕王씨이며 본시 종릉鍾陵의 건창현建昌縣 사람이었습니다. 석문石門에서 출가하였고 처음 백장百丈에게 참문하여 십 수년간 입실하였으나 백장의 배려로 약산에게 참문했습니다.

어느 날 약산이 운암에게 물었습니다.
"듣자하니 그대는 사자를 잘 데리고 논다던데 그게 사실인가?" 운암이 대답하였습니다.
"예, 사실입니다."

"그러면 사자를 데리고 노는 재주가 몇 가지나 되는가?"

"여섯 가지의 재주를 가지고 있습니다."

"나도 그대처럼 사자를 데리고 놀 줄 안다."

"화상께서는 몇 가지 재주가 있는 겁니까?"

"나는 딱 한 가지뿐이다."

"그 하나가 곧 여섯이고 여섯이 곧 하나입니다."

운암이 건당을 한 후에 여러 제자를 거느리고 있었습니다. 어느 날 신발을 삼고 있는데 동산이라는 제자가 물었습니다.

"저는 화상에게 눈동자를 얻으러 왔는데 저한테 하나 나누어 주시겠습니까?"

"그대의 눈동자는 누구에게 주고서 나한테서 찾는단 말인가?"

"저한테는 본래 없었습니다."

"본래 있었을 터인데 그것을 어디다 두고 여기에서 찾는단 말인가? 그리고 설령 내가 그대에게 나누어준들 어디에 붙인단 말인가?" 그러자 동산은 아무런 말도 하지 못했습니다.

이에 운암이 다시 말했습니다. "그대가 나한테 눈동자를 달라고 한 것이 정작 사물을 보는 눈을 말함이었더냐?"

"그런 눈이 아니었습니다."

그러자 운암이 크게 꾸짖으면서 내쫓았습니다. 그래서 동산이 하직을 고하자 운암선사가 물었습니다.

"어디로 가려는가?"

"비록 화상께 하직을 고하지만 아직 머무를 곳을 정하지는 못했습니다."

"호남湖南으로 가려는 것이 아닌가?"

"아닙니다."

"그러면 속가로 돌아가려는 것이 아닌가?"

"아닙니다." 이에 선사께서 소리를 높여 말했습니다.

"어떻든 빨리 다시 돌아오너라."

"화상과 함께 길이 머무를 명분이 생기면 그때 다시 돌아오겠습니다."

"이제, 이렇게 헤어진 뒤로는 다시 만나기 어렵겠구나." 이에 동산洞山이 그렇다는 시늉을 하였습니다.

"이제 이렇게 헤어진 뒤로는 만나기 어렵겠습니다."

동산이 행각을 하던 중에 위산영우潙山靈祐를 친견하고 물었습니다.

"제가 예전에 들은 바에 의하면 남양혜충 국사께서 무정설법無情說法을 말씀하셨다고 합니다. 그 말을 들은 뒤로는 항상 그 깊은 뜻을 찾고자 했는데 이제 그 소원이 여기서 이루어지게 되었습니다."

위산이 돌아보고 빙그레 웃으면서 말했습니다.

"그대는 어디서 그 말을 들었는가?"

동산이 그간의 사정을 자세히 설명하자 위산이 말했습니다.

"나에게도 무정설법이 조금은 있다. 그러나 그 무정설법을 감당할 사람을 만나지 못했을 뿐이지 내가 법에 인색해서가 아니니라."

"그렇다면 지금 저에게 보여 주십시오."

"부모의 인연으로 생긴 입으로는 말할 수가 없느니라."

이에 동산이 정색을 하고 물었습니다. "화상처럼 도를 흠모하신 분이 또 계십니까?"

위산이 대답했습니다. "여기서 예릉현 가까이 가면 석실과 마주 인접한 곳에 운암이라는 도인이 있다. 그러니 만일 부지런히 찾아가면 반드시 그대가 존중할 사람이 될 것이다."

이에 동산이 운암을 찾아가 물었습니다. "무정설법은 도대체 어떤 사람이 듣습니까?"

"무정설법은 무정물이 듣느니라."

"그러면 화상께서는 들으셨습니까?"

"내가 만일 들었다면 그대는 나를 보지 못했을 것이니라."

"그렇다면 저는 결국 화상의 설법을 들을 수 없다는 말입니까?"

"나의 설법도 알아듣지 못하거늘 하물며 무정설법인들 듣겠는가?"

동산이 이에 의심을 해결하고는 깨침을 얻었습니다.

동산은 운암이 입적하신 뒤에 재를 지내기 위해 밀사백密師伯 사형과 함께 위산으로 가는 도중에 담주에 이르러 큰 개울을 건너게 되었습니다. 밀사백 사형이 먼저 건너고 동산은 아직 개울을 다 건너기 전이었는데 우연히 물에 어려 비친 자기 그림자를 보고 예전 일을 크게 깨쳤습니다. 그리고는 안색이 평소와는 달리 크게 변하면서 깔깔거리고 웃었습니다.

이에 밀사백 사형이 물었습니다. "무슨 일인데 웃는 것인가?"

"돌아가신 스승님의 고요한 힘을 터득하였습니다."

"그렇다면 그것을 표현하는 게송이 있어야 하겠구려."

이에 동산이 자신의 오도송을 읊었습니다. 운암선사께서는 회창 신유년 초에 병환의 모습을 보이셨다가 10월 27일 입적하였습니다. 시호는 무주대사無住大師이고 탑호는 정승淨勝이었습니다.

32 동산양개의 선법

問 조동종의 개조로서 동산양개는 어떤 사람이었는지 말씀해 주시기 바랍니다.

答 동산양개(洞山良价, 807~869)는 회계會稽 사람으로 성은 유兪씨이고 이름은 양개입니다. 어린 나이에 집 가까운 절에 가서 스님을 따라 『반야심경』을 암송하다가 안·이·비·설·신·의가 없다는 부분에 이르러 갑자기 자기의 얼굴을 만지면서 스님에게 물었습니다.

"저한테는 눈·귀·코·혀·몸·생각 등이 모두 있는데 어째서 없다고 하는 겁니까?"

스님은 깜짝 놀라서 답변을 하지 못하고 오설산五洩山의 영묵靈默대사에게 소개하여 머리를 깎게 하였습니다. 이로써 21세에는 숭산에 가서 구족계를 받았습니다. 이후 제방으로 유행을 하다가 남전보원(南泉普願, 748~834)을 참례하였습니다. 마침 남전의 스승인 마조도일(馬祖道一,

709~788) 대사의 기일이어서 재齋를 준비하고 있었는데 남전이 대중에게 물었습니다.

"내일 마조스님의 재를 지내는데 스님이 이 자리에 찾아오실지 모르겠구나." 대중이 아무런 말이 없으니 동산납자가 말했습니다.
"동반자가 있으면 오시겠지요." 남전스님이 말했습니다.
"이 납자는 잘 다듬으면 쓸만하겠구나." 동산이 말했습니다.
"스님께서는 양민을 짓밟아서 천민으로 만들지 마십시오."

이에 동산은 다시 만행을 떠나 위산영우(潙山靈祐, 771~853)를 참례하였습니다. 거기에서 남양혜충국사의 무정설법에 대한 문답을 통하여 운암담성(雲岩曇晟, 782~841) 스님을 찾아뵈었습니다. 이로써 다시 무정설법에 대한 문답을 통하여 깨친 바가 있어 다음과 같은 게송을 지었습니다.

참으로 기이하구나 참으로 기이하구나　也大奇　也大奇
무정물의 설법이여 참으로 부사의로다　無情解說不思議
귀로 듣는다면 끝내 들을 수조차 없네　若將耳聽聲不現
눈으로 소리를 들어야만 알 수 있으리　眼處聞聲方可知

그리고는 운암을 모시고 수행을 계속하였는데 어느 날 동산이 운암에게 물었습니다.

"저는 아직 번뇌를 다 없애지 못하였습니다."
운암이 말했습니다. "그대는 지금까지 무슨 수행을 했는가?"
동산이 답했습니다. "성제제일의聖諦第一義조차 추구하지 않았습니다."
운암이 말했습니다. "그래, 환희는 맛보았는가?"
동산이 답했습니다. "환희를 맛보았지만 그 환희라는 것은 거름간에서 일과명주一顆明珠를 찾은 것과 같았습니다."
동산은 어느 날 운암의 곁을 떠나면서 물었습니다. "화상께서 입적하신 후에 누가 스님의 영정에 대하여 묻는다면 뭐라고 답변해야 합니까?"
운암은 양구良久 하고 나서 말했습니다. "그저 그렇게 살았다고 말하여라." 이에 동산이 그게 무슨 뜻인지 생각에 잠기자 운암이 말했습니다.
"양개 수좌야, 내가 말한 도리가 무슨 뜻인지 잘 살펴보고 알아차려야 한다."
그러나 동산은 아직도 무슨 의미인지 의문에 휩싸여 있었습니다. 그런 뒤에 개울을 건너가다가 물에 어려 비치는 자기의 모습을 보고서 운암스님이 말씀하신 뜻을 대오하였습니다.

그리고는 다음과 같은 게송을 지었습니다.

남을 따라서 찾으려 하지 말라 切忌從他覓
점점 더 자신과 멀어지고 만다 迢迢與我疎
나는 이제 또 홀로 걸어가는데 我今獨自往
가는 곳마다 항상 그를 만난다 處處得逢渠
저것은 지금 바로 내가 되는데 渠今正是我
나는 지금 바로 그것이 아니네 我今不是渠
응당 다시 이와 같이 터득해야 應須恁麽會
바야흐로 진여세계 계합하리라 方得契如如

이 게송은 사事와 편扁을 의미하는 아我와 이理와 정正을 의미하는 거渠가 상즉상융相卽相融한 도리인 제법실상의 측면을 드러낸 게송입니다. 이런 점에서 위의 과수게過水偈는 이후에 더욱 구체적으로 발전하여 동산양개의 사상뿐만 아니라 조동종 교의의 기본적인 바탕이 되었습니다.

곧 동산에게서 정위각편正位却偏·편위각정偏位却正·정위중래正位中來·편위중래偏位中來·상겸대래相兼帶來의 이론적인 정편오위설正偏五位說이 출현하였고, 향향·봉봉奉·공공功·공공공共功·공공공공功功으로서 실천적인 공훈오위설功勳五位說이 출현하여 동상오위설洞上五位說이 형성되었습니다. 그래서 정편오위는 교상문教相門의 측면으로 선의 이론과 사상의 성격이 강하고, 공훈오위는 관심문觀心門의 측면으로 선의 실천과 체험의 성격이 농후합니다. 동산의 조동교의는 바로 이 둘의 관계가 상호간에 열린 관계(回互)와 닫힌 관계(不回互)의 입장으로 승화된 것입니다. 후에 동산양개가 운암스님의 기일에 재를 올리는데 어떤 승이 물었습니다.

"운암스님께서는 스님에게 어떤 것을 가르쳐주셨습니까?"
동산이 말했습니다. "비록 운암스님을 모시기는 했지만 아무런 가르침도 받지 못했다."
"가르침을 받지 못했다면 재는 뭣하러 지내드리는 겁니까?"
"어찌 운암스님을 저버리겠는가?"
"스님은 처음에 남전스님께 배웠는데 어째서 운암스님께 재를 드리는 겁니까?"
"나는 운암스님의 도덕과 불법을 중시하는 것이 아니다. 다만 나한테 설법해주지 않은 점을 소중하게 여기는 것뿐이다."
"그렇다면 스승에게 재를 드리는데 스승을 믿는 겁니까?"
"반은 믿고 반은 믿지 않는다."
"어째서 전체를 믿지 못하는 겁니까?"
"전체를 믿어버리면 스승을 저버리는 꼴이 되어버리기 때문이다."

동산양개는 당나라 대중 말년부터 신풍산新豊山에서 후학을 지도하였기 때문에 신풍노인이라 불리었습니다. 그리고 예장預章 고안高安의 동산洞山에서 가르침을 크게 펼쳤기 때문에 이후 동산양개라는 명칭이 붙었습니다. 그 가운데서 조산본적(曹山本寂, 840~901)과 운거도응(雲居道膺, ?~902) 등 훌륭한 제자를 배출하였습니다. 이로부터 동산양개의 현묘한 가풍이 천하에 퍼졌으므로 제방에서는 그 선풍을 가리켜 동상종洞上宗, 동산종洞山宗, 조동종曹洞宗 등으로 불렀습니다.

　　입적이 다가오자 동산양개는 제자들에게 머리를 깨끗이 깎고 목욕을 시키며 가사를 걸치게 하고는 마침내 종을 울려 대중에게 이 세상의 작별을 고하였습니다. 그리고는 단정하게 가부좌를 한 채로 입적하셨습니다. 그때 대중들이 스승의 열반에 대하여 오랫동안 슬프게 통곡하자 동산양개 스님이 홀연히 다시 눈을 뜨더니 대중에게 말씀하셨습니다.

　　"출가사문이라면 마음에 걸리는 것이 없어야 진정한 수행이다. 죽는 것은 괴로움 삶을 마감하는 것인데 왜 그리도 소란스럽게들 야단을 떨어 무슨 도움이 되겠느냐."

　　그리고는 대중에게 어리석음을 깨우치고 수행을 경책하는 우치재愚癡齋를 준비하도록 하였습니다. 그래도 대중이 스승의 입적에 대하여 연연해하자 7일 동안 삶을 연장하였습니다. 7일 후에 우치재 준비가 모두 갖추어지자 다음과 같이 말씀하셨습니다.

　　"승가대중이 무사하려면 모름지기 세상을 떠날 때 야단법석을 떨지 말아야 한다."

그리고는 방장실로 들어가서 단정히 앉아 입적하셨습니다. 그때가 869년 3월이었는데, 세수 63세이고 법랍은 42세였습니다. 시호는 오본선사悟本禪師이고, 탑호는 혜각慧覺입니다.

33 조산본적의 선법

問 동산의 법은 여러 제자에게 전승되었습니다. 그 중에 동산의 사상을 가장 충실하게 계승한 제자였던 조산본적 선사에 대하여 말씀해주시기 바랍니다.

答 조산본적(曹山本寂, 840~901)은 천주泉州 포전蒲田에서 태어났으며, 성은 황黃씨이고 이름은 탐장耽章입니다. 19세 때 복주福州의 영석산靈石山으로 출가하였고 25세 때 구족계를 받았습니다. 이후 고안高安으로 가서 동산양개 대사를 친견하고 10여 년 동안 사사하였습니다.

    스승 동산의 곁을 떠나려 하니 종문에서 은밀하게 전승되어 온 『보경삼매寶鏡三昧』와 『오위현결五位顯訣』을 부촉하며 전법하였습니다. 후에 조산은 스승의 가르침을 받고 그에 게송을 붙여 『정편오위송』과 『오위군신게』를 완성하였습니다. 나아가서 『삼삼루三滲漏』, 3수의 『강요게綱要偈』, 『삼종타三種墮』, 『사종이류四種異類』, 『팔요현기八要玄機』 등을 제시하여 조동종의 교의를 널리 현창하였습니다. 동산을 하직하고 조산은 조계의 탑을 참배하고 나천螺川으로부터 임천臨川에 이르러 그곳의 아름다운 산수를 보고 그 산을 조계혜능을 경모하는 의미로 조산으로 고쳐 부르고 주석하였습니다.

조산은 다음과 같은 상당설법을 하였습니다.

"법복을 걸친 출가사문이라면 모름지기 향상사向上事를 깨우치는 일을 등한시해서는 안 된다. 그래서 설령 어떤 도리를 터득했다손 치더라도 모든 성인들조차도 무시해버리는 의기가 있어야만 진정한 자유를 얻을 것이다. 만약 그렇지 못하다면 설사 궁극의 경지를 터득했더라도 얌전하게 차수하고 기다려야 할 것이다. 그러나 만약 자기의 전체를 과감히 버릴 줄 안다면 일체의 장애를 만나더라도 스스로 주재할 수가 있다. 설사 진흙속에서 허우적거릴지라도 스스로 주재할 수가 있을 것이다."

후에 남주南州의 장수 남평종왕(南平鍾王, ?~906)이 조산의 선풍을 경모하여 극진한 예우로 모시고자 하였습니다. 그러나 조산은 애써 사양하고 다음과 같은 시를 보냈을 뿐입니다.

메마른 나무등걸은 시다림에 의지하여　摧殘枯木倚寒林
몇 차례 봄이 와도 한결같은 마음일세　幾度逢春不變心
나무꾼조차 일부러 잘라가지도 않는데　樵客見之猶不採
안목 있는 목수가 어찌 애써 찾겠는가　郢人何事苦搜尋

신유년 여름 밤 입적에 이르러 지사知事에게 물었습니다.

"오늘이 며칠인가?"

"6월 15일입니다."

"나는 일평생 행각을 하였는데 가는 곳마다 한 철은 역시 90일이었다. 그러니 내일 오전 8시에 떠나겠노라."

8시가 되자 향을 사르고 편안하게 앉은 채로 입적하였습니다. 세수가 62세이고 법랍이 37세였습니다. 제자들이 입적한 몸 그대로 다비에 붙여 서쪽 비탈진 곳에 안치하였습니다. 탑호는 복원復元입니다.

34 운거도응의 선법

問 동산양개의 선법은 조산본적뿐만 아니라 운거도응에게도 계승되었습니다. 특히 법맥의 전승으로 보면 오늘날까지 계승되고 있는 것은 운거도응의 계통입니다. 운거도응이 전승한 선법이 무엇인지 말씀해 주시기 바랍니다.

答 운거도응(雲居道膺, 828~902)은 유주幽州 계문옥전(薊門玉田: 河北省 津海道 玉田縣)에서 태어났습니다. 속성은 왕王씨이고 이름은 도응道膺입니다. 출생한 연도는 분명하지 않지만 당나라 태화 2년(828)으로 짐작됩니다. 어려서부터 다른 아이들보다 뛰어났습니다. 회창會昌의 파불破佛 이전 개성 2년(837) 10세 때 고향인 유주의 연수사延壽寺에서 출가하고, 파불 이후 대중 6년(852) 25세 때 범양范陽의 연수사에서 구족계를 받았습니다. 이 해는 스승 동산양개가 신풍산에 들어간 때입니다.

그 후 소승계율을 배웠으나 인간의 근원적인 본질을 구속하는 것이라 생각하여 그때까지 배우던 경·율·논을 그만 두고 선을 시작하였습니다. 널리 유행하다가 장안長安의 종남산終南山에 있는 취미산翠微山에서 우선 단하천연丹霞天然, 739~824)의 제자인 광조대사廣照大師 무학無學의 회하에서 3년 동안 머물렀습니다. 그러던 중 강서성의 예장子章에서 온 스님으로부터 동산양개의 법석에 관해 듣고 동산으로 갔습니다. 이때는 대중 9년(855), 운거는 28세이고 동산양개는 49세였습니다.

거기에서 머물다가 동산이 입적하기 2년 전까지(운거의 나이 42세) 15년 동안 사사하였습니다. 이 후 삼봉산三峰山에 들어가서 거기서 11년간 머물렀습니다. 다음으로 중화 3년(883)에 운거산에 들어가 19년간 머물면서 많은 교화를 폈기 때문에 운거雲居라는 명칭을 얻었습니다. 902년 정월 3일 인시寅時에 입적하였는데, 사법제자로는 28명이 있습니다. 시호는 홍각弘覺, 宏覺이고, 탑호는 원적圓寂입니다.

> 운거도응이 참문하자 동산이 물었다.
> "어디에서 왔는가?" 운거가 말했다. "
> 취미에서 왔습니다."
> "취미는 어떤 언구로 제자를 가르치던가?"
> "취미스님께서 나한에게 공양을 올리시기에, 제가 '나한에게 공양을 올리면 나한이 오느냐'고 물었습니다. 그러자 취미스님은 그럼 그대는 매일 무엇을 먹느냐고 물으셨습니다."

"정말 그렇게 말했던가?"

"예!"

"선지식을 참문한 것이 헛되지는 않았구나."

운거의 설법에 주로 나타난 내용을 보면 다음과 같습니다.

첫째는 몰종적沒蹤跡과 주도면밀周到綿密한 수행입니다. 둘째는 제일의제第一義諦와 본래무일물本來無一物의 본증本證입니다. 셋째는 바로 그 자리에서 터득하는 직하승당直下承當과 현성공안現成公案의 체험 등으로 요약됩니다.

첫째의 몰종적과 주도면밀한 수행으로는 동산을 참문하고서 주고받은 대화에서 다음과 같이 말하고 있습니다.

동산이 물었다. "그대의 이름이 무엇인가?"
운거가 아무개라고 이름을 말하니 동산이 다시 물었다.
"향상向上의 입장에서 다시 말해 보라."
"향상의 입장에는 아무개라고 이름할 것이 없습니다."

향상사向上事의 입장에서는 그 무엇으로도 형언할 길이 없는 언어도단의 경지이므로 설령 무슨 이름을 말했다고 해도 그것은 한낱 이름에 불과한 것입니다. 운거라는 명칭은 운거 곧 구름처럼 공허한 두 글자를 빌어 나타난 것에 지나지 않습니다. 그래서 모름지기 자신이 스스로 그 자체가 되지 않으면 안 되는 것을 다음과 같이 말합니다.

> 대저 출가한 사람은 다만 스스로 결택해야지 절대 밖에서 찾으려 해서는 안 된다. 그러므로 거룩한 스승을 대하듯 조심스러워야 한다. 결택할 때에는 모름지기 얇은 얼음을 밟듯이 부지런히 지극한 도를 구해야 한다. 이것은 마치 머리에 붙은 불을 끄듯이 해야지 달리 무슨 여가가 있겠는가. 또한 불길이 몸을 덮치는 것과 같으니, 일체의 것을 버리고 급히 그 속에 뛰어들어 몽땅 취하되, 모름지기 두두물물에 널리 이르고 두루 통해야 한다.

출가수행하는 마음자세는 불도를 이루는 것입니다. 불도를 이루는 것은 자기를 이루는 것입니다. 자기를 이루는 것은 자신을 잊는 것입니다. 자신을 잊는 것은 만법을 증득하는 것입니다. 만법을 증득하는 것은 자기의 신심身心 및 타인의 신심까지도 탈락하는 것입니다. 따라서 자기의 일체를 걸고 수행하는 입장에서는 그만큼 치열하지 않을 수가 없습니다. 이처럼 고심참담 수행하는 데에는 물론 그 상相을 남겨서는 안 된다는 것을 다음과 같이 말합니다.

운거스님이 설법하였다.

"어떤 사람이 돈 백관을 가지고 사냥개를 샀는데 흔적 있는 것만 알 뿐이었다. 그러다가 홀연히 영양이 뿔을 나무에 걸어둔 것을 만나면 흔적은커녕 낌새도 모른다."

한 출가수행자가 물었다. "영양이 나무에 뿔을 걸어둘 때는 어떻습니까?"

운거스님이 말했다. "6×6은 36이다."

그리고는 말했다. "알겠는가?"

그 출가수행자가 말했다. "모르겠습니다."

운거스님이 말했다. "그래서 흔적이 없다고 하지 않았던가?"

그 출가수행자가 이 이야기를 조주스님에게 가서 전하자 조주스님이 말했다. "운거스님은 참 훌륭하시구나."

그 출가수행자가 조주스님에게 물었다. "영양이 나무에 뿔을 걸어둘 때는 어떻습니까?"

조주스님이 말했다. "6×6은 36이다."

여기에서 영양靈羊은 영양羚羊으로서 영靈과 영羚은 호환되는 글자입니다. 영양은 잠을 잘 때에 다른 동물로부터 습격을 피하기 위해서 자신의 뿔을 나뭇가지에 걸치고 매달려 있으면 아무런 흔적도 남지 않아 안전하게 잠을 잘 수 있다는 동물입니다. 마찬가지로 수행에 있어서도 수행이라는 종적마저도 남겨두지 않는 것을 운거는 이렇게 표현하고 있습니다. 이야말로 몰종적하고 주도면밀한 행태를 잘 말해주고 있습니다.

예로 "달리 순 돌뿐인 산에서 초목이 어디에서 자라겠는가?"라는 물음에 대하여 "본래 완전한 것이어서 손대지 않으면 도리가 어긋남이 없다"고 답변합니다. 그러나 거기에 어떤 조작을 가하면 공연한 일이 되어버려 곧 어긋나고 만다고 말합니다. 이것에도 운거 나름대로 진리에 대하여 크게 긍정하는 사람과 크게 부정하는 사람의 차이에 대하여 향상사向上事를 쓰레기같이 여기기 때문에 공훈에 집착하지 않는 것과 자기의 몸이 있다고 보아 그 공훈에 떨어지는 것과의 차이라고 말하고 있어 동산의 의도를 이어받고 있습니다.

이 밖에도 향상사向上事는 제아무리 현묘한 경우라 하더라도 거기에 미치지 못한다는 것이라고 하면서 마음의 번뇌를 끊는 데에는 모든 번거로운 인연을 다 쉬어버리라고 말합니다. 그리하여 그 몰종적하고 주도면밀한 수행에 끝까지 방일하지 말 것을 고구정녕하게 일관하고 있습니다. 운거가 병석에 눕게 되었을 때 다음과 같은 설법을 하였습니다.

> 그대들은 이제 멀고 가까움에 대해서는 대강 알고 있을 것이다. 그리고 살고 죽는 일은 늘 있는 일이니 과히 걱정을 하지 말라. 못을 끊고 무쇠를 자르는 굳은 신념으로 불법을 어기지 말고, 나고 죽음에 임해서도 불법을 저버리지 말라. 마땅히 번거롭게 하지 말고 제각기 해결하도록 하라.

이처럼 자신의 수행에 철저할 것은 자신뿐만이 아니라 제자의 접화接化에 있어서도 마찬가지입니다. 한편 본래무일물과 같은 제일의제에 있어서도 철저한 본증本證의 입장에 근거하고 있습니다. 세존께서 설산에서 6년을 고행한 것도 스스로 드러나 있는 뜻을 세우려는 것이었지 그 밖의 무엇에 의지하려는 것이 아니었다고 하여, 일찍이 무엇을 얻었다든가 본래 중생이었다가 부처가 되었다는 등의 내용이 아니라 모두가 중생구제의 방편으로서 모습을 나타내고 각각의 근기에 맞추어 시설한 화현으로서의 수행자였다고 합니다. 그래서 어느 것이 조사의 뜻이고 어느 것이 중생의 뜻이고 하는 분별이 따로 있을 수가 없다는 것입니다.

하루는 운거가 스승인 동산에게 물었다.
"어떤 것이 조사의 뜻입니까?"
동산이 말했다.
"그대가 훗날 어떤 지방에 주석하게 될 때 홀연히 누가 와서 그렇게 묻는다면 그대는 뭐라고 답하겠는가?"
운거가 곧장 말했다. "제가 잘못했습니다."

운거의 번득이는 납자다운 기지가 엿보이는 대목입니다. 진제의 입장에서 보면 무엇인들 조사의 뜻이 아니겠습니까. 굳이 경전상의 어구를 인용하여 그것이 조사의 뜻이라고 한다면 그것은 운거 자신의 위선이 될 뿐입니다. 세존의 고행과 달마의 면벽과 혜능의 방아 찧는 행위가 아니더라도 바로 운거 앞에 펼쳐지고 있는 동산과의 문답 속에 조사들의 뜻이 고스란히 담겨 있음을 말해 줍니다.

이러한 근거에서 운거는 다시 그것이 진리로서만 내재되어 있는 것이라면 크게 도움이 되지 않음을 알고 있었습니다. 그래서 그것을 우리의 눈앞에 현전시키는 체험이 필요함을 역설하고 있습니다. 그래서 바로 그 자리에서 체득하고 인정하는 것이 만법에까지 두루 퍼져가야 함을 가리키고 있습니다. 곧 진리가 우뚝 솟아 현현해 있건만 면전에 있는 바로 그것을 알아차리지 못할 뿐이며, 또한 온 세상이 다 진여 아님이 없다고 말합니다.

제법의 성품은 본래 원만하여 각각 나름대로의 진리를 최대한도로 만끽하고 있다는 것이 법계의 성품이고 보면 어느 시간, 어느 장소, 어느 상황 아래에서도 진여를 만날 수가 있습니다. 그래서 저 동산의 오도송에서는 가는 곳마다 그 진리를 터득한다는 말을 하고 있습니다. 이에 흔히 막상 지나버렸다고 생각하기 쉬운 과거의 상황도 마찬가지로 항상 현전해 있다는 것은 운거에 있어서도 여실하게 나타나 있습니다. 달마가 나타나기 이전에도 여전히 지금 그 자리에 있었음을 말하며, 또한 과거의 지나버린 겁을 이끌어 내어 문답하고 있습니다.

한 출가수행자가 물었다. "어떤 것이 지난 겁의 일입니까?"

운거가 답했다. "다만 지금과 같을 뿐이다."
"지금이란 무엇입니까?"
"저 지난 겁의 일을 보지 못했는가?"

다만 과거가 과거라는 시간상의 끝이 아니라 어디까지나 진리를 표출하고 있는 전체로서, 곧 그 자리에서 터득해야 함을 일깨워 줍니다. 앞서 말한 바 있는 운거 말년의 부촉에도 나타나 있듯이 시간상의 멀고 가까움은 일상의 생사만큼이나 항상 존재하는 것이어서 거기에 얽매이지 않아야 함을 말합니다. 이것은 실제로 생활 가운데에서 현성해 있는 진리를 어떻게 활용하느냐에 따라 좌우됩니다.

어떤 거사가 한 스님에게 물었다.
"저희 집에는 솥이 하나 있는데 평소에 떡을 찌면 세 사람이 먹기에도 부족하지만 그것을 천 사람이 먹으면 남습니다. 이것을 스님은 어찌 생각하십니까?"
그 스님이 대꾸하지 못하자 곁에 있던 운거가 대신 말했다.
"다투면 세 사람이 먹어도 부족하지만 양보하면 천 사람이 먹어도 남는 법이지."

이것은 운거의 "불법이 아무리 많다손 치더라도 행해야 좋은 것이다. 다만 마음이 곧 부처임을 알면 부처의 말을 모른다고 근심할 필요가 없다. 만약 이와 같은 일을 알고자 하건대 모름지기 이와 같이 행하는 사람을 알아야 한다. 그래서 그 사람을 알게 된다면 무슨 근심이 있으랴!"라고 말한 것에서 더욱 분명해집니다. 또한 운거에 대한 그의 성품을 말해 주고 있는 내용으로서 다음과 같은 것이 있습니다.

> 운거스님은 물외종사物外宗師이다. 이 땅에서 일곱 번 태어나 선지식이 되었는데, 도덕이 고매하고, 지혜가 넓고 깊었으며, 대자비를 갖추고 항상 천 명의 스님을 거느렸다. 제자들에게 다음과 같이 가르쳤다. "다만 마음이 부처라는 것만 알면 되지 부처에 대해 근심할 필요는 없다. 이 말을 모르는 자는 오늘날 학인들이 오로지 밖으로만 향해 구할 뿐이다. 다만 대승의 말을 배울 뿐 그것을 자신의 마음으로 되돌이켜 천진불天眞佛을 밝히지 못하는 사람들이다. 만약 이 마음이 부처라는 것을 알게 되면 자연지自然智와 무사지無師智가 현전한다. 어찌 수고롭게 밖을 향해서 배우랴."

이것은 바로 현재 있는 모습 그대로가 진리라는 현성공안現成公案의 입장에서의 견해를 누구나 지금 지니고 있는 그 마음이 곧 부처라는 말로 대치하고 있을 뿐입니다. 그리하여 안으로 살펴 각자의 천진불을 현현시키는 것이 요구되는 것입니다.

제3부 조동종지의 형성과 전개

35 조동종의 전승

이제 조동종에 대한 설명에 들어가기 앞서 조동종 제10세에 해당하는 진헐청료 및 굉지정각 시대에 조동종의 수행방식으로 새롭게 묵조선이 출현하였습니다. 묵조선이 출현하기까지의 조동종 법맥은 다음과 같이 전승되었습니다. 한 번 보도록 하겠습니다.

동산양개 ┌ 조산본적 – 조산혜하
          └ 운거도응 – 동안도비 – 동안관지 – 양산연관 – 대양경현 – 투자의청 – 부용도해 – 단하자순 – 진헐청료 · 굉지정각

問 조동종의 종지는 멀리 인도의 선법으로부터 그 원류를 찾아볼 수 있습니다. 후세까지 전승된 조동종의 종지는 구체적으로 어떻게 전승되었는지 말씀해주시기 바랍니다.

答 조동종이라는 명칭은 동산양개와 그 제자인 조산본적의 이름에서 유래되었습니다. 『동산록』에는 "동상洞上의 현묘한 가풍이 천하에 퍼지게 되었으므로 제방의 종장宗匠들이 모두 추존하여 조동종이라 불렀다."는 말이 있습니다. 처음에는 동조종洞曹宗이라 했던 것을 발음상 조동종曹洞宗이라 부르게 되었다는 설도 있습니다. 법안문익은 『종문십규론宗門十規論』에서 조동을 비롯하여 임제종 및 위앙종의 특색을 언급하고 있습니다.

이 『종문십규론』은 940년 내지 950년 무렵에 출현하였는데 이 책을 쓰기 이전에 법안은 30년 동안 제방을 행각하면서 각 지역의 선지식들로부터 임제 및 위앙과 나란히 조동이라는 명칭을 사용하였습니다. 그러므로 910년 내지 920년 무렵에는 이미 조동종이라는 명칭이 사람들 사이에 회자되고 있었습니다. 조산본적은 901년에 입적하였고, 그 사형이었던 운거도응은 902년에 입적하였으며, 그 사제였던 용아거둔龍牙居遁은 923년에 입적하였습니다. 조동종이라는 명칭은 조산과 운거가 입적한 이후 얼마 지나지 않아 불리어지게 되었으며, 용아의 생존시에 이미 세상에 퍼졌음을 알 수가 있습니다.

분양선소汾陽善昭는 자신의 어록에서 조동종을 동산종洞山宗 내지 동상종洞上宗이라 부르고 있습니다. 조동종은 종단 내부의 자칭이 아니라 먼저 그 이외의 선지식들로부터 불리어졌기 때문에 그만큼 객관성이 있습니다. 그러나 동산의 훌륭한 제자에는 조산본적도 있지만 운거도응도 있습니다. 동산의 법은 조산만이 아니라 운거에게도 전승되었던 거죠. 조산의 계통은 불과 4세로 단절되었고, 오늘날의 법맥은 운거의 계통에 속하기 때문에 조동종은 운거파雲居派라고도 합니다. 때문에 동산의 법계를 조산으로만 대표성을 부여해서는 타당하지 않습니다.

그런데 조동종이라는 종명이 조계혜능과 동산양개로부터 유래되었다는 일설이 있습니다. 조산은 조계혜능을 경모했기 때문에 조계의 조曹라는 글자를 따서 자신이 주석하는 산의 명칭을 삼았기 때문에 조동종의 조曹는 간접적으로는 조계의 조曹를 의미한다는 것입니다. 그래서 조계와 동산에 의하여 조동曹洞이라는 종명이 된 것은 이처럼 간접적인 이유가 아니라 직접 조계로부터 유래되었다는 것입니다. 이와 같은 견해는 조동종의 내부에서만 주장되는 견해로서 역사적인 사실이라기보다는 신앙에 근거한 주장입니다.

중국의 조동종은 그 초창기에 지극히 미미하였지만 송대 중기부터 점차 세력을 만회하였는데 그 특색은 다음과 같습니다.

첫째는 인간은 모두 태어나면서부터 불심을 구비하고 있다는 본래성불을 깊이 믿는 것입니다. 둘째는 좌선을 강조하는 지관타좌只管打坐를 통하여 본래부터 구비하고 있는 불심의 신령스러운 작용을 현실화하는 것입니다. 셋째는 행지行持와 지해知解가 일여하여 실천과 지식이 반드시 일치한다는 것입니다. 넷째는 행지면밀行持綿密을 종지로 하여 일상생활에서 그 본래성을 드러내는 것입니다. 다섯째는 항상 전일全一한 입장을 견지하여 치우침이 없는 것입니다.

조동종 초기 곧 동산양개, 조산본적, 운거도응, 동안도비의 시대는 남창南昌 부근에서 주도면밀한 종풍을 선양하였습니다. 이후 양산연관 시대는 동정호의 서쪽까지 교세를 확보하였고, 대양경현 시대는 동정호의 서북쪽인 양양襄陽까지 진출하여 조동의 종풍을 진작하였습니다. 투자의청 시대는 남경南京과 구강九江 사이 곧 안경安慶 근처까지 진출하여 동정호의 동남쪽으로 교세를 확장하였습니다. 그리고 부용도해 시대는 낙양洛陽과 개봉開封 곧 동정호의 북쪽까지 진출하였습니다. 그래서 단하자순 시대는 바로 여기 동정호의 북쪽지역을 중심으로 조동의 가풍을 다졌으며, 진헐청료 시대는 강소성江蘇省 방향으로 남하하여, 남송시대에는 절강성을 그 주요 무대로 삼아 화엄사상을 배경으로 하는 선풍을 발전시켰습니다.

그 이후의 조동종은 절강성의 명주지방을 중심으로 크게 발전하였습니다. 굉지정각은 조동종지의 수행방식으로서 순일하게 좌선수행을 지속하는 묵조선을 주창하고 오위사상을 발전시켜 조동의 선풍을 크게 진작하였습니다. 또한 설두지감雪竇智鑑은 천성이 순박하고 성격이 온후하여 수행에 힘써 사명四明 지역을 벗어나지 않았지만 그 명성은 천하에 알려졌습니다.

36 조동선법의 원류

問 조동선법의 사상적인 근간은 본래성불에 근거한 조사선풍에 두고 있습니다. 그러면 본래성불의 사상의 구체적인 연원과 그 전승에 대한 것에는 어떤 것이 있는지 말씀해 주시기 바랍니다.

答 조사선의 시작은 보리달마조사로부터 유래된 것입니다. 때문에 조사선의 조사는 본래 달마조사를 의미하기도 합니다. 이와 같은 조사선이란 본래성불의 사상에 바탕하여 개개인이 그 도리를 깨치고 그것을 일상의 생활에서 구현하는 선풍을 말합니다. 여기에서 본래성불사상의 연원은 소위 대승의 선경에게서 그 연원을 볼 수가 있습니다.

  수행과 깨침의 법문으로 알려져 있는 『원각경』에는 본래성불이라는 입장에서 그 삼매를 어떻게 수행하고 성취하느냐 하는 수행법과 깨침의 법문이 엿보입니다. 보안보살장에서 "그처럼 중생은 본래부터 부처였고, 생사와 열반은 지난밤의 꿈과 같다는 것을 알아야 한다."고 말합니다. 이에 대하여 보다 구체적으로 금강장보살은 모든 중생이 본래부터 부처였다면 무슨 까닭에 다시 일체의 무명이 있고, 무명이 중생에게 본래 있었다면 무슨 인연으로 여래는 다시 본래성불이라고 하며, 여래에게도 언젠가는 번뇌가 일어나는 것인가 등 세 가지에 대하여 묻습니다. 이에 대해 여래는 묘원각심에는 본래 보리 및 열반이 없고, 성불과 불성 불이 없으며, 또한 허망한 윤회와 비윤회도 없으므로 중생이 일으킨 분별조작의 사유를 통해서는 원각의 방편을 얻지 못한다고 답변합니다. 또한 『원각경』에서는 "원각의 자성은 차별된 자성이 아니라 평등한 자성으로 존재한다. 오성을 따라서 일어나지만 취할 수도 없고 깨칠 수도 없다. 실상 자체에는 실로 보살도 없고 모든 중생도 없기 때문이다."고 말합니다. 곧 원각의 자성에는 보살이라는 분별도 없고 중생이라는 분별도 없으며 원각이라는 명칭도 없습니다. 평등한 자성이므로 분별수행을 통해서 터득할 수 있는 것도 아닙니다. 다만 원각의 실상이 본래적인 것임을 자각할 뿐 자각하는 주체가 달리 있는 것도 아닙니다.

그리고 『열반경』에서는 불성을 알고자 하면 시절의 인연과 형색의 인연을 관찰하라고 하였습니다. 곧 여기에서 선은 깨침을 체험하는 가르침이면서 동시에 그 실천을 이루어가는 행위로 현성해 있습니다. 때문에 선은 깨침의 전기를 얻고도 결코 거기에 머무르지 않고 올바른 지계활동을 통하여 지속적으로 전진하는 불향상사佛向上事를 지향합니다. 이에 지혜의 완성을 추구하는 『금강경』에서는 수보리가 처음에 제시한 질문은 바로 어떻게 발심해야 하는가의 문제로 나타나 있습니다. 『금강경』에서의 발심이야말로 지혜를 터득하기 위한 행위인 수행의 시작으로서 발보리심을 가리킵니다. 그만큼 발심은 지혜, 나아가서 깨침을 겨냥한 행위로서 필수불가결한 행위입니다. 나아가서 『화엄경』에서는 "모든 보살이 본래의 마음을 잘 활용한다면 다음과 같은 일체의 승묘한 공덕을 획득한다."고 말합니다. 여기에서 본래의 마음(其心)을 잘 활용한다(善用)는 것이 곧 본래성불의 여법한 행위로서 구체적으로는 이미 지수보살에게 구족되어 있는 본성입니다.

이와 관련된 내용으로 『능가경』에서는 심즉불心卽佛이라는 측면에서 여래장설로 설명합니다. 곧 심心은 모든 것의 시발점으로서 중생심의 자리로부터 점차 변전變轉하여 본래심으로 돌아오는 시각始覺의 측면과 심心은 업풍業風이 일어나기 이전부터 고요한 바닷물처럼 본래 부처였다는 본각本覺의 두 가지 측면이 있습니다. 그럼에도 불구하고 중생의 경우 장식藏識이 변전하면 그대로 대열반인 줄을 알지 못한다는 것입니다. 때문에 본래는 망법妄法이 그대로 성지聖智라는 것에 대하여 "저 망법이 모두 성지라는 것은 심·의·의식의 일체 악습기의 자성법이 전의轉依되었기 때문에 곧 이 망을 진여라 말한다. 이런 까닭에 진여는 심·식을 벗어나 있다."고 말합니다.

이와 같은 본래성불의 사상은 초기의 선어록에도 그대로 전승되어 있습니다. 보리달마의 경우 『이종입』에서 불도의 깨침에는 여러 가지 갈래가 있지만 요약하면 두 종류를 벗어나지 않는데, 하나는 진리에 합치되어 있는 깨침[理入]이고, 둘은 불도를 실천하는 깨침[行入]이라고 말합니다. 이 경우 이입理入의 이理는 본성이고 입入은 진리와 하나가 되는 깨침입니다. 그리고 행입行入의 행行은 실천이고 입入은 깨침으로서 깨침의 실천입니다. 혜가에게는 저술이 보이지 않지만 『달마어록』을 통하여 달마의 안심법문이 혜가에게로 계승되었음을 알 수가 있는데 그것이 곧 참회법문입니다. 죄의 성품이 어디에도 없는 도리를 들어서 승찬을 일깨워주는 다음과 같은 대목이 있습니다.

> 또 물어 말한다 : 저한테 참회를 시켜 주십시오.
> 답한다 : 그대의 죄를 가져 오너라. 그러면 그대한테 참회를 시켜 주겠다.
> 또 물어 말한다 : 죄는 형상을 통해서는 파악되지 않습니다. 그런데 어찌 가져올 방법이 있겠습니까.
> 답한다 : 나는 그대한테 이미 참회를 시켜주었다. 이제 그만 마음의 고향집에 돌아가도록 하라. 이것은 소위 죄가 있다면 반드시 참회해야 하겠지만 이미 죄를 볼 수가 없으므로 참회할 이유가 없다는 뜻이다.

이에 의하면 혜가는 일체의 범부 및 성인은 모두 망상심과 분별계교심으로 만들어낸 것에 불과하고, 이법에는 높고 낮음의 차별상이 없고 이법에는 과거와 미래의 대립분별상이 없다는 것입니다. 때문에 깨침을 모두 망상이 만들어낸 것이라면 그 망상을 만들어낸 것은 모두가 자신의 분별심에서 만들어낸 것에 불과하다는 것입니다. 이와 같은 본래성공 本來性空에 근거한 혜가의 심법은 승찬의 신信·심心으로 계승되었습니다. 승찬의 신信·심心은 신信과 심心의 가르침으로서 인간의 본래적인 심心과 그 공능으로 드러난 신信의 일치입니다. 때문에 승찬은 『신심명』을 통하여 분별과 대립과 조작과 계교를 초월할 것을 강조하였습니다.

승찬의 이와 같은 본래성의 자각과 그 실천의 신信·심心에 대한 법문은 도신의 수일불이守一不移의 가르침으로 전승되었습니다. 도신은 그 저술 『입도안심요방편법문』의 처음 부분에서 "나의 법요는 능가경의 제불심제일諸佛心第一에 의한다."고 말하는데, 이것은 자기의 평소생활을 되돌아보아 말한 것입니다. 도신의 본래성불의 사상은 『입도안심요방편법문』의 다음 대목에 잘 나타나 있습니다.

> 부처라는 것은 마음이다. 마음 이외에 다른 부처는 있을 수 없다. 이것을 간단하게 말하면 다음의 오문이 된다. 첫째는 마음의 본체가 본래 청정이며, 부처와 동체라는 것을 아는 것이다. 둘째는 마음의 작용이 법보를 발생하고, 모든 작용이 본래부터 정적하기 때문에 일체의 번뇌가 모두 이와 같은 것임을 아는 것이다. 셋째는 마음은 상

각부정常覺不停이지만 그 자각하는 마음은 언제나 눈앞에 있고 자각되는 법은 개별적인 모습이 없는 것이다. 넷째는 항상 신체가 공적하여 안팎이 한결같으므로 몸과 법계가 막힘이 없이 상용됨을 관찰하는 것이다. 다섯째는 한 가지를 굳게 지켜 흔들림이 없어 움직임과 고요함 모두 안정을 얻으면 누구든지 분명히 견불성見佛性하여 신속하게 정문定門에 들어간다.

이와 같이 본래청정하다는 마음에 대한 오문의 가르침은 후에 북종선 및 남종선으로 발전하는 중요한 계기를 내포하고 있습니다. 도신의 수일불이의 선풍은 홍인으로 계승됩니다. 홍인의 본래성불 사상은 『수심요론』에 보이는데 홍인은 『금강반야경』을 수지하면서 심성의 본원에 철저함을 본지로 삼아 수심守心 곧 수본진심守本眞心의 참학을 강조하였습니다. 홍인의 수심修心의 요체는 본래적인 불성을 자각하는 것에 있는데, 이것은 곧 본래성불의 유지이고 일상의 생활이었습니다. 그 모습을 가장 잘 구현했던 인물이 혜능입니다. 혜능은 이전 동산법문으로 불리웠던 홍인의 십대 제자 가운데 가장 걸출한 인물 가운데 한 사람으로서 선법을 일상의 생활속에 끌어들였으며, 수행과 깨침으로 대변되는 선정과 지혜의 일체一體를 내세우고, 정토·삼학·사홍서원·삼귀의·삼신 등에 대하여 자성법문으로 전개하여 소위 중국적인 선법의 토대를 완성하였습니다. 특히 좌선에 대한 혜능의 입장은 기존의 인도에서의 활용된 수행적인 측면을 넘어서 깨침 및 그 실천으로까지 의미가 확장되었습니다. 곧 종보본 『단경』에서는 "선지식들이여, 보리의 자성은 본래 청정하다. 그러므로 무릇 그 청정한 마음을 활용하는 것이 곧 성불이다."고 말합니다. 이 대목은 『단경』의 성격이 본래성불에 바탕한 조사선임을 가장 잘 드러내주고 있습니다. 그럼에도 불구하고 그 도리를 자각하지 못하는 까닭에 때문에 혜능은 "부처님은 본래 범부를 위하여 설법하였지 부처를 위해서 설법한 것은 아니었다. 만약 이런 부처님의 도리를 믿지 못하는 자는 부처님의 법석에서 물러나야 한다."고 말합니다. 이것은 다시 청원행사의 본래성불의 사상은 『종경록』의 기록에 의하면 청정심이 그대로 부처라는 시심시불是心是佛, 미혹과 깨침은 모두 일심의 원리에 담겨 있다는 것, 초목에도 불성이 깃들어 있는 것은 그것이 모두 일심의 현성으로서 밥을 먹는 것도 불사이고 옷을 입는 것도 불사라고 하여 철저한 일상의 긍정에서 찾아볼 수가 있습니다.

37 『참동계』

問 석두희천은 조동종지의 근원을 보여주는 『참동계』라는 글을 남겼습니다. 『참동계』의 내용은 무엇인지 말씀해주시기 바랍니다.

答 육조혜능의 법을 이은 제자는 43인이라 합니다. 그 가운데 흔히 청원행사·영가현각·남악회양·남양혜충·하택신회 등 5인이 정통제자로 일컬어집니다. 이 가운데 청원행사는 육조혜능의 제자들 가운데 언제나 우두머리의 지위에 있었던, 혜능의 정통을 계승한 인물로 알려져 있습니다. 나아가서 조동종의 개조인 조산본적은 조계의 정통을 계승했다는 의미에서 조산이라는 명칭을 강조한 것도 사실입니다. 그 청원행사의 전법제자에 석두희천이 있습니다. 석두희천이 그의 저술인 『참동계』에서 제시한 열린 관계(回互)와 닫힌 관계(不回互)의 개념은 이후 조동종의 기본적인 교의를 구성하게 되었습니다.

　석두의 사상을 엿볼 수 있는 것으로는 우선 『참동계』 및 『초암가』 등을 들 수가 있습니다. 이 가운데에서 먼저 『참동계』의 내용은 다음과 같습니다.

축토대선 곧 부처님의 마음은	竺土大仙心
동과 서로 은밀히 부촉되었다	東西密相付
사람의 근기 곧 다양할지라도	人根有利鈍
깨침에는 남북의 돈점이 없다	道無南北祖
신령스런 근원은 밝고 맑은데	靈源明皎潔
지말의 현상은 그윽히 흐른다	枝派暗流注
현상에 집착하는 것 미혹이고	執事元是迷
도리에 계합해도 깨침 아니다	契理亦非悟
안·이·비·설·신의 경계는	門門一切境
회호도 하고 불회호도 한다네	回互不回互
회호할 경우엔 다시 동하지만	回而更相涉
그렇지 않으면 제자리 머문다	不爾依位住
색은 본래부터 형모가 다르고	色本殊質象
소리는 원래 고락이 다르다네	聲元異樂苦
어둠은 상언과 중언 합치되고	暗合上中言
밝음은 청구 탁구로 분별된다	明明淸濁句
사대의 성품 자체로 돌아감이	四大性自復

아이가 엄마 찾아가는 격이다	如子得其母
불은 뜨겁고 바람은 움직이며	火熱風動搖
물은 촉촉하고 땅은 단단하며	水濕地堅固
눈은 색 보고 귀는 소리 듣고	眼色耳音聲
코는 냄새 맡고 혀는 맛 본다	鼻香舌鹹醋
그러면서도 낱낱 일체의 법은	然於一一法
근본과 지엽에 두루 의존한다	依根葉分布
근본과 지말도 응당 궁극으로	本末須歸宗
귀천을 가리지 않고 돌아간다	尊卑用其語
밝음에 본래부터 어둠 있으니	當明中有暗
어둠의 상으로 헤아리지 말라	勿以暗相遇
어둠에도 본래 밝음이 있기에	當暗中有明
밝음의 형상으로 찾으려 말라	勿以明相覩
밝음과 어둠 서로간의 관계는	明暗各相對
걸음걸이와 같아 앞뒤가 없다	比如前後步
만물은 애초부터 공능이 있어	萬物自有功
본래 작용과 용처가 있으려니	當言用及處
상자와 뚜껑이 들어맞듯 하고	事存函蓋合
화살끝이 서로 부딪치듯 하다	理應箭鋒拄
언어를 통해서 종지 얻어야지	承言須會宗

말이나 규범을 따르지 말아라	勿自立規矩
눈으로 보고도 도를 모른다면	觸目不會道
걸음이 어찌 목적지 알겠는가	運足焉知路
무심히 나아가니 원근 없지만	進步非近遠
미혹하면 앞뒤가 막히고 만다	迷隔山河固
이에 그대들 참학인에 권하니	謹白參玄人
부디 열심히 정진하기 바라네	光陰莫虛度

석두희천이 『참동계』를 저술한 이유는 이전 시대부터 있던 도교의 명칭을 빌려 자파의 가르침으로 삼으려는 뜻이 있었습니다. 곧 『참동계』라는 제목은 위나라 백양(伯陽)이 쓴 『참동계』 3권의 선서(仙書)에서 따온 것입니다. 백양의 제목의 뜻을 보면 천天·지地·인人이 참參이고, 그것이 하나로 합하여 끝없는 것을 동계同契라 하여 그 원리를 자연에서 빌려온 것입니다. 그러나 석두희천의 『참동계』는 그와는 다릅니다. 단지 말만 빌렸을 뿐 그 내용을 완전히 바꿨습니다. 즉 석두의 『참동계』에서는 뜻을 오직 불법의 대의인 만법일여萬法一如와 연기무생緣起無生의 도리에 바탕을 두고 있었습니다.

『참동계』의 제목인 참·동·계라는 세 글자는 전편의 대의이기도 합니다. 참參은 삼라만상과 사성육범四聖六凡 등 일체가 각각 차별의 모습으로 나타나 있는 것입니다. 동同은 일체가 현상으로 보면 각각 천차만별이지만 본체로 보면 추호도 차이가 없는 제법평등의 원리를 지니고 있습니다. 계契는 앞의 참參의 차별현상과 동同의 제법평등이 상호간에 상즉상입相卽相入하는 묘용을 나타냅니다.

이리하여 참參은 차별적인 만유현상의 모습으로 나타난 형상에 배대되고, 동同은 그 현상의 이면에 깔려 있는 본체로서의 근본을 말하는 바탕에 배대되며, 나아가서 계契는 이러한 차별현상과 그 동일성으로서의 본체를 열린 관계(回互)와 닫힌 관계(不回互)의 원리로 수용하는 차별이 곧 평등이고 평등이 곧 차별이라는 만법의 묘용에 배대됩니다.

이처럼 석두의 『참동계』는 내용에 있어서 백양의 『참동계』와는 사뭇 다른 설명을 하고 있습니다. 석두는 이러한 만법평등의 원리에 입각하여 당시 남돈북점南頓北漸이라는 남종과 북종 사이의 상호배격을 일소하여 평등일여의 대도를 천명하려는 의도를 지니고 있었습니다.

본 내용을 보면 처음 4구는 사람에게는 근기의 차별이 따로 있을지라도 부처님의 마음은 본래부터 남돈북점이 없이 일미평등一味平等하다는 말입니다. 이것은 출발부터 당시에 팽배해 있던 남종 및 북종이라는 분별심을 지양하는 입장입니다.

그리고 이후부터는 일미평등한 불법의 도리를 일곱 단락으로 나누어 하나의 근원이 온갖 현상으로 드러나며(一源卽萬派) 온갖 현상은 결국 한 가지 근원이라는(萬派卽一源) 도리를 방편과 진실로서 설명합니다. 이와 같은 진실한 깨침은 언설의 현상을 초월한 것으로 그 근본종지를 꿰

뚫어야 한다는 것입니다. 나아가서 마지막 부분에서는 몸소 왕삼매[王三昧]의 체험을 통한 부처의 마음은 바로 다름아닌 법은 본래 동일하다는 것입니다.

이 법의 동일성이야말로 영원한 불법으로 통하는 열린 관계 참[參]과 동[同]과 계[契]의 본래의 의미를 더욱 확실하게 보여 주고 있습니다. 따라서 『참동계』가 드러내고 있는 하나의 근원이 온갖 현상으로 드러나는[一源萬派] 도리와 열린 관계이면서 동시에 닫힌 관계이기도 한[回互卽不回互] 일미평등의 원리는 이하 동산과 조산에 있어서 오위사상의 기초를 제공해 주고 있습니다.

38 『초암가』

問 석두대사는 깨침을 실천하는 방법으로 자신의 안빈낙도와 더불어 제자들에 대한 무집착을 시로써 노래하였습니다. 특히 초막암자를 지어놓고 그 속에 담겨 있는 의미를 통하여 제자들을 훈계하였습니다. 그것이 어떤 시인지 말씀해주시기 바랍니다.

答 석두희천의 『초암가草庵歌』는 진실한 수행에 힘쓰고 있는 납자의 본분을 안빈낙도와 깨침에 대한 자긍심으로 가득차 있는 일종의 수도시修道詩입니다. 여기에서 유위有爲에 떨어지지 않는 초탈하고 탈속한 조동의 종지를 엿보기에 충분합니다.

띠 풀로 얼기설기 움막은 치장할 것도 없다네   吾結草庵無寶貝
여기에서 밥 먹고 잠을 자니 참으로 가뿐하네   飯了從容圖睡快
지어놓고 보니 지붕의 띠 풀 새것처럼 보여도   成時初見茆草新

낡아 흐트러지면 그 위에 새로운 띠 얹는다네	破後還將茆草蓋
초암에 깃들어 사는 사람 영원을 딛고 살면서	住庵人鎭常在
중간이나 안팎의 어디에도 소속하지 않는다네	不屬中間與內外
이처럼 세상사람이 사는 곳에 나는 살지 않고	世人住處我不住
세상의 사람 좋아하는 것 나는 좋아하지 않네	世人愛處我不愛
초암이 비록 좁디좁지마는 법계를 머금었기에	庵雖小含法界
방장 큰스님이 거동하기에는 조금도 불편없고	方丈老人相體解
최상승보살도 전혀 옹색하지 않음을 믿는다네	上乘菩薩信無疑
그러나 중·하근기는 그것을 이해하지 못하고	中下聞之必生怪
초암이 언제 무너질지 몰라 궁금해 묻는다네	問此庵壞不壞
무너지건 말건 간에 주인은 본래 그곳에 있고	壞與不壞主元在
남북동서에 치우쳐 따로따로 머물지 않는다네	不居南北與東西
초막이 자리잡은 곳일랑은 견고함이 최상이고	基址堅牢以爲最
푸른 소나무 그늘 아래 밝은 창 하나 나 있어	靑松下明窓內
화려한 궁전 으리한 누각에 비할 바 아니라네	玉殿朱樓未爲對
몸에 걸치고 머리에 두른 것 모두 던져버리니	衲被蒙頭萬事休
바로 이때는 내사 모든 것 알 바가 아니라네	此時山僧都不會
초암에는 갖가지 분별심조차 일어나지 않으니	住此庵休作解
그 뉘라서 법석 베풀어 납자 제접한다 하리요	誰誇鋪席圖人買
회광반조하여 본래의 근본도리 깨우치고 보면	廻光返照便歸來

신령스런 근원 통달하여 긍정·부정 초월하네	廓達靈根非向背
눈 밝은 조사를 참하여 친히 가르침을 받아서	遇祖師 親訓誨
홀로 암자 지어 놓고 퇴굴심도 없이 지내면서	結草爲庵莫生退
한평생 없는 셈치고 수행하여 뜻을 얻고 나니	百年抛却任縱橫
손 놓고 일 없어도 전혀 어그러지지 않는다네	擺手便行且無罪
천 가지 갖가지 언설장구와 만 가지 분별심은	千種言 萬般解
다만 참학인을 가르치려는 방편에 불과하다네	只要教君長不昧
초암에 살고 있는 깨친 사람을 알고자 하거든	欲識庵中不死人
어찌 지금의 육신을 떠나 다른 곳에서 찾으랴	豈離而今這皮袋

39 『보경삼매』

問 조동종지는 석두희천의 사상을 바탕으로 하여 동산양개에게서 꽃이 피었습니다. 동산양개는 많은 글을 남겼는데 특히 『보경삼매』는 오위五位 사상의 핵심이기도 합니다. 『보경삼매』의 내용에 대하여 말씀해주시기 바랍니다.

答 동산오위洞山五位는 동산양개의 『보경삼매寶鏡三昧』, 『오위현결五位顯訣』로부터 그 연원을 찾을 수 있습니다. 이것은 앞서 살펴본 석두희천의 『참동계』에서 설명한 열린 관계와 닫힌 관계의 사상에 근거한 것으로서 그 연장 내지는 발전이기도 합니다. 이제 『참동계』의 이러한 사상의 흐름을 계승한 『보경삼매』와 『오위현결』의 내용에 대하여 말해보고자 합니다.

『보경삼매寶鏡三昧』 혹은 『보경삼매가寶鏡三昧歌』는 중국 선종의 오가칠종 가운데 소위 조동종의 개조인 동산양개가 저술한 것으로서 일종의 선리禪理를 운문시의 형태로 간략하게 서술한 것입니다. 이 제목에서 보여 주는 바 보경寶鏡은 비유이고 삼매三昧는 법입니다. 따라서 보경삼매는 달리 금강삼매金剛三昧, 그리고 『열반경』에서 말하는 조경삼매照鏡三昧와도 같은 의미를 내포하고 있습니다.

여기에서 보경삼매는 보배거울(寶鏡)이 영롱하게 비추어 꿰뚫는(照徹) 것과 같아서 일찍이 만상의 흔적을 남긴 적이 없는 모습입니다. 마치 추호의 의심이나 번뇌도 남아 있지 않는 명경지수 같은 본증本證의 비유입니다. 거울의 작용이 이처럼 묘심妙心으로써 오랑캐(胡)와 본토의 사람(漢)을 구별하지 않고, 좋음(好)과 싫음(醜)을 변별함에 있어서도 서로 어긋나지 않는 것을 보경삼매라 하였습니다.

우리의 마음도 순일무잡의 상태를 유지하게 되면 어느 것이나 있는 그대로 비추어 낸다는 것을 비유한 것입니다. 형체(形)와 그림자(影)는 본질과 현상으로서 같으면서도 다릅니다. 소위 전동全同이고 전별全別로서 열린 관계와 닫힌 관계의 구조입니다. 이 보경삼매의 인印을 받아 지니면 이른바 편정偏正·군신君臣·부자父子 등 공위功位의 일체를 아울러 비추어도 서로 방해가 없다고 하여 열린 관계의 보살행을 가지고 조동종에서는 자파의 참된 보경으로 삼은 것입니다.

이보다 앞서 석두희천은 『참동계』를 지어 참參과 동同이 서로 계합하는 논리로써 조동가풍의 열린 관계의 원천적인 도리를 설한 적이 있었습니다. 이제 동산양개가 그 도리를 이어받아 보경삼매의 뜻으로서 후학납자들을 지도하는 하나의 표준으로 삼기 위하여 그 이치를 널리 편 것이 본 『보경삼매』입니다.

이 『보경삼매』의 골자는 곧 첫머리의 여시지법如是之法입니다. 여시지법은 서천에서 동토로 불조께서 전승한 삼매입니다. 동산은 이른바 운암으로부터 친히 보경삼매의 인가를 받았다고 말하는데 바로 그것을 말합니다. 이 삼매가 지니고 있는 종지를 드러내기 위하여 94구 376언으로 운을 맞추어 이 한 편의 제목을 지었던 것입니다.

운암이 이 『보경삼매』를 지었다는 고금의 설도 있지만 결정코 동산의 저술임은 의심의 여지가 없습니다. 왜냐하면 동산 이전에는 결코 이러한 문체와 언변이 없었기 때문입니다. 하물며 편정偏正·군신君臣 등은 동산 이전에 그 어느 누구도 말한 적이 없기 때문입니다. 그 가운데 있는 어구들도 모두 과수오도게過水悟道偈와 같은 내용들이기 때문입니다.

이처럼 『보경삼매』는 고체시 형태의 게송으로서 그 의미는 동산 자신의 과수오도게過水悟道偈와 함께 앞서 언급한 석두희천의 『참동계』와 상통해 있습니다. 따라서 근본적인 내용은 정과 편이 상호간에 열려 있는 관계로서 묘지妙旨를 설한 것이지만 그와 함께 수행의 방법과 교화의 요체를 보여주고 있습니다.

그 도리를 서술함에 있어 법을 배열하면서 적절한 곳에 비유를 통해 접근하고 있습니다. 우선 제목에서 볼 수 있듯이 보경은 비유이고 삼매는 법인데 이와 같은 것을 법유합성法喩合成이라 합니다. 동산은 사람마다 보경을 구족하고 있다는 것을 본래부터 어리석지 않는 묘심妙心에 비유한 것입니다. 보寶는 존중한다는 뜻으로서 위없이 귀중하다는 의미이고, 경鏡은 허명하게 만상을 비추는 것이 털끝만치의 오차도 없는 것으로서 대원경지大圓鏡智를 일컫는 말입니다.

거울은 그 자체가 본래 아무것도 지니고 있지 않는 것이라서 때가 끼지 않는다면 전혀 호오好惡·미추美醜·취사取捨가 없습니다. 특히 동산이 든 보경의 비유는 이후 조동가풍 특히 굉지정각이 말하는 본증자각本證自覺이라는 중요한 주제의 상징이기도 합니다.

여기에서 언급하고 있는 은주발과 눈과 밝은 달과 해오라기는 모두 유사하면서도 같지 않고 서로 섞여 있으면서도 각기 제자리를 지키고 있다고 말합니다. 곧 평등하면서도 차별이요, 차별이면서도 평등한 도리를 설한 것으로서 여시如是의 묘법妙法을 나타냅니다.

그리고 대화취大火聚는 무엇이든지 태워 없애버리는 것을 비유하였습니다. 그러나 쉽게 부정할 수도 없고 쉽게 긍정할 수도 없는 언어도단과 심행처멸의 경지를 드러내 보였습니다. 나아가서 깜깜한 밤이 도리어 밝고 밝은 새벽이 어둡다고 표현한 것은 암중명이고 명중암으로서 현상이 곧 본체이고 본체가 곧 현상임을 말한 것입니다.

나아가서 보경을 영아의 오상五相·중리의 오성五成·지초의 오미五味·금강저의 오고五鈷는 각각 하나가 다섯이고 다섯이 하나라는 도리를 나타낸 것으로 일심이 만법이고 만법이 일심임을 가리킵니다. 그러나 그 논리적인 측면으로 보면 동산양개가 제시하고 조산본적이 체계화시킨 오위五位의 구체적인 설명에 해당합니다.

이와 같은 비유는 깨침을 추구하는 향상向上과 중생의 제도에 나아가는 향하向下에 자유자재하는 묘용의 극치였으나 아직은 사려분별의 모습이었습니다. 이제 허수아비와 석녀의 비유는 정식情識이나 분별이 아예 없는 무심의 묘용을 비유한 것으로 궁극적으로는 수행납자가 보살행을 실천해 나아가는 모습을 가리킵니다. 그래서 마지막 부분에서는 현실로 돌아와 즉 생활적인 일상생활에서의 묘용을 비유하였습니다.

이것이야말로 출세간의 불도가 현실 속에서 피어나 군신과 부자와 형제와 부부와 사제와 붕우 사이에 이루어지는 도리임을 역설합니다. 이것이 바로 여시지법如是之法의 법이연法爾然한 모습입니다.

이처럼 『보경삼매』는 그 명칭과 비유 속에 한결같이 오위사상을 내포하고 있습니다. 특히 다섯 가지 비유는 정과 편이 오위의 행태로 전개되는 원리를 나타낸 것입니다. 그러면서 『보경삼매』는 동산양개의 다른 게송인 『신풍음新豊吟』·『현중명玄中銘』·『오위현결五位顯訣』·『강요송綱要頌』·『공훈오위송功勳五位頌』 등과 함께 그의 철학적이고 형이상학적인 가르침에 대하여 사상에 그친 것이 아니라 그 저변에는 반드시 수행의 실천적인 측면을 강조하였습니다.

단순한 언어유희나 깨침의 기쁨을 토로하는 데에 그치는 게송이라면 그것은 하나의 문학작품에 불과합니다. 그러나 동산의 게송은 당시에 철학시哲學詩요 수도시修道詩의 금과옥조로서 수용되었습니다. 따라서 바로 자신이 깨친 오묘한 선리를 비유를 통하여 제자들에 대한 접화 및 수행의 지침으로 삼고 그것을 실천수행으로 이끌어갔다는 점에서 동산사상의 특징을 엿볼 수 있습니다.

40 『오위현결』

問 동산양개가 제시한 조동종의 기본적인 교의 가운데 편정오위偏正五位가 있습니다. 편정오위의 근본적인 바탕을 형성하고 있는 『오위현결五位顯訣』에 대하여 말씀해주시기 바랍니다.

答 동산양개는 불조의 혜명을 계승하는 수행방법의 하나로 오위라는 독특한 가풍을 제자인 조산본적에게 전수하고, 조산본적이 그것을 계승하여 하나의 사상으로 정립한 것이 이른바 편정오위偏正五位입니다. 이 편정오위는 조동종의 기본사상으로 정착되어 달리 조동오위曹洞五位라 불리기도 합니다. 이것은 조동종의 가장 중요한 교의 가운데 하나로서 수행인이 진리를 터득하는 행태를 정과 편을 각각의 측면을 다섯 항목으로 나타낸 것입니다.

그런데 이 오위에도 고래로부터 동산양개의 편정오위偏正五位와 공훈오위功勳五位, 그리고 조산본적의 군신오위君臣五位, 석상경제의 왕자

오위王子五位 등 네 종류가 설해져 있습니다. 이 네 종류의 오위는 모두 동산의 『오위현결』에 기초하여 나온 것들입니다. 곧 공훈오위와 편정오위는 같은 동산의 오위로서 편정오위가 열린 관계와 닫힌 관계의 역동적인 이론을 강조한 것이라면, 공훈오위는 그 실천적인 측면을 강조한 것입니다.

그런데 동산이 이 네 종류 오위의 근본인 『오위현결』을 창출하게 된 직접적인 의도로서는 자신이 지은 『보경삼매』 속의 편정회호偏正回互라는 용어의 의미를 보다 명확하게 해석하기 위한 것이었습니다.

이 『오위현결』의 내용은 현상과 본체, 그리고 현상과 본체의 열린 관계(回互)와 닫힌 관계(不回互) 등이 상징적으로 서술되어 있습니다. 따라서 이 오위의 뜻을 드러내어 수행자들의 안목으로 삼으려는 것이 동산의 의도였습니다. 이것을 기초로 한 오위사상은 이후 조동종의 근본적인 교의로서 대단히 활발하게 전개되었습니다. 심지어 임제종에서도 조동종에 못지않게 유행하였습니다.

한편 이와 같은 오위에 관한 저술이 우리나라에서는 고려시대 일연의 『중편조동오위重編曹洞五位』가 있습니다. 일연의 『중편조동오위』는 종래 유행하던 조동종의 오위사상의 집대성이라 할 만한 것으로 주목할 필요가 있습니다. 동산양개의 『오위현결』은 짤막한 내용입니다. 그러나 이에 대하여 조산본적은 해석을 가하여 『해석동산오위현결解釋洞山五位顯訣』을 내놓았습니다.

41 『삼종삼루』

問 한편 동산양개는 수행납자들이 잘못에 빠지는 것을 경계하기 위하여 노파심에서 『삼종삼루三種滲漏』라는 가르침을 보여주셨습니다. 그 구체적인 내용에 대하여 말씀해주시기 바랍니다.

答 동산이 다음과 같이 말했습니다.

말법시대에는 허툰 지식을 지닌 사람들이 많다. 그래서 어느 것이 진짜인지 가짜인지를 알려면 다음과 같은 세 가지 번뇌가 있는가를 알아야 한다. 첫째는 견삼루이다. 이것은 중생의 견해가 잘못을 벗어나지 못하여 독바다에 빠져 있는 것을 말한다. 둘째는 정삼루이다. 이것은 앞뒤도 분간하지 못한 치우친 견해로서 어설픈 지혜를 말한다. 셋째는 어삼루이다. 오묘한 도리를 궁구한다고 하면서도 그 근본종지를 잃어버리고 근본과 지말을 착각하는 것이다. 도를 닦는 납자들이 번뇌로 인하여 이 세 가지, 삼루를 벗어나지 못하는 줄을 알면 그 진위를 판별할 수가 있을 것이다.

이것이 소위 삼종삼루三種參漏, 三渗漏로서 동산양개는 수행납자들에게 제시하여 수행자가 빠지기 쉬운 폐풍을 세 가지로 경계한 것입니다.

첫째의 견삼루見渗漏는 자기 자신이 확실하게 존재한다고 생각하는 아견我見을 말합니다. 이것은 자신이 생각한 바를 지식에 근거하여 그것이야말로 확실한 진리의 기준이라고 믿어버려 온갖 판단의 근거로 삼아버리는 것입니다.

둘째의 정삼루情渗漏는 자신의 생각은 언제까지나 실재로 존재하는 것이라 간주하여 취사의 대립적인 사고방식으로 굳어지는 것입니다.

셋째의 어삼루語渗漏는 언어문자에 얽매여 언어문자를 능사로 간주하는 것입니다. 언어문자가 수단에 불과한 것인 줄 모르고 그것에 빠져 헤어나지 못하는 것입니다.

42 『삼종타』

問 조산본적은 오위사상에 대하여 동산양개의 선풍을 충실하게 계승하였습니다. 동시에 그것을 더욱더 세련되게 전개시켜 자신만의 독특한 선풍을 『삼종타』 등 몇 가지 교의를 중심으로 전개하였습니다. 이와 같은 조산의 교의에는 어떤 것들이 있는지 말씀해주시기 바랍니다.

答 조산본적의 교의에는 먼저 다음과 같은 『삼종타三種墮』가 있습니다.

조산본적이 다음과 같이 설법하였다.
"범부의 생각과 성인의 견해가 곧 쇠사슬과 같은 그윽한 길이다. 그러니 모름지기 그것을 잘 활용할 줄만 알면 그만이다. 대저 불조의 혜명을 올바르게 계승하려는〔正命食〕자라면 모름지기 삼종타三種墮를 갖추어야 한다. 첫째는 털을 뒤집어쓰고 뿔을 받아 태어나는 것, 곧 축생으로 태어나는 보살의 변역생사變易生死이다〔披毛戴角, 沙門

墮). 둘째는 소리와 색깔 등 감각세계를 배제하지 않은 채 그대로 자유롭게 수용하는 것이다.(不斷聲色, 類墮, 隨類墮). 셋째는 음식을 받아먹지 않는 것, 곧 나한이 되어 분별심을 내지 않는 것이다(不受食, 尊貴墮)."

그러자 조포납稠布衲 스님이 물었다. "피모대각披毛戴角이란 어떤 것입니까?"

조산이 말했다. "그것은 사생육도의 부류에 들어가 이류중행(異類中行·和光同塵·拖泥帶水)하는 것이다."

또 물었다. "부단성색不斷聲色이란 어떤 것입니까?"

조산이 말했다. "외부대상의 경계에 지배되지 않는 것이다."

또 물었다. "불수식不受食이란 어떤 것입니까?"

조산이 말했다. "자신이 존귀하다는 상을 내어 본분사를 아는 것이다."

이 삼종타三種墮는 조산이 학인에게 제시해 준 세 가지 수행방식으로 일종의 기관機關입니다. 여기에서 타墮는 빠진다는 뜻이 아닙니다. 일체에 걸림이 없는 무애자재한 지혜이고 능수능란한 수완을 말합니다.

그래서 첫째의 피모대각의 사문타沙門墮는 중생세간에 몸을 던져 중생제도에 몰입하는 것입니다. 사문이 지위나 어떤 깨침의 경지에 구속되는 것이 아니라 그것을 초월하여 어떤 중생이라도 수순하여 더불어 자유를 터득하는 것입니다.

둘째의 부단성색의 수류타隨類墮는 감각의 육진 경계에 집착을 끊고 어떤 절대적인 경지를 추구하는 것도 아니며 회피하는 것도 없이 지각을 초월한 자유를 터득하는 것입니다.

셋째의 불수식의 존귀타尊貴墮는 여기 불수식不受食에서 식食은 자기의 본분사를 가리키는 것입니다. 납자의 본분사인 상구보리 하화중생을 지각하고 그것에 집착도 없는 본래면목과 본지풍광을 말합니다. 자신의 신분을 초월하여 일체중생과 더불어 노닐 수 있는 자유로운 본분입니다.

43 『오위군신지결』

問 조산본적은 동산의 오위사상을 나름대로 정리하고 그것을 군신君臣의 관계를 통하여 오위사상을 실천적인 입장으로 승화시켰습니다. 임금과 신하의 상호관계를 어떻게 설정하였는지 말씀해주시기 바랍니다.

答 조산본적에게는 또한 『오위군신지결五位君臣旨訣』의 가르침이 있습니다. 『오위군신지결』은 동산의 오위사상에 대하여 조산본적이 오위의 관계를 쉽게 비유하여 군신의 관계로 내세운 것입니다. 나아가서 정과 편 및 정중편과 편중정과 겸대에 대한 명확한 이해를 제시하였습니다. 따라서 여기에서 군신은 주체와 객체이고, 이치와 현상이며, 정과 편이고, 이상과 현실이며, 부처와 중생이며, 밤과 낮이며, 묵默과 조照이고, 음陰과 양陽이며, 깨침과 수행이고, 좌坐와 선禪이며, 신身과 심心이고, 지止와 관觀이며, 공空과 묘妙이고, 정靜과 동動이며, 이離와 미微이고, 위位와 공功입니다. 조산의 이와 같은 노력의 결과 비로소 동산의 오위는

체계성을 구비하게 되었습니다. 그 내용은 다음과 같습니다.

한 수행자가 조산에게 『오위군신지결』에 대하여 물었다.
조산이 말했다. "정위는 곧 공계에 해당하는 것으로서 언설로 표현할 수도 없고 개념으로 파악할 수도 없는 본래무물이다. 편위는 곧 색계에 해당하는 것으로서 삼라만상의 형상이다. 정중편은 이치의 입장을 통해서 현상의 세계를 파악해 나아가는 것이다. 편중정은 현상의 입장을 통해서 이치의 입장을 파악해 나아가는 것이다. 겸대는 그윽한 진리가 온갖 현상의 사물에 조응하는 것으로서 온갖 갈래(諸有)에 떨어지지 않는 것이다. 그래서 오염된다거나 청정해진다거나 올바르다든가 치우친다든가 하지 않는 것이다. 때문에 겸대는 확 트이고 그윽한 대도로서 반야종지에도 집착하지 않는다. 그리하여 예로부터 선덕들은 이 겸대위를 가지고 가장 오묘하고 가장 그윽한 것으로 삼았다. 그러니 모름지기 자세히 살펴 알아야 할 것이다. 이제 이와 같은 오위군신을 각각 군과 신의 관계에 비추어 보면 다음과 같다. 여기에서 임금은 정위에 해당하고, 신하는 편위에 해당하며, 신하가 임금을 향해 떠받드는 것은 편중정이다. 임금이 신하를 향해 명령을 내리고 보살펴주는 것은 정중편이다. 임금과 신하가 함께 의기투합하여 정사를 펼치는 것은 겸대어이다."
그러자 한 출가자가 물었다. "여기에서 임금이란 무엇을 말하는 겁니까?"

조산이 말했다. "덕이 오묘하기는 하늘처럼 드높고 위엄이 고명하기는 허공과 같이 밝은 것이다."

"신하란 무엇을 말하는 겁니까?"

조산이 말했다. "총기가 뛰어나서 임금의 덕을 크게 드날려 올바른 지혜로 중생을 이롭게 하는 것이다."

"신하가 임금을 향해 떠받드는 것이란 무엇을 말하는 겁니까?"

조산이 말했다. "온갖 다른 것을 넘보지 않고 오로지 임금을 향해 정성을 다하는 것이다."

"임금이 신하를 향해 명령을 내리고 보살펴주는 것이란 무엇을 말하는 겁니까?"

조산이 말했다. "임금의 오묘한 모습은 작용함이 없으면서도 그 덕화가 결코 부당하게 치우치지 않는 것이다."

"임금과 신하가 함께 의기투합하여 정사를 펼치는 것이란 무엇을 말하는 겁니까?"

조산이 말했다. "서로가 혼연일체가 되어 내외가 없고 서로가 화평하게 융합하여 상하가 평등한 것이다."

조산이 다시 말했다. "여기에서 말하는 임금(君)과 신하(臣), 그리고 진리(正位)와 현상(偏位) 등이 서로 어울리고 향상(向上)과 향하(向下)의 행위가 결코 중도를 범하려는 것은 아니다. 때문에 신하가 임금을 언급하더라도 감히 그것을 배척하지 않는 것이 바른 도리이다. 이것이 우리 가풍의 근본종지이다."

그리고는 이에 다음과 같이 게송을 지어 말했습니다.

참학인이라면 모름지기 먼저 자기가풍의 종지 알아서　學者先須識自宗
반야의 진리와 무기공을 뒤섞이게 혼동해서는 안된다　莫將眞際雜頑空
묘명을 찾으려는 것이야말로 진리에 저촉되는 것이니　妙明體盡知傷觸
인연이 닿으면 닿는대로 중도를 미주알고주알 말지니　力在逢緣不借中

한번 꺼냈던 말은 더 이상 떠벌려서도 안되는 것이니　出語直敎燒不著
자신의 행동은 늘상 조용하게 하여 고인과 같이 하라　潛行須與古人同
주체 없고 객체만 있다면 그것 분별 초월한 것이지만　無身有事超岐路
객체도 없고 또한 주체도 없는 것은 주객의 분별이네　無事無身落始終

44 『사종이류』

問 조산은 수행납자가 오해하기 쉬운 몇 가지 교의를 창출하여 그것으로 지도하였습니다. 그 가운데 『사종이류』라는 것이 있는데 구체적으로 무엇을 의미하는지 말씀해주시기 바랍니다.

答 조산본적에게는 달리 『사종이류四種異類』라는 글이 있습니다. 곧 조산본적이 수행납자를 위하여 제시한 네 가지 경계를 말합니다. 이류異類는 중생이 깃들어 살고 있는 일체의 세간을 말합니다. 곧 수행납자가 어떤 세간에 태어나더라도 그곳에 집착 없이 깨침을 터득해야 할 것을 강조한 가르침입니다.

첫째는 왕래이류往來異類입니다. 온갖 중생세간을 자유롭게 변역생사變易生死로 왕래하는 것입니다.

둘째는 보살동이류菩薩同異類입니다. 보살이 자신을 깨우치고 나면 그 능력으로 이류세계에 태어나 그곳의 중생을 깨침으로 이끌어가는 자리이타의 보살행의 경계입니다.

셋째는 사문이류沙門異類입니다. 출가의 본분사를 밝혀서 어느 경지에도 구애되지 않는 헌헌대장부의 경지를 터득하는 것입니다.

넷째는 종문중이류宗門中異類입니다. 자신의 터득한 향상의 경지에 안주하지 않고 집착도 없으며 자유자재한 작용을 구사하는 것입니다.

45 『팔요현기』

問 조산은 오위의 개념을 정리하고 오위를 해석하기 위하여 기본적인 여덟 가지 용어를 주창하였습니다. 그 『팔요현기八要玄機』는 대단히 철학적인 의미가 강하기 때문에 특히 용어에 대한 정의를 세밀하게 알아둘 필요가 있습니다. 『팔요현기』의 낱낱의 용어에 대한 해석을 말씀해 주시기 바랍니다.

答 조산은 『팔요현기』를 지어서 오위사상의 기본적인 개념을 정리하였습니다. 그의 스승 동산은 『보경삼매寶鏡三昧』 및 『오위현결五位顯訣』에 의한 오위사상의 교리 이외에도 많은 가송歌頌을 남기고 있어 후학들을 위해 작위적作爲的인 가르침을 폈습니다. 이에 대하여 조산은 동산의 『오위현결』에다 주석을 붙인 『축위송逐位頌』 이외에 동산의 교리를 잘 해명하여 그 스스로가 그 해명에 의해서 후학들을 의심이 없는 경지로 이끌어나가고 있는 것을 평생의 임무로 삼았습니다.

그 좋은 접화방법이 바로 『팔요현기八要玄機』라는 것입니다. 소위 『팔요현기』는 조산의 교화방편에 있어서 오위와 삼종의 타와 사종의 이류와 더불어 가장 특징적인 것입니다. 그래서 실로 조동종의 교의가 동산과 조산을 중심으로 형성된 것은 바로 조산의 이『팔요현기』에 형식적인 구조를 응축하고 있기 때문입니다. 곧 조산의 『팔요현기』란 말 그대로 여덟 가지 현묘한 기관機關을 의미합니다. 기관은 공안의 구조를 설명함에 있어서 그 공안의 체계화를 가장 잘 나타내고 있는 용어 가운데 하나입니다. 따라서 여덟 가지의 현묘한 기관이란 곧 회호回互・불회호不回互・완전宛轉・방참傍參・추기樞機・밀용密用・정안正按・방제傍提입니다.

첫째, 회호回互는 저것(彼)과 이것(此)이 서로 융통하기 때문에 저것 속에 이것이 들고 이것 속에 저것이 들어 저것과 이것이 되고 이것이 저것이 되는 도리입니다. 그래서 회호는 곧 열린 관계이기도 합니다.

둘째, 불회호不回互는 저것(彼)과 이것(此)이 각각의 존재로서 저것은 저것이고 이것은 이것일 뿐입니다. 곧 각각이 완연한 자기만의 영역과 속성을 유지하고 있는 것으로 상호간에 교류되지 않는 입장입니다. 그래서 불회호는 곧 닫힌 관계이기도 합니다.

셋째, 완전宛轉은 회호의 관계에 있기도 하고 불회호의 관계에 있기도 하는 등 자유자재의 경지입니다. 곧 저것은 저것이면서 동시에 이것이 되고 이것은 이것이면서 동시에 저것이 되는 도리입니다.

넷째, 방참傍參은 그윽한 진리의 세계를 차별적인 현상 속에서 현상의 측면만을 취해서 나타내는 도리입니다.

다섯째, 추기樞機는 현상으로 나타나는 작용의 근본으로서 주체적인 측면으로만 나타내는 도리입니다.

여섯째, 밀용密用은 주도면밀周到綿密하고 몰종적沒踪跡한 작용으로서 객체적인 입장의 측면을 나타낸 원리입니다.

일곱째, 정안正按은 진리를 추기樞機의 상태 그대로 현성시켜 내세우는 원리입니다.

여덟째, 방제傍提는 진리를 일상의 차별현상 속에서 원리적인 측면으로만 은밀하게 나타내는 원리입니다.

이러한 기관은 곧 조산이 학인을 접득하고 지도하는 기관 곧 가르침의 수단으로 사용한 것입니다. 곧 스승이 학인의 근기에 응하여 가장 적절한 방식으로 대하는 기관문機關門을 말합니다. 실로 동산의 선법이 살아 전해질 수 있는 것은 바로 조산의 공적에 기인한 바가 큽니다.

46 운거도응의 조동종지

問 조동종의 종지는 동산양개와 조산본적의 이름에서 유래한 것입니다. 그렇지만 후에 그 법맥은 실제적으로 운거도응을 통해서 전개되어 왔습니다. 운거도응의 선풍은 무엇인지 말씀해 주시기 바랍니다.

答 조동종은 후대에 그 법계상으로는 조산본적의 계통이 아닌 운거도응의 흐름으로 전개되어 갑니다. 곧 사상의 골자는 동산양개와 조산본적의 것이었지만 그 법계는 동산양개와 운거도응의 법맥이었습니다. 그리고 고려 초기에 한국에 전래된 조동종의 선법이 대부분 운거도응의 법맥이라는 것은 익히 알려져 있습니다.

운거가 동산과 처음 행한 문답이 『동산록』에는 취미翠微와 운거雲居의 문답으로 실려 있는데 『전등록』과 『조당집』에서는 취미와 운거의 문답이 아니라 취미와 어느 한 출가수행자와의 문답으로 되어 있기 때문에 그것이 꼭 운거의 문답이라고 만은 할 수 없습니다. 그러나 동산과 운거의 물음 속에서 운거가 취미에게서 왔다는 것만은 분명합니다. 이미 동산을 참하기 전에 취미에게서 3년 동안 참선수행을 쌓은 바탕에서 이루어진 문답으로서 『동산록』에는 이것을 포함하여 도합 10차례의 문답과 임종에 이르러 한 사미를 통해 운거에게 전언傳言한 내용이 들어 있습니다. 이 문답들을 보면 대체적으로 향상向上의 진리와 몰종적沒蹤跡한 수행과 주도면밀한 실천 등이 나타나 있습니다.

운거의 설법에 주로 나타난 내용은 첫째는 몰종적沒蹤跡과 주도면밀한 수행입니다. 둘째는 제일의제第一義諦와 본래무일물本來無一物한 본증本證입니다. 셋째는 직하승당直下承當과 현성공안現成公案의 체험입니다.

첫째의 몰종적과 주도면밀한 수행을 들 수 있습니다. 동산을 참하고서 주고받은 다음과 같은 대화가 있습니다.

동산이 물었다. "그대의 이름이 무엇인가?"
운거가 아무개라고 이름을 말하니 동산이 다시 물었다.
"향상向上의 입장에서 다시 말해 보라."
운거가 말했다. "향상向上의 입장에는 아무개라고 이름할 것이 없습니다."

향상사向上事의 입장에서는 그 무엇으로도 형언할 길이 없는 언어도단言語道斷의 경지라서 설령 무슨 이름을 말했다고 해도 그것은 한낱 이름에 불과한 것입니다. 운거라는 명칭은 구름이 잠시 머물다 가는 것처럼 공허한 두 글자를 빌어 나타난 것에 지나지 않습니다. 그래서 모름지기 자신이 스스로 그 자체가 되지 않으면 안 되는 것입니다.

출가수행하는 마음자세는 불도를 이루는 것이고, 불도를 이루는 것은 자기를 이루는 것이며, 자기를 이루는 것은 자신을 잊는 것이고, 자신을 잊는 것은 만법을 증득하는 것이며, 만법을 증득하는 것은 자기의 신심身心 및 타인의 신심身心까지도 탈락하는 것입니다. 따라서 자기의 일체를 걸고 수행하는 입장에서는 그만큼 치열하지 않을 수가 없습니다. 이처럼 고심참담하게 수행하는 데에는 물론 그 집착을 두어서는 안 된다는 것을 말하고 있습니다.

여기에서 언급되는 이야기에 영양靈羊이 있습니다. 영양靈羊은 영양羚羊으로서 영靈과 영羚은 호환되는 글자입니다. 영양은 잠을 잘 때에 다른 동물로부터 습격을 피하기 위해서 자신의 뿔을 나뭇가지에 걸치고 매달려 있으면 아무런 흔적도 남지 않아 안전하게 잠을 잘 수 있다는 동물입니다. 마찬가지로 수행에 있어서도 수행이라는 종적마저도 남겨두지 않는 것을 운거는 이렇게 표현하고 있습니다.

이야말로 몰종적하고 주도면밀한 행태를 잘 말해주고 있습니다. 달리 순 돌뿐인 산에서 초목이 어디에서 자라겠는가 하는 물음에 대하여 본래 완전한 것이어서 손대지 않으면 도리가 어긋남이 없다고 말합니다. 그러나 거기에 어떤 조작을 가하면 공연한 일이 되어버려 곧 어긋나고 만다고 말합니다.

이것에도 운거 나름대로 진리에 대한 태도가 엿보입니다. 곧 크게 긍정하는 사람과 크게 부정하는 사람의 차이에 대해서 말하자면 마치 향상사向上事마저도 쓰레기같이 여기는 것처럼 공훈에 떨어지지 않는 것과 또한 자기의 몸이 있다고 보아 그 공훈에 떨어지는 것과의 차이라고 간주하는 것입니다. 이점에서도 운거는 동산의 의도를 이어받고 있습니다. 이 밖에도 향상사에 대하여 제아무리 현묘한 경우라 하더라도 거기에 미치지 못한다는 것이라고 하면서 마음의 번뇌를 끊는 데에는 모든 반연을 다 쉬어버려야 하며, 우두법융牛頭法融이 선종의 제4조 대의도신大醫道信을 친견하기 전에는 유루의 번뇌가 있었지만 친견한 후에는 완전히 번뇌를 여의었다고도 말합니다. 그리하여 그 몰종적하고 주도면밀한 수행에 끝까지 방일하지 말 것을 당부하고 있습니다. 다음과 같은 내용이 있습니다.

> 운거가 병석에 눕게 되자 같은 설법을 하였다. "그대들은 이제 멀고 가까움은 대강 알고 있을 것이다. 그리고 살고 죽는 일은 늘상 있는 일이니 과히 걱정을 하지 말라. 못을 끊고 무쇠를 자르는 굳은 신념으로 불법을 어기지 말고, 나고 죽음에 임해서도 불법을 저버리지 말라. 마땅히 번거롭게 하지 말고 제각기 해결하도록 하라."

이처럼 자신의 수행에 철저할 것은 자신뿐만이 아니라 제자의 접화 방식에 있어서도 마찬가지였습니다.

둘째로 본래무일물과 같은 제일의제에 있어서도 철저한 본증의 입장에 근거하고 있습니다. 세존이 설산에서 6년을 고행한 것도 스스로 드러나 있는 뜻을 세우려는 것이었지 그 밖의 무엇에 의지하려는 것이 아니었다고 말합니다. 이것은 일찍이 무엇을 얻었다든가 본래 중생이었다가 부처가 되었다는 등의 내용이 아니라 모두가 중생구제의 방편으로서 모습을 나타내고 각각의 근기에 맞추어 시설한 화현으로서의 수행자였다고 합니다. 그래서 어느 것이 조사의 뜻이고 어느 것이 중생의 뜻이고 하는 분별이 따로 있을 수가 없다는 것입니다.

운거의 기지가 엿보이는 대목입니다. 진제의 입장에서 보면 모든 것이 조사의 뜻입니다. 굳이 경전상의 어구를 인용하여 그것이 조사의 뜻이라고 한다면 그것은 운거 자신의 위선이 될 뿐입니다. 세존의 고행苦行과 달마의 면벽面壁과 혜능의 답대踏碓의 수행이 아니더라도 바로 운거 앞에 펼쳐지고 있는 동산과의 문답 속에 조사의 뜻이 담겨 있음을 말해 줍니다.

셋째로 이러한 근거 위에서 운거는 다시 그것이 진리로서만 내재되어 있는 것이라면 크게 도움이 되지 않음을 알고 있었습니다. 그래서 그것을 우리의 눈앞에 현전시키는 체험이 필요함을 역설합니다. 그래서 바로 그 자리에서 체득하고 인정하는 것이 만법에까지 두루 퍼져가야 함을 가리켜 진리가 우뚝 솟아 현현해 있건만 면전에 있는 바로 그것을 알아차리지 못할 뿐이며, 또한 온 세상이 다 진여 아님이 없다고도 합니다.

법성은 원융하여 각각 나름대로의 진리를 최대한도로 만끽하고 있다는 것이 법계의 성품이고 보면 어느 시간, 어느 장소, 어느 상황 아래에서도 진여를 만날 수가 있습니다. 그래서 저 동산의 오도송에서는 가는 곳마다 그 진리를 터득한다고 말합니다. 이에 흔히 막상 지나버렸다고 생각하기 쉬운 과거의 상황도 마찬가지로 항상 현전해 있다는 것은 운거의 사상에도 여실하게 나타나 있습니다.

달마가 출현하기 이전에도 여전히 지금 그 자리에 있었음을 말합니다. 또한 과거의 지나버린 겁을 이끌어내어 문답하면서 다만 과거가 과거라는 시간상의 끝이 아니라 어디까지나 진리를 표출하고 있는 전체로 간주하여 바로 그 자리에서 터득하는 직하승당直下承當의 도리를 함께 일깨워 주고 있습니다. 앞서 말한 바 있는 운거 말년의 부촉에 있어서도 나타나 있듯이 시간상의 멀고 가까움은 일상의 생사만큼이나 항상하는 것이어서 거기에 얽매이지 않아야 함을 말합니다. 이것은 실제로 생활 가운데에서 현성해 있는 진리를 어떻게 활용하느냐에 따라 좌우될 것입니다. 그것은 바로 다음의 예에 나타나 있습니다.

어떤 거사가 한 수행자에게 물었다.

"저희 집에는 솥이 하나 있는데 평소에 떡을 찌면 세 사람이 먹기에도 부족하지만 그것을 천 사람이 먹으면 남습니다. 이것을 스님은 어찌 생각하십니까?"

그 출가자가 대꾸하지 못하자 대신 운거가 말했다.

"다투면 세 사람이 먹어도 부족하지만 양보하면 천 사람이 먹어도 남는다."

이것은 운거가 말한, "불법이 아무리 많다손 치더라도 행해야 좋은 것입니다. 다만 마음이 곧 부처임을 알면 부처의 말을 모른다고 근심할 필요가 없습니다. 만약 이와 같은 일을 알고자 하건대 모름지기 이와 같이 행하는 사람을 알아야 합니다. 그래서 그 사람을 알게 된다면 무슨 근심이 있으랴"라고 말한 것에서 더욱 분명해집니다. 또한 운거에 대한 그의 성품을 말해 주고 있는 내용으로서 다음과 같은 것이 있습니다.

운거스님은 물외종사物外宗師이다. 이 땅에서 일곱 번 태어나 선지식이 되었는데, 도덕이 고매하고, 지혜가 넓고 깊었으며, 대자비를 갖추고 항상 천 명의 승을 거느렸다. 제자들에게 가르치기를, "다만 마음이 부처라는 것만 알면 되지 부처에 대해 근심할 필요는 없다. 이 말을 모르는 자는 오늘날 학인들이 오로지 밖으로만 향해 구할 뿐이다. 그들은 다만 대승의 말을 배울 뿐 그것을 자신의 마음으로 되돌이켜 천진불天眞佛을 밝히지 못하는 사람들이다. 만약 이 마음이 부처라는 것을 알게 되면 자연지自然智와 무사지無師智가 현전한다. 어찌 수고로이 밖을 향해서 배우겠는가"라고 하였다.

이것은 바로 현재 있는 모습 그대로가 진리라는 현성공안現成公案의 입장에서의 견해를 누구나 지금 지니고 있는 그 마음이 곧 부처라는 말로 대치하고 있을 뿐입니다. 그리하여 안으로 살펴 각자의 천진불을 현현시키는 것이 요구되고 있습니다.

제4부 북조선의 형성

47 묵조선의 출현

問 9세기에 동산양개와 조산본적의 선풍을 바탕으로 형성된 조동종은 당, 오대, 송을 통해 면면히 계승되어 갔습니다. 조동종파에서는 당대 말기에 종파가 성립된 이후 약 300여 년이 지난 북송 말기부터 남송 초기에 걸쳐 소위 묵조선이라는 새로운 수행방식이 출현하였습니다. 그 중심에 있었던 굉지정각과 진헐청료에 대하여 말씀해 주시기 바랍니다.

答 당나라 시대에 형성되고 전개된 조사선은 날로 발전하여 선사상의 극한까지 도달하였습니다. 이에 시대가 흘러감에 따라 조사선의 가풍은 새로운 국면을 맞이하였습니다. 그것은 조사선의 변용으로서 중세시대 인간성의 자각에 걸맞는 새로운 패러다임을 도출하는 것이었습니다. 그것은 곧 수행의 방식으로 나타났습니다. 따라서 조사선의 수행가풍은 송대에 이르러 기존의 관법 위주의 방식으로부터 탈피하여 간화선과 묵조선의 수행방식을 창출하게 되었습니다. 이것은 일종의 수행테크닉이

기도 합니다.

이 가운데 묵조선 수행의 직간접적인 발단은 단하자순의 제자들에게서 발견됩니다. 우선 굉지정각宏智正覺과는 법형제 관계에 있었던 진헐청료眞歇淸了에게서 찾아볼 수 있습니다.

진헐은 굉지와 함께 단하자순丹霞子淳의 제자로서 당시 설봉산에 주석하면서 묵조선풍을 크게 드날린 것으로 알려져 있습니다. 진헐의 어록은 그의 「탑명塔銘」에 의하면 두 가지가 세상에 유행했다고 합니다. 하나는 『겁외록劫外錄』으로서 현존하는 자료이고, 다른 하나는 설봉산 주지 때의 어록인 『일장록一掌錄』이라는 것이 있었다고 하나 지금은 전하지 않습니다.

『겁외록』이라는 명칭이 보여주고 있듯이 진헐의 종풍은 겁외라는 말로 가장 잘 대변됩니다. 이것은 송대 조동종지를 표방하고 전승해 온 종풍을 나타낸 말이기도 합니다. 시간의 초월을 의미하는 겁외의 종풍은 세계가 성립하기 이전이요 분별의식이 생기기 이전을 나타내는 위음나반威音那畔과 공겁이전空劫已前의 소식을 곧 바로 깨쳐 아는 것을 말합니다.

진헐청료(眞歇淸了, 1088~1151)의 이름은 청료淸了이고 법호는 진헐眞歇입니다. 진헐이라는 말은 그 스스로를 지칭한 말로서 자기의 종풍을 가리킨 말이기도 합니다. 곧 진헐은 편안하게 쉰다는 뜻으로 깨침을 의미합니다. 이것은 곧 묵默을 참된 휴헐休歇로 교묘하게 표현한 것이기도 합니다.

진헐의 깨침의 기연도 단하자순에게 참했을 때에 '공겁이전의 자기'라는 물음을 통하여 촉발되었습니다. 이 진헐의 묵默이야말로 곧 겁외의 종풍을 잘 나타내주는 말입니다. 진헐이 주장한 가르침은 묵조선의 특징이기도 한 현성공안現成公案을 다음과 같이 주장하였습니다.

> 현성공안은 남에게서 구할 것이 아니다. 그대 자신과 나 자신이 곧 현성공안이다. 따라서 보고 듣는 것이 그대로 현성공안의 진실이고, 소리와 색이 그대로 현성공안의 진실이며, 움직임이 그대로 현성공안의 진실이고, 말하는 것과 침묵이 그대로 현성공안의 진실이다. 그러니 일상행활의 견見 · 문聞 · 각覺 · 지知가 그대로 현성공안의 순수진리 아님이 없다.

나아가서 묵조적인 성격을 나타내는 허영적묘虛靈寂妙한 사상을 "텅 비어 있으되 신령스럽고 고요하나 오묘하다. 그리하여 밝음이 널리 두루하니 거울에 비추는 듯하다"고 제창하였습니다. 이처럼 진헐은 묵조의 의미가 포함된 주장 이외에도 그의 성품 자체가 참으로 계교가 없는 천진스러운 모습이었습니다. 그는 학인의 물음에 의거하여 믿음직한 말로 설하고 말에는 걸림이 없이 자연스러워서 마치 물위에 바람이 스치는 것과 같았고 남들을 위해 진실한 견해와 진실한 설법만 하는데 진력

하였습니다. 이와 같은 진헐청료의 선풍과 더불어 묵조선의 형성에 본격적이고 주체적인 역할을 한 인물이 굉지정각(1091~1157)이었습니다. 그의 행장은 다음과 같습니다.

굉지정각(宏智正覺, 1091~1157)은 성은 이李씨이고 이름은 정각正覺으로서 중국 산서성 습주현에서 1091년에 태어났습니다. 아버지는 이행도李行道이며, 어머니는 조趙씨였습니다.

7세부터 불교책을 읽었고, 11세에 고향에 있던 정명사淨明寺의 본종대사本宗大師에게 출가하였습니다. 14세에 산서성 임분현의 진주에서 자운사慈雲寺의 지경대사智瓊大師에게서 구족계를 받았습니다. 18세에 여러 곳을 유행하면서 숭산의 소림사에서 하안거를 지내고 가을에는 하남성 임안현의 여주에서 관음선원의 고목법성枯木法成에게 공부하였습니다. 고목법성은 부용도해芙蓉道楷의 법을 잇고 향산에게 출세한 선사입니다. 고목법성의 나이 38세 때입니다. 거기에서 고목법성의 법형인 단하자순丹霞子淳이 하남성 등현에 있는 단하산의 서운사棲霞寺에서 널리 교화를 펴고 있다는 소문을 들었습니다. 단하자순이 단하산에 출세한 것은 1104년 그의 나이 41세 때였습니다. 굉지는 고목법성에게 오래 머무르지 않고 스승의 권유에 따라 단하자순에게 나아갔습니다.

23세에 굉지는 그 문하에서 『법화경』의 "부모에게서 물려받은 청정한 육안으로 삼천대천세계의 안팎에 있는 모든 산과 숲과 강과 바다를 보는데 아래로는 아비지옥阿鼻地獄으로부터 위로는 유정천有頂天에 이르기까지 두루 본다. 또한 그 가운데 일체중생과 그들의 업과 인연과보로 태어나는 곳을 다 보고 다 안다"는 부분에서 깨침을 터득하였습니다. 굉지의 깨침은 곧 공겁이전의 자기에 대한 것이었습니다. 25세에 단하자순을 따라 대홍산大洪山에 나아가 교화에 힘썼고, 27세 때 스승 단하자순이 입적하였습니다.

31세 때 굉지의 법형인 혜조경예慧照慶預가 서주의 태평흥국선원으로부터 와서 대홍산의 제6세가 되었을 때 굉지는 대홍산의 수좌首座가 되었습니다. 32세 때 여산원통사廬山圓通寺에 머무르고 있던 천제유조闡提惟照의 가르침을 받았습니다. 천제유조는 부용도해의 제자로서 굉지에게는 법숙法叔에 해당합니다. 33세 때 진헐청료가 있는 장로산에 나아가 제일제자인 수좌首座가 되었습니다. 34세 때 안휘성 봉양부 사주의 대성보조선사大聖普照禪寺에서 상당설법을 하였습니다. 37세 때 서주 태평흥국선원太平興國禪院에서 상당설법하였고, 강주여산의 원통숭승선원圓通崇勝禪院에서도 상당설법을 하였습니다.

38세 때 강주의 능인선사能仁禪寺에서 상당설법을 하였고, 진주 장로산 숭복선원崇福禪院에서 상당설법을 하였습니다. 이곳에서 묵조사상의 근간이 되는 『묵조명默照銘』을 찬술하였습니다. 39세 때 금나라의 침공으로 진주 장로산 숭복선원崇福禪院을 물러나 진헐청료가 주지하고 있던 보타락가산으로 향했지만, 당시 주지가 비어 있던 천동산天童山에 들어가 주지가 되어 상당설법을 하였습니다.

　48세 때 칙지勅旨를 받고 임안부의 영은사에 머물렀지만 불과 1개월여 만에 다시 천동산에 돌아왔는데, 이로부터 입적 때까지 천동산의 주지로 머물렀습니다. 66세 때 아육왕사의 제19세 주지로 있으면서 대혜종고大慧宗杲를 추천하였고, 67세 때 10월 8일 입적하자 14일에 장례를 치렀습니다. 그 이듬해 1158년 정월에 대혜종고가 굉지정각의 진영眞影에「천동굉지노인상찬天童宏智老人像贊」을 지었습니다. 1158년에 굉지정각선사宏智正覺禪師라는 시호가 내려졌고, 1159년에는「굉지선사묘광탑비宏智禪師妙光塔碑」가 건립되었습니다.

　이와 같은 굉지정각의 묵조선의 사상적 기반은 우선 달마의 '이입사행二入四行'에서 말하는 심신深信, 우두종에서의 좌선관 곧 절관絶觀에 기초한 본래자연 내지 본래본연, 그리고 무심無心에 기초한 무물無物에서 찾을 수 있습니다. 또한 소위 달마로부터『능가경』을 전승한 일군의 계보를 일컫는 능가종楞伽宗의 수행에서 수일심守一心 내지는 수본진심守本眞心도 본심의 구비라는 입장에서 그 맥을 같이 하고 있습니다. 특히 조계혜능의 제자였던 하택신회荷澤神會는 염불기념不起와 견본성見本性을 내세웠는데 이것은 신회가 반야바라밀을 강조하여 지知를 통한 정定의 수修가 혜慧를 초래한다는 입장을 강조하고 있습니다. 그것은 이미 정定으로부터 혜慧를 얻는 단계적인 수행이 아니라 불지佛智의 작용이 정定에 그대로 드러나 있는 것을 의미합니다.

바로 이와 같은 사상적인 계보를 충실하게 계승하여 굉지정각은 묵조선이라는 수행방식을 체계화시켰습니다. 북송에서 남송시대로 이어지는 무렵에 당시 선종계는 당대唐代의 생기발랄한 선기를 점차 상실하고 종파화된 입장에서 이전시대의 답습으로 타성화되어가고 있었습니다. 이러한 선종계에 굉지는 새롭게 묵조선이라는 선수행의 방식을 제창하여 당시의 간화선과 더불어 선풍을 크게 진작시켜 나아갔습니다.

굉지는 조동종지를 새로운 묵조선이라는 선법의 주창으로 그 의의를 부각시켰습니다. 특히 조동종의 경우 동산양개의 법을 이은 운거도응의 아래에서 동안도비 – 동안관지 – 양산연관 – 대양경연 – 투자의청 – 부용도해 – 단하자순 – 굉지정각 등으로 이어지는 법통의 상속은 특히 부용도해로부터 다시 융성을 보였습니다.

이러한 시대에 굉지는 천동산을 중심으로 그 자신의 독특한 교화를 펼쳤는데 그것이 묵조의 수행이라는 가풍으로 전개되어 나아갔습니다. 묵조라는 말을 가지고 자기의 선풍을 고취시킨 것은 바로 굉지정각이었습니다. 굉지가 묵조라는 말에 의해서 드러내려고 한 것은 묵默에 있어서의 무분별과 조照에 있어서의 지知의 자각이었습니다.

그의 『묵조명』에 나타나 있는 묵조默照는 묵默과 조照로 나누어 생각해 볼 수 있습니다. 여기에서 묵조가 일여하게 될 때가 바로 묵조선의 현성이었습니다. 이것은 본증의 현성 내지는 자각의 의미입니다. 때문에 묵조선의 구조는 본증자각을 설하고 있는 것으로서 그 중점이 바로 깨침의 세계 곧 불의 세계에 맞추어져 있습니다. 본증의 자각이기 때문에 그 깨침으로 이끌어 나아가는 방법과 수행이 구분되어 있지 않습니다. 묵묵하게 좌선을 할 때에 그대로 투탈透脫된 깨침의 세계가 현현합니다. 그 세계는 새로운 것이 아니라 자신이 원래부터 도달해 있는 세계입니다.

이와 같이 묵조는 묵默으로서의 좌선의 수修와 조照로서 현성된 증證을 달리 보지 않고 증證이 본래부터 구족되어 있음을 설하고 있습니다. 곧 그 묵조의 도리가 가장 잘 함축되어 있는 것은 『묵조명』입니다. 『묵조명』은 묵조선의 본의를 서술한 짤막한 글입니다. 이것은 굉지가 39세 (혹은 40세) 때 천동산에 머무르고 있을 때에 찬술된 것입니다. 내용은 당시 단하자순의 문하에서 진헐 등을 중심으로 일반적으로 행해지고 있던 묵조 수행에 대하여 굉지가 개인적으로 묵조선의 특징을 현창하기 위하여 이전부터 전승해 내려온 조동의 가풍을 응용하여 자기 수행의 성격을 묵조에 맞추어 드러낸 것입니다. 때문에 『묵조명』 속에는 묵조의 관계가 조동의 기본적인 교의인 오위五位의 열린 관계〔回互〕와 닫힌 관계〔不回互〕에 근거하여 나타나 있습니다.

『묵조명』은 4언 72구 288자로 구성되어 있습니다. 이 속에서 굉지는 법法과 비유比喻와 그 속성屬性과 공능功能을 자유자재하게 활용하여 한 편의 고운 비단을 짜내듯이 묵조의 의의를 토해내고 있습니다. 마치 조화옹造化翁이 삼라만상을 만들어내듯 걸림 없이 기묘하고 심오한 모습을 일상의 자연물과 언설을 곁들이고 있습니다. 그리하여 온갖 양념과 재료가 뒤섞인 산채 비빔밥과 같은 모습으로 한 편의 글을 엮어내고 있습니다. 곧 시비분별을 떠난 그윽한 진리의 모습은 묵默을 통해 은근하게 비유로 나타나고, 하나도 감추어진 것이 없이 본래의 모습 그대로 진리를 표현한 현성의 공능은 조照를 의지하여 있는 모습 그대로 드러나 있습니다. 묵과 조의 용어를 각각 이제 10회씩 활용하여 묵조의 작용作用과 묵조의 정체正體와 묵조의 현성現成을 드러내고 있습니다.

우선 묵조에 대한 속성을 두 가지로 나타내어 묵조가 지니고 있는 공능을 세 가지로 표현하여 묵조가 지니고 있는 작용을 보여 주고 있습니다. 묵조의 작용을 앞세운 것은 묵조의 묵默이 단순히 적묵 내지 고요만을 의미하는 것이 아님을 말해 주고 있습니다. 이미 묵조는 처음부터 한 순간도 쉬지 않고 어느 곳에서나 작용하고 있음을 나타낸 것입니다. 그러나 이 작용은 묵을 통한 조로, 그리고 조를 통한 묵으로 작용하고 있기 때문에 묵과 조가 어우러지지 않은 곳에서는 묵조의 작용이 간파되지 않습니다.

다음으로 이와 같은 작용이 바탕하고 있는 그 정체가 무엇인지를 나타내고 있습니다. 여기에서 묵조의 작용은 다름 아닌 묵은 좌선의 묵이고 조는 깨침의 조라는 것을 설명하고 있습니다. 따라서 묵은 침묵의 묵이면서 동시에 몸으로 올바른 자세로 앉아서 행하는 좌선의 묵입니다. 곧 언설로 말하면 지언至言으로서 언어 표현의 극치이고, 몸의 행위로 말하면 좌선삼매에 들어 있는 가부좌의 모습 그대로입니다. 조는 본래부터 작용하고 있는 진리의 모습을 드러내는 것이면서 동시에 묵을 통해서 나타나는 깨침의 빛입니다. 그래서 조는 묵을 제대로 묵이게끔 하는 조로서 온갖 세계에 널리 응하면서 방편에 떨어지지 않는 묘용妙用으로서의 조입니다.

이와 같은 묵조의 정체는 단순히 정체라는 속성으로만 남아 있는 것이 아닙니다. 정체이면서 어디에나 드러나 있는 진리의 현성으로서의 정체입니다. 이것을 현성공안現成公案이라 합니다. 곧 묵조는 묵과 조의 작용과 정체가 서로 열린 관계[回互]와 닫힌 관계[不回互]를 통하여 그것을 자각으로 현성시켜 놓고 있습니다. 그 묵조가 현성하는 모습은 조동종가曹洞宗家의 본래모습으로서 작용으로 말하면 허공신虛空神처럼 자유자재하고, 그 정체로 말하면 화씨和氏의 옥玉이 함유하고 있는 본래의 빛깔처럼 응연부동凝然不動하여 동즉정動卽靜합니다.

이처럼 묵조의 작용과 정체와 현성이 제각각이면서도 모두 서로를 거스르지 않는 중도中道의 규구規矩에서 한 치도 벗어나지 않는다는 것에 묵조의 가치와 의의가 있음을 피력하고 있습니다. 따라서 묵조의 종가에서는 어설픈 교리나 수행을 드러내어 남에게 강요하거나 선전할 필요가 없습니다. 중도의 진리를 아는 사람이면 누구나 와서 자각을 통하여 깨침을 얻어 가면 됩니다. 종가의 묵조에 대한 대단한 자긍심이 물씬 배어 있습니다.

48 『묵조명』

問 묵조선의 기본적인 이념을 담고 있는 『묵조명』은 어떤 것인지 말씀해 주시기 바랍니다.

答 『묵조명默照銘』의 제목에 있는 묵默이라는 글자는 그 형태를 보면 깜깜한 밤에 개 한 마리가 무슨 영문인지도 모르고 짖어대는 모습으로서 무자각의 상태이고, 조照라는 글자는 일日과 소召와 화火를 모아 놓은 형태로서 어둠에서 벗어나 밝은 광명으로 나아간다는 자각의 뜻입니다. 이것은 묵은 조가 바탕이 되어야 하고 조는 묵이 바탕이 되어야 함을 단적으로 보여주는 것이기도 합니다. 법法으로 말하자면 좌선하는 사람이 삼매에 들어가서 부처님의 경계에 안주하는 것입니다. 그 모습은 마치 혓바닥으로 입의 천정을 떠받치고 있어 아무런 말도 하지 않고 있는 언어도단의 상태를 묵默이라 한 것입니다. 이것이 몸에 배어 좌선 속에서 산란과 혼침이 없이 요요상지了常知하여 자기의 본래광명으로 가득

차 있는 것을 조照라 합니다. 이와 같은 묵과 조를 감각과 몸과 마음으로까지 체험하는 것을 감각탈락感覺脫落이요 신심탈락身心脫落이라 합니다.

이와 같은 묵조의 경지는 『대반열반경』의 "제불 세존은 정定과 혜慧를 골고루 익혀서 밝게 불성을 보아 요요了了하게 걸림이 없다."라는 설명이 여기서의 묵(定)과 조(慧)입니다. 범어 사마타奢摩他는 정定의 의미로서 산란散亂에 빠지지 않는 것입니다. 곧 일체 번뇌를 멸하는 것이고, 제근諸根의 악惡과 불선不善을 조복調伏하는 것이며, 삼업이 적정한 것이고, 오욕을 여의는 것이며 삼독을 청정케 하는 것을 말합니다. 또한 범어 비발사나毘鉢舍那는 혜慧의 의미로서 혼침昏沈에 빠지지 않는 것입니다. 곧 생사의 악한 과보를 관하는 것이고, 모든 선근을 증장하는 것이며, 일체의 번뇌를 파괴하는 것입니다. 『금강경』에서 말한 세존의 여시지如是知라는 것은 정定의 의미이며, 여시견如是見이라는 것은 혜慧의 의미입니다. 동산양개는 이것을 정正과 편偏이라 불렀으며, 조산曹山이 말한 "정위공계正位空界 본래무물本來無物"은 묵默의 경계로서 한 티끌도 일어나지 않는(一塵不立) 것이며, "편위색계偏位色界 유만물형有萬物形"은 조照의 경계로서 한 티끌도 숨어있는 것이 없이 다 드러나 있는 상태를 말합니다.

묵과 조는 도리를 설할 때에는 두 모습이지만 이에 안주할 때에는 분별이 없어 마치 "종이에 인쇄되는 것은 동시이지만 그것을 읽는 데에는 전후가 있다.(印紙同時 讀時前後)"는 것과 같습니다. 이렇게 부합되어 있는 것을 삼매三昧 또는 삼마지三摩地라고 합니다. 이것을 조동의 교의 가운데 오위五位의 위차位次로 말하자면 제5위에 해당하는 겸중도兼中到의 지위입니다. 또한 필경에는 불불조조佛佛祖祖가 적적상승嫡嫡相承한 대법大法으로서 반야회상般若會上에서의 여래의 삼매왕삼매三昧王三昧에 들어 초조初祖로부터 28전傳한 보리달마菩提達摩의 응주벽관凝住壁觀 범성등일凡聖等一의 결가부좌입니다. 이것을 명銘으로 서술한 것이 『묵조명』입니다.

명銘은 경계警戒의 뜻으로 후인을 훈계한다는 뜻이 내포되어 있습니다. 이 『묵조명』도 정전正傳의 삼매에 안주한 자에게는 마찬가지의 의미가 내포되어 있습니다. 마명조사馬鳴祖師가 『대승기신론』에서 "마음의 본성이 일어나지 않으면 이것이 곧 대지혜광명大智慧光明의 뜻이다. 만약 마음이 견見을 일으키면 그것은 곧 불견不見의 상相이 된다"고 말한 것에서 본성이 일어나지 않는다는 것은 묵默의 뜻이고, 그 다음 대지혜광명은 조照의 뜻입니다. 그리고 만약 마음이 견見을 일으킨다는 것은 묵조에 어두운 것을 지적한 것입니다.

또한 마명馬鳴이 말한 "마음의 본성이 견見을 여의면 이것이 곧 법계를 두루 비춘다는 뜻이다. 만약 마음이 움직인다면 그것은 참된 식지識知가 아니다"는 것에서 마음이 견見을 여읜다는 것은 묵默의 뜻이고, 법계를 두루 비춘다는 것은 조照의 뜻입니다. 그리고 만약 마음이 움직인다면 그것은 참된 식지識知가 아니라는 것은 묵조에 어두운 것을 지적한 것입니다.

따라서 굉지는 『좌선잠』에서 말하기를 "부처님의 요기要機와 조사의 기요機要는 닿지도 않고 알고 상대하지도 않고 비춘다"고 했는데, 위의 부처님의 요기要機와 조사의 기요機要라는 것은 불조를 들어 묵조의 증거로 삼은 것이고, 닿지도 않고 안다는 것은 묵默이며, 상대하지도 않고 비춘다는 것은 조照입니다. 이와 같은 의미를 함축적으로 담고 있는 『묵조명』의 내용은 다음과 같습니다.

묵묵망언默默忘言	몸으로 조용히 좌선하고 침묵하는 곳에
소소현전昭昭現前	본디부터 진리는 분명하게 드러나 있다
감시확이鑒時廓爾	그래서 그윽하게 비추어 보면 분명하나
체처영연體處靈然	체험하는 본래의 자리 언제나 그윽하다
영연독조靈然獨照	신령한 본래자리 그윽히 홀로 비추는데
조중환묘照中還妙	그 비춤 속에 오묘한 작용 나타나 있다
노월성하露月星河	언설은 밤의 달과 은하수처럼 분명하고
설송운교雪松雲嶠	눈에 덮인 솔과 구름 낀 봉우리와 같다
회이미명晦而彌明	그래서 어두울수록 더욱 밝게 드러나고
은이유현隱而愈顯	감출수록 더욱 분명하게 드러나 보인다
학몽연한鶴夢煙寒	잠든 학이 아니면 추운지 알지 못하고

수함추원水含秋遠	가을이 되어야만 곧 물길을 알 수 있다
호겁공공浩劫空空	좌선하는 사람의 공덕은 영겁에 공하고
상여뇌동相與雷同	더불어 삼라만물도 모두다 공을 받는다
묘존묵처妙存默處	침묵의 좌선에 오묘한 작용이 들어있고
공망조중功忘照中	관조하는 마음에 대공은 집착을 잊었다
묘존하존妙存何存	그러면 묘한 존이란 어떻게 존재하는가
성성파혼惺惺破昏	곧 성성적적하여 어둠 벗어난 경지이다
묵조지도默照之道	좌선의 침묵과 관조가 드러내는 법도는
이미지근離微之根	입식과 출식의 이미에 대한 근본이라네
철견이미徹見離微	이에 출입식의 이미의 도리를 철견하면
금사옥기金梭玉機	마치 금 및 옥으로 만든 북과 베틀처럼
정편완전正偏宛轉	본질과 현상의 정편 원만하게 작용하고
명암인의明暗因依	근원과 지말의 명암이 제각각 의지한다
의무능소依無能所	의지하면서도 제각각 능과 소가 없는데
저시회호底時回互	그러한 때야말로 정편이 열린 관계이다
음선견약飮善見藥	그러한 도리일랑 마치 선견약을 마시고
과도독고檛塗毒鼓	도독고를 치는 모습과 똑같이 닮았다네
회호저시回互底時	나아가서 정편이 열린 관계일 경우에는
살활재아殺活在我	살활의 오묘한 작용 모두 내 손에 있다
문리출신門裡出身	제법에서 번뇌를 벗어나 향상에 이르면

지두결과枝頭結果	가지마다 열매 맺듯이 매사에 자유라네
묵유지언默唯至言	좌선의 침묵은 도리어 지극한 언어이고
조유보응照唯普應	관조의 작용은 널리 대천세계에 응한다
응불타공應不墮功	조는 만물에 응해도 무공용의 상태이고
언불섭청言不涉聽	묵은 언설을 마주해도 자유롭게 듣는다
만상삼라萬象森羅	이러한 묵조의 경지는 삼라만상이 모두
방광설법放光說法	광명을 내어서 설법하고 설법을 들으며
피피증명彼彼證明	서로 제각각 시비를 증명하고 초월하며
각각문답各各問答	끊임없이 제각각 진여의 삼매 문답한다
문답증명問答證明	서로가 문답해주고 증명하는 그 모습은
흡흡상응恰恰相應	조금도 어그러짐이 없이 맞게 상응한다
조중실묵照中失默	때문에 관조에 좌선하는 침묵이 없으면
편견침릉便見侵凌	이에 팔만사천의 번뇌에 침범을 받는다
증명문답證明問答	또한 제각각 증명하고 문답하는 작용이
상응흡흡相應恰恰	한치의 어긋남도 없이 딱맞게 상응한다
묵중실조默中失照	그래서 좌선의 침묵에 조가 결여된다면
혼성잉법渾成剩法	어지럽고 쓸데없는 망상에 빠지고 만다
묵조이원默照理圓	좌선하는 침묵과 관조의 도리 원만하여
연개몽교蓮開夢覺	마치 연꽃이 피고 꿈을 깨는 것과 같다
백천부해百川赴海	크고작은 강물이 모두 바다로 모여들고

천봉향악千峰向岳	작은 봉우리가 큰 산을 향하는 것 같다
여아택유如鵝擇乳	또한 거위왕이 순수하게 우유만 마시고
여봉채화如蜂採花	벌이 면밀하게 꽃에서 꿀 따는 것 같다
묵조지득默照至得	이에 좌선에서 묵조의 극치를 터득하면
수아종가輸我宗家	마침내 우리 본래고향에 도달한 것이다
종가묵조宗家默照	본래고향을 디딘 좌선의 침묵과 관조는
투정투저透頂透底	최고 정상부터 최저 바닥까지 다다른다
순야다신舜若多身	그 경지는 꼭 허공신처럼 자유자재하고
모다라비母陀羅臂	관음보살이 갖고 있는 천수천안과 같다
시종일규始終一揆	작용으로 보면 처음과 끝이 일여하지만
변태만차變態萬差	그 변화의 모습으로 보면 천태만상이다
화씨헌박和氏獻璞	침묵의 관조는 화씨의 구슬과 똑같지만
상여지하相如指瑕	관조의 침묵은 인상여의 지적과 똑같다
당기유준當機有準	대기에 따라서 기준은 제각각 다르지만
대용불근大用不勤	대용은 저절로 완전하여 움직임이 없다
환중천자寰中天子	근엄한 모습 마치 천자처럼 위엄스럽고
새외장군塞外將軍	늠름한 모습 변방의 장군처럼 당당하다
오가저사吾家底事	좌선하는 우리의 침묵과 관조의 가풍은
중규중구中規中矩	중도의 규범과 법도 제대로 들어맞는다
전거제방傳去諸方	이에 우리의 묵조는 제방에 전해져서도

불요잠거不要賺擧 결단코 납자를 함부로 기만하지 않는다

1. 묵묵망언默默忘言 몸으로 조용히 좌선하고 침묵하는 곳에
2. 소소현전昭昭現前 본디부터 진리는 분명하게 드러나 있다

 제1·2구는 『묵조명』의 총서總序로서 묵조의 내용을 종합적으로 보여주고 있습니다. 이것을 『굉지록』에서는 "묵묵하여 정신이 맑고 기운이 청아하다"고 말합니다. 이것은 순수아인 불성이 분별사려가 끊긴 곳에서 고요하게 드러난 상태로서 정신이 맑고 깨끗한 경지입니다. 그래서 오직 그것을 체험적으로 맛볼 뿐이지 그것을 언설로 설할 수가 없습니다. 실로 달마선의 골수 그대로입니다.

 묵묵망언默默忘言은 만법과 아가 일여가 되면 삼세제불의 설법이라도 억지가 되기 때문에 굳이 말을 필요로 하지 않는 것입니다. 그래서 소소현전昭昭現前은 제법의 실상이 진진찰찰에 털끝만큼도 숨음이 없이 나타나 있는 것입니다. 이것이 곧 굉지에게 있어 묵조의 현성現成, 그것입니다. 이것은 삼매속에서 맛보는 밝디밝은 경험입니다.

3. 감시확이鑒時廓爾 그래서 그윽하게 비추어 보면 분명하나
4. 체처영연體處靈然 체험하는 본래의 자리 언제나 그윽하다

앞의 제1·2구가 총서로서 묵조의 의의를 말했다면 제3·4구는 총서에 대한 구체적인 주석입니다. 감鑑은 경鏡으로서 사물을 비추어보는 작용이고, 확이廓爾는 명랑하게 맑게 개인 새벽녘의 하늘과 같은 상태입니다. 따라서 감시확이는 소소현전한 대주관이 객관의 사물에 상대하여 명랑하게 나타나는 모습입니다. 이것은 주主로서의 심心의 묘용을 설한 것입니다. 여기에서 체는 주관 그 자체로서 심이 그 자체의 생생하고 불가사의한 상태입니다.

감시확이의 감시는 회광반조하는 때인데, 여기서의 때[時]라는 것은 과거와 현재와 미래를 초월한 때입니다. 이른바 경전에서 말하는 "한 찰나의 마음이 반야에 상응하여 삼세의 법을 깨치고 나면 곧 그것이 다름 아닌 대갑大甲의 현전이다."와 같은 경우입니다.

체처영연의 체는 신身으로서 사대육근과 팔만모공의 모두를 가리키고, 체처는 체가 존재하는 진시방세계 모두를 가리킵니다. 그 체처가 신령스럽다는 것은 체처가 불가사의하고 불가칭량하다는 것입니다. 그래서 확연하게 묵조로써 비추어 볼 때에는 티끌 하나 없이 묵이 이루어내는 조의 경지가 그대로 나타나 있습니다. 확이는 용用으로서 삼천대천세계를 가루로 부셔버리는 것이고, 영연은 체로서 십세고금十世古今에 걸쳐 몰파비沒巴鼻한 것입니다.

5. 영연독조靈然獨照 신령한 본래자리 그윽히 홀로 비추는데

6. 조중환묘照中還妙 그 비춤 속에 오묘한 작용 나타나 있다

제5구는 영연靈然한 세계를 설명한 것입니다. 그리하여 독조獨照는 단지 유일무이한 하나의 광명이라는 뜻입니다. 제6구는 그 광명세계가 나타내는 불가사의한 모습을 서술한 것입니다. 그러나 영연한 심의 광명세계는 "일심이 일어나면 만법에 허물이 생긴다"는 말처럼 상대관념에 계박되지 않은 순수한 심心의 광명은 만법을 남김없이 모두 비추기 때문에 피차의 대립이 없어 우주는 유일한 광명만의 세계일 뿐입니다. 그러나 그 광명의 세계에 존재하는 사물은 상호감에 표리를 이루어 융통무애한 관계를 지니고 있습니다.

영연독조는 묵조가 비사량으로서 조照할 때에는 아래로는 지옥으로부터, 그리고 위로는 아가니타의 정상에 이르기까지 진시방세계에 아무것도 볼 수 없고 다만 한 줄기 광명뿐이므로 독獨이라 하는 것입니다. 그 한줄기 광명속에 도리어 불가사의한 경계가 있습니다. 그 불가사의의 경계는 감시확이하는 작용 속에서만 훤칠하게 드러나 있습니다.

조중환묘는 영연독조와 같은 상황속에서 다시 묘妙의 진시방세계가 정안正按으로 나타나기 때문에 묘라 한 것입니다. 이러한 모습이 이하에서는 비유로써 설명되고 있습니다.

7. 노월성하露月星河 언설은 밤의 달과 은하수처럼 분명하고

8. 설송운교雪松雲嶠 눈에 덮인 솔과 구름 낀 봉우리와 같다

　제7구는 풀잎에 하늘의 달이 잠들어 있듯이 어려비치고 무수한 별이 나열하여 은하에 목욕하는 광경입니다. 제8구는 하얗게 뒤덮인 눈 위에 푸른 소나무가 우뚝하게 서 있고 안개 자욱한 곳에 높은 산봉우리가 홀로 솟아 있는 광경입니다. 제7구는 밤이고 제8구는 낮입니다. 따라서 노월성하는 조중환묘의 모습이 마치 풀잎 끝의 이슬이 달을 머금고 별들이 은하에서 목욕하는 것처럼 아름다움을 비유한 것입니다.

　설송운교는 또한 솔가지에 쌓인 눈과 산을 덮은 하얀 구름처럼 깨끗함을 비유한 것입니다. 이것이 곧 묵조의 소소현전의 모습으로서 어느 것 하나 감춤이 없이 가식도 없이 그냥 나타나 있는 모습은 묵조의 좌선 속에서만 가능합니다. 위의 제7구 노월성하와 제8구 설송운교는 묵조의 방참傍參을 형용한 말입니다.

9. 회이미명晦而彌明 그래서 어두울수록 더욱 밝게 드러나고
10. 은이유현隱而愈顯 감출수록 더욱 분명하게 드러나 보인다

　제9구는 제7구 노월성하의 속성을 설명한 것이고, 제10구는 제8구 설송운교의 속성을 설명한 것입니다. 『참동계』의 "어둠 속에 밝음이 있고"와 "밝음 속에 어둠이 있다"는 것이고, 『보경삼매』의 "밤이 대낮처럼 밝고"와 "새벽이 어둡다"는 것과 동일한 설명방식입니다.

회이미명은 영연독조하는 공능이 열린 관계(回互)와 닫힌 관계(不回互)의 경계를 자유로이 현전시키는 공능을 지니고 있음을 말한 것입니다. 그리하여 그 모습은 어두워도 더욱 밝아 명과 암의 열린 관계(回互)로 나타납니다.

은이유현은 숨어도 훤히 드러나는 경지로서 위의 회이미명과 더불어 열린 관계(回互)의 소식을 말해줍니다. 그래서 끝내는 열린 관계(回互)와 닫힌 관계(不回互)의 완전宛轉으로 나타나 있습니다.

이것은 명암이 합일되고 정편이 불이不二한 것입니다. 그러니 스스로 파악할 것이지 곁엣 사람조차도 헤아릴 수가 없는 것을 말합니다. 마치 벙어리가 꿈을 꾸는 것과 같고 봉사가 꿈속에서 눈을 뜬 것과 같습니다. 그래서 묵조의 탈체현성脫體現成한 속성을 말한 것으로서 오위의 위로 비교하자면 겸대의 밀용입니다. 만약 그것을 『보경삼매』의 오미자로 비유하면 쓴맛 속에 단맛이 있고 단맛 속에 쓴맛이 있다는 의미입니다. 이 회명과 은현을 다음에서는 비유로 설명하고 있습니다.

11. 학몽연한鶴夢煙寒 잠든 학이 아니면 추운지 알지 못하고
12. 수함추원水含秋遠 가을이 되어야만 곧 물길을 알 수 있다

제11구 안개 속에서 잠들어 춥다는 것은 차갑고 따뜻한 것과 어둡

고 밝은 것이 남아 있다는 뜻이고, 제12구 가을이라서 투명하게 깊이 비춘다는 것도 역시 마찬가지의 뜻입니다.

그러나 세존의 삼매를 가섭이 알지 못하고, 가섭의 삼매를 아난이 알지 못합니다. 마찬가지로 학이 안개속에 잠들어 있는 것에 대하여 제삼자가 그 춥고 따뜻함을 알지 못하고, 물이 가을이라서 투명하게 물속 깊이까지 비추는 것에 대해서는 오직 가을이 되어 봐야 알 수 있는 법입니다. 학의 춥고 따뜻함은 학 이외에는 알지 못합니다(晦). 그러나 그것은 명백한 사실(明)로 확인되지 않으면 안 됩니다. 이와 같이 회晦와 명明이 상즉하여 불리不離의 관계에 있음을 말합니다. 이러한 경지에 이르러서는 정情과 비정非情을 초월하고 작作과 무작無作을 투과하는 것입니다.

학몽연한은 회이미명과 은이유현의 경지를 비유한 것으로서 그 모습은 마치 학이 꿈속에서 안개 때문에 추워하는 모습으로서, 곧 직접 학의 입장이 되어보지 않으면 학을 이해하지 못한다는 것입니다.

수함추원은 또한 시냇물은 가을날처럼 가뭄이 되어봐야 그 물이 마르지 않는 샘 깊은 물인지 알 수가 있습니다. 이에서 학과 물의 비유는 굉지에게 있어서 묵이상조默而常照하는 묵조의 방참傍參을 말한 것으로서 곧 굉지 자신의 모습을 형용한 용어로 자주 등장하고 있습니다.

이상은 묵과 조의 관계에 대하여 종횡으로 상관관계에 있음을 말한 것입니다. 다음부터는 묵조의 공능(功德)에 대한 설명입니다.

13. 호겁공공浩劫空空 좌선하는 사람의 공덕은 영겁에 공하고
14. 상여뇌동相與雷同 더불어 삼라만물도 모두다 공을 받는다

제13구의 호겁은 한량없는 시간을 가리킵니다. 곧 까마득한 대겁을 말하는 것으로서 경전에서 말하는 "아미타불의 광명은 그 밝기가 끝이 없다. 그래서 겁후무수겁劫後無數劫 그리고 무수겁중복무수겁無數劫重複無數劫 그리고 무수겁무앙수無數劫無央數토록 끝끝내 어둠이 없다."는 무수겁과 같습니다. 공공은 그것이 가이없다는 의미로서 과거 현재 미래에 걸친 무제한의 시간입니다. 곧 공공이란 『대품반야경』의 20공 가운데 하나로서 일체법공으로서 그 공도 또한 공한 것을 말합니다.

상여뇌동은 뇌성이 원근에 울려퍼져 사람들의 꿈을 깨운다는 의미입니다. 그래서 위의 영연독조와 조중환묘는 시간적으로는 호겁에 통하고 공간적으로는 공공에까지 통하는 밀용密用과 방참傍參을 겸대한 속성을 지니고 있음을 말하고 있습니다.

뇌동의 두 글자는 마치 우레가 치면서 소리를 내면 만물이 동시에 그것에 응한다는 의미로서 위의 호겁공공과 함께 묵조의 속성을 말한 것입니다. 도가道家의 『도인경度人經』에서 말한 애시당초의 호겁이란 바로 이것을 가리킨 것인데, 그것은 뜻은 한량없는 겁이라는 뜻입니다. 뇌동이라는 말은 유교경전에서 나온 말로서 우레치는 소리가 십 리 밖에까지 들리는 것을 말합니다.

따라서 위의 호겁공공과 상여뇌동은 법의 대의입니다. 이러한 삼매에 안주하게 되면 거기에서 나오는 공덕은 끝없는 과거로부터 끝없는 미래에 이르기까지 일체군생의 미몽을 각성시키는 것이 마치 뇌성과 같아서 각각의 안목을 일깨우는 것을 비유한 것입니다.

따라서 제13·14구는 무한한 시간과 무한한 공간에 묵조삼매의 공능이 보급되어 사람들의 미몽을 일소하고 신심身心을 명정하게 하여 해탈시킨다는 뜻입니다.

15. 묘존묵처妙存默處 침묵의 좌선에 오묘한 작용이 들어있고
16. 공망조중功忘照中 관조하는 마음에 대공은 집착을 잊었다

그러나 그 공능은 무아로 행해집니다. 여기에서 말하는 묘는 공능의 주체입니다. 주체로서의 묘는 확이한 공(默) 속에 있으므로 존存이라 해도 볼 수 있는 것이 아닙니다. 이것이 곧 유有이면서 무無한 존재입니다. 그래서 그 공용도 또한 오직 일광명으로만 비추기 때문에 어떤 조작도 어떤 과장이나 자랑도 없습니다. 그 경지가 불가사의하기 때문에 굳이 묘라 말하는 것입니다. 또한 부처는 설법에 있어 단멸상斷滅相을 설하지 않았는데 그것을 굳이 존存이라 말하는 것입니다. 공功은 조작에 속합니다. 그러나 허명虛明하고 자조自照하여 심력心力을 들이지 않기 때문에 망忘이라 합니다.

묘존묵처는 앞의 조중환묘에서와 같이 묘는 말이나 생각으로 도달하지 못하는 묵처에서 나타나는 묘이므로 조금도 공功에 걸리지 않습니다. 말하자면 묵이묘默而妙입니다. 그리고 공망조중은 조照로 나타나는 공功이건만 그 조는 공을 잊은 조이므로 어떠한 조작으로도 엿볼 수가 없는 경지입니다. 곧 묵 가운데에 나타나는 조의 묘는 조 그 자체로 완전한 것이라서 일체의 공능에 의지하지 않는 독조獨照입니다.

17. 묘존하존妙存何存 그러면 묘한 존이란 어떻게 존재하는가
18. 성성파혼惺惺破昏 곧 성성적적하여 어둠 벗어난 경지이다

묘의 존재상태는 어떤 모습인가 하면 그것은 성성한 마음에 광명이 드러나 혼미한 어둠이 사라진 존存입니다. 그래서 묘존하존은 위의 묘존묵처에서 묵처에 존存하는 묘는 어떠한 격별도 없는 존재입니다. 곧 묘용으로 나타내어 있기 때문입니다.

그와 같은 구체적인 모습으로 형용되는 성성파혼은 단지 성성하게 마음에 광명이 생기면 그대로 혼침의 어둠이 사라지는 것일 뿐이지 어둠과 광명의 상대적인 성성일 수 없는 것입니다. 묵의 묘존이기 때문에 그것은 바로 조의 공능을 통하기 때문입니다.

19. 묵조지도默照之道 좌선의 침묵과 관조가 드러내는 법도는

20. 이미지근離微之根 입식과 출식의 이미에 대한 근본이라네

　　이미 성성하여 번뇌를 끊은 자기라면 그 출식出息 (微)과 그 입식入息 (離)에 눈꼽만치도 오염되지 않습니다. 이것이 곧 출식이 중연衆緣에 얽매이지 않고 입식이 온계蘊界에 머물지 않는 소식입니다. 따라서 묵조지도는 이 묵과 조는 그대로 보리이므로 묵조의 도는 바로 정과 혜를 균등히 하여 불성을 밝게 보는 것을 의미합니다. 경전에서는 이 근거로서 지와 관을 함께 수행하라고 말합니다. 그 치우침이 없는 지관수행은 바로 좌선의 밀용密用으로서 묵조의 근본이 이미離微에 있음을 말한 것입니다.

　　이미지근의 이離와 미微는 『보장론』에서 자세한 설명을 하고 있습니다. 그 요체는 곧 "입리入離와 출미出微는 입리를 알면 밖의 대상에 의지할 바가 없고, 출미를 알면 안으로 마음에 행할 바가 없다. 안으로 행할 바가 없으니 모든 견해에 영향을 받지 않고, 밖으로 의지할 바가 없으니 만유에 부림을 당하지 않는다. 따라서 생각이 고요하여 모든 견해에 영향을 받지 않으니 적멸하여 부사의하다. 그러므로 본래의 청정한 체성은 이미로부터 나온다. 입入에 의거하기 때문에 이離이고, 용用에 의거하기 때문에 미微이다."는 뜻입니다.

　　이것은 본래 천태의 『육묘문』 가운데 수식隨息에 관계되는 말로서, 입식 때에 "지금 숨을 들이마신다"라고 알면 외부의 육진이 마음에 의지할 틈이 없고, 출식 때에 "지금 숨을 내쉰다"라고 알면 내부의 사온四

蘊이 움직일 틈이 없어집니다. 이곳이 바로 지극묘세한 장소로서 색·수·상·행·식의 오온으로 나뉘어지기 이전입니다. 그렇기 때문에 입리와 출미를 안다면 외부의 육진과 내부의 사온四蘊이 아我로부터 곧 벗어나게 됩니다.

반야다라의 설법 가운데 "숨을 들이쉴 때에도 모든 반연에 따르지 않고, 숨을 내쉴 때에도 온계에 머물지 않습니다. 그래서 항상 이와 같이 백천 만억 권의 경전을 굴리지만 실은 한 권도 굴리지 않습니다."에서 "숨을 들이쉴 때에도 모든 반연에 따르지 않고"는 출미이고, "숨을 내쉴 때에도 온계에 머물지 않습니다."는 입리로서 출도 입도 모두 왕삼매의 유희입니다.

그리고 보리달마가 혜가를 위하여 설법한 "밖으로는 모든 반연을 끊고 안으로는 마음에 헐떡거림이 없어 마음을 방벽과 같이 해야만 도에 들어갈 수 있다"고 말한 것도 "밖으로는 모든 반연을 끊고"는 출미出微이고 "안으로는 마음에 헐떡거림이 없다"는 것은 입리入離입니다. 따라서 이 이미離微는 묵조의 방참傍參으로 나타난 묘용입니다.

21. 철견이미徹見離微 이에 출입식의 이미의 도리를 철견하면
22. 금사옥기金梭玉機 마치 금 및 옥으로 만든 북과 베틀처럼

밖으로는 만유의 유혹에 미혹되지 않고 안으로는 망상의 미몽이 끊

어진 이상 금사金梭와 옥기玉機의 작용에 의하여 직물이 짜여지듯 엮어져 있는 우리네 인생이라는 한 필의 비단은 어떤 모습이겠습니까. 조동의 금수錦繡와 묵조의 문채文彩는 설령 천 명의 부처님이 출세한다 해도 그 가치를 알 수가 없습니다. 앉아서 육묘문을 잊는 그 자리에서 하는 생각은 무엇이겠습니까. 부처도 접근하지 못하고 조사도 접근하지 못합니다. 이러한 경지가 곧 철견徹見의 시절입니다. 미微가 움직이기로는 북(梭)과 같고, 이離가 고요하기로는 베틀(機)과 같습니다. 이 베틀과 북으로 말미암아 조동曹洞이라는 비단은 만들어지는 것입니다.

그 비단의 문채는 염오에 속하지 않는 것으로서 오색五色・오위五位・오불五佛・오지륜五智輪입니다. 어떤 때는 미륵의 손아귀에서 솟아나기도 하고, 어떤 때는 문수의 머리 위에 기어오르기도 합니다. 그래서 승조는 "미微를 철견하는 것이 불이고, 이離를 아는 것이 법이다."고 말했습니다.

철견이미는 법으로서 아래의 금사옥기는 비유입니다. 입리를 철견한다면 외부의 육진으로부터 벗어나게 되어 순역의 이연二緣이 녹아 없어지고 애증의 분별이 사라져 출미가 그대로 입리가 되고 입리가 그대로 출미가 됩니다. 이離와 미微의 방참傍參을 이해하는 것은 마치 아래의 비유와 같이 같은 듯 다른 듯 방제傍提의 관계로 나타납니다.

금사옥기는 베틀의 날줄과 북의 씨줄에 비유한 것입니다. 이離는 베틀의 날줄처럼 고요하고 미微는 북의 씨줄처럼 움직입니다. 이것이 동상종洞上宗의 비유로서 이의 정과 미의 편이 서로 완전宛轉하여 머물러 있지 않으므로 한 필의 비단이 이루어지는 것입니다. 옥과 금이라는 말을 쓴 것은 세속의 베틀과 북을 말하는 것이 아닙니다. 완전宛轉 속에서의 베틀이고 북이기 때문입니다.

23. 정편완전正偏宛轉 본질과 현상의 정편 원만하게 작용하고
24. 명암인의明暗因依 근원과 지말의 명암이 제각각 의지한다

이미 조동의 금수능라錦繡綾羅인 이상 그것은 실로 중국 조동선의 개조인 동산의 정편의 기사機梭로써 짜여진 포布가 아니면 안됩니다. 정은 본체이고 편은 현상입니다. 정은 공하여 유有로 발전되어 나아가야 할 본질적인 존재이므로 초인식의 세계로서 어둠에 속하고, 편은 유有로서 공을 기본으로 하는 형이하形而下의 만유이므로 인식의 대상으로서 명明에 해당됩니다.

정위正位는 공계로서 본래무물이고, 편위는 색계로서 삼라만상의 형태입니다. 그리고 정중지래正中之來와 편중지지偏中之至는 각각 자기의 위치를 고집하지 않고 완전宛轉하여 결절結節되어 있는 것과 같습니다. 이 속의 상황은 오안五眼으로도 변별하기가 어려우니 정正·중中·편偏의 삼목三目으로 어찌 판별할 수 있겠습니까.

『화엄경』에서 말하는 항포법문과 원융사상도 바로 여기에서 나온 것

이고, 『금강경』에서 말하는 제상비상諸相非相의 도리도 이에 의하여 출현한 것입니다.

기機의 정과 사梭의 편이 서로 어그러지지 않게 작용하여 한 곳에 머물러 있지 않는 것을 완전宛轉이라고 합니다. 완宛은 완곡宛曲이고 전轉은 순환循環입니다. 곧 열린 관계(回互)이면서 닫힌 관계(不回互)를 자재하게 원융하는 현상을 나타내는 조동종지의 한 기관입니다.

그것이 명의 편과 암의 정으로서 서로 인의因依하여 치우치지 않는 것을 겸도의 본위라고 합니다. 곧 정편완전·명암인의가 겸대로서 현성한 것입니다. 이 정편이란 씨줄과 날줄에 의하여 우주라는 한 필의 포布가 짜여진 이상 정편은 서로 완전宛轉하고 명암은 서로 원인으로 의지하는 것입니다.

25. 의무능소依無能所 의지하면서도 제각각 능과 소가 없는데
26. 저시회호底時回互 그러한 때야말로 정편이 열린 관계이다

정과 편이 서로 의지한다고 말하지만 정과 편은 결국 하나로서 정 외에 편이 없고 편 외에 정이 없습니다. 만약 정 외에 편이 있다면 그것은 초월적인 일원론이고 초월적인 일신론입니다. 불교는 그와 같은 일원론은 아닙니다.

의무능소는 명이 암에 인하고 암이 명에 의하는 것입니다. 이를테면

능能에 의존하는 것과 소所에 의존되는 것의 이원적이 아닙니다. 더 이상의 능소의 관계가 아니라 완전宛轉한 방제傍是의 관계이기 때문입니다.

저시회호하는 그러한 때에는 어떤 것이 선先이고 어떤 것이 후後라는 개념이 없이 이것과 저것이 열린 관계(回互)입니다. 가령 물의 소용돌이처럼 앞뒤가 없습니다. 다만 물의 소용돌이가 있을 뿐입니다. 무엇이 물인지 그리고 그 회전은 좌회전인지 우회전인지가 아무런 의미가 없어지고 맙니다.

능소가 완전宛轉의 상태가 되어 원융한 모습입니다. 그러면 의지하지 않을 때는 어떤가. 능은 소에 의지하여 성립되고 소는 능에 의지하여 형성됩니다. 그리하여 그 근원을 따져가다 보면 본래 동일한 공입니다. 동일한 공은 양兩과 같은 것이라서 모두 만상을 머금고 있습니다. 이런 까닭에 펼치면 법계를 두루 뒤덮고 거두면 터럭과 실 끝보다도 작습니다.

이 점은 『신심명』에서 자세하게 설하고 있습니다. "객관은 주관을 말미암아 객관이고, 주관은 객관을 말미암아 주관이다. 그러므로 이 둘을 알고자 하면 원래 그것은 일공一空이다. 일공一空은 양쪽에 똑같고 나란하여 만상을 포함한다."

요컨대 이 의미는 주관과 객관, 본체와 현상, 정과 편은 동일물의 양면관이기 때문에 양자는 곧 분리되는 것이 아닙니다. 이와 같이 상즉된 상태를 일공이라 하면 어떻겠습니까. 그 일공에 정편이 있고 색공이 있습니다. 그 일공을 현실의 세계로 보면 바로 거기에 본체의 이상이 있는가 하면 현상의 실의實義도 있습니다. 이것이 반야의 공즉시색 색즉시공의 도리이다. 이것이 곧 제26구의 저시회호입니다.

27. 음선견약飮善見藥 그러한 도리일랑 마치 선견약을 마시고
28. 과도독고檛塗毒鼓 도독고를 치는 모습과 똑같이 닮았다네

정편이 열린 관계(回互)에 있고 명암이 서로 의지하는(因依) 조동의 가풍은 사람을 죽이기도 하고 살리기도 하는 살활에 자재합니다. 선견약은 죽은 것을 살려내는 공능이 있습니다. 곧 선견약은 이 약을 복용하면 죽어가는 사람도 곧 살아난다는 약으로 사死가 홀연히 활活이 되는 신비한 힘을 지니고 있습니다. 선견약이란 경전에 나오는 말입니다. 곧 "나무왕이 있는데 이름이 선견이다. 그 선견나무왕은 뿌리 · 큰 줄기 · 잎 · 가는 가지, 그리고 모든 꽃과 과일 · 색 · 향기 · 맛 · 촉감 등이 다 병을 치료하는데 사용된다."는 영약입니다.

도독고는 일체를 죽이는 힘이 있습니다. 곧 도독고는 이 북소리를 듣기만 해도 목숨을 잃게 되는 위험한 북으로서 앞의 선견약에 상대되는 것으로서 활活이 홀연히 사死가 되는 소식을 말합니다. 곧 경전에서는 "비유하자면 어떤 사람이 여러 가지 독약을 사용하여 큰 북에 바른다. 그리고서 대중 가운데서 그 북을 쳐서 소리를 낸다. 그러면 아무런 생각없이 그 소리를 듣고자 하여 소리를 듣게 되면 북소리를 듣는 사람

은 다만 한 사람만을 제외하고는 모두 죽게 된다. 그 한 사람은 곧 대승경전을 지니고 있는 사람이다. 대반열반경도 또한 이와 같아서 어느 곳에 있든지 무엇을 하든지 그런 속에서도 이 경전의 이름만 들어도 자신이 지니고 있는 탐욕·성냄·어리석음 등이 다 사라져 없어지고 만다."고 말합니다.

이것은 앞의 제26구의 열린 관계(回互)의 관념을 연상하여 설명한 것입니다. 그래서 음선견약과 과도독고는 묵조좌선의 방제(傍提)를 나타낸 표현입니다.

29. 회호저시(回互底時) 나아가서 정편이 열린 관계일 경우에는
30. 살활재아(殺活在我) 살활의 오묘한 작용 모두 내 손에 있다

제29구는 앞의 저시회호와 같은 의미로서 묵조삼매이고, 제30구는 선견약과 도독고를 가지고 살(默)과 활(照)을 자유자재하게 구사하는 능력을 말합니다. 묵과 조가 묵이 묵에만 떨어지지 않고 조가 조에만 떨어지지 않는 도리를 회호저시의 정안(正按)과 마찬가지로 작용하는 가운데 은밀하게 진리를 현성시켜 나아가고 있습니다. 이것은 모두 살활자재가 묵조삼매에 든 내 손안에 있다는 것을 말하고 있습니다.

이와 같은 신통의 예는 다반사입니다. 긍가신녀는 만리에 떨어져 있어도 땅강아지와 개미가 싸우는 소리를 분명하게 들었고, 아나율다는

천산이 막혀 있어도 또한 나방유충과 파리가 춤추는 것을 보았습니다.

31. 문리출신門裡出身 제법에서 번뇌를 벗어나 향상에 이르면
32. 지두결과枝頭結果 가지마다 열매 맺듯이 매사에 자유라네

이것은 용이하게 살활자재함을 결론적으로 말한 것입니다. 제31구는 옛말에 "문리門裡에서 몸을 벗어나기는 쉬워도 신리身裡에서 문을 벗어나기는 어렵다."는 의미를 응용하여 용이하다는 것을 교묘하게 드러낸 용어입니다.

문리란 일체제법이고 출신이란 그 제법에 오염되지 않는 것으로서 향상의 극지입니다. 이미 불도수행에 의한 향상의 극위에 도달하면 주관과 객관에 끄달리는 분별취사에 빠지지 않고 일체를 여실하게 인식하는 곳에 제법의 실상이 나타나 일법 일법이 모두 중대한 의의와 가치를 지니게 됩니다.

문리출신은 운거도응의 "득자得者는 사소한 것(微)도 가벼이 여기지 않고, 명자明者는 용用도 천하게 여기지 않는다. 식자識者는 묻는 것을 부끄러워하지 않고, 해자解者는 염오가 없다. 하늘로부터 내려오면 빈한하고, 땅으로부터 솟아오르면 부귀하게 된다. 문門 속에서 신身을 벗어나는 것은 쉬우나 신身 속에서 문門을 벗어나는 것은 어렵다. 동動하면 천 길 땅 속에 몸이 묻히고, 부동不動하면 그 자리에서 곧 싹이 튼다. 일

언―言을 형탈하면 초연히 즉금의 시時를 떠나게 된다. 말은 굳이 많을 필요가 없다. 말이 많으면 쓸모가 없는 것이다."는 시중에 잘 나타나 있습니다.

하늘에서 내려오면 빈한하다는 것은 귀함을 얻지 못하기 때문이고, 땅으로부터 솟아오르면 부귀하게 된다는 것은 무無 가운데에서 홀연히 유有가 나타나기 때문입니다. 이것은 좌선에 있어서 자연스럽게 나타나는 묵조의 묘용을 말한 것입니다. 그래서 이 "제법에서 번뇌를 벗어나 향상에 이르면"의 뜻을 취하여 살활이 내 손아귀에서 자유자재하다는 것에 결부시켜 이것을 아래의 "가지마다 열매 맺듯이 매사에 자유라네"라는 대목으로 연결하고 있습니다.

곧 묵조의 공능이 두두물물에 현성해 있음을 말합니다. 그것을 비유로써 가지마다 아름답고 충실한 과실이 주렁주렁 열려있는 것과 같음을 말하고 있습니다. 그 과실 하나하나가 모두 대표적인 가치적 존재로 인정받는 것입니다.

그래서 지두결과는 안·이·비·설·신·의의 육근문으로부터 벗어나 색·성·향·미·촉·법의 육진에 대하게 될 때 비사량에 안주하게 되면 전신全身의 출입이 근根에도 진塵에도 떨어지지 않아 진진법법에 모두 전체현성을 말합니다. 곧 가지 끝마다 과일이 익어가는 것과 같습니다. 원래 나무 한 그루는 이 열매 하나의 전체현성으로 근경지엽根莖枝葉입니다. 곧 묵조의 방참傍參을 말하고 있습니다.

33. 묵유지언默唯至言 좌선의 침묵은 도리어 지극한 언어이고
34. 조유보응照唯普應 관조의 작용은 널리 대천세계에 응한다

이미 그렇다면 묵조선의 묵은 소극적 표현이 아니라 묵이 도리어 뇌성과 같이 지극히 적극적인 내용을 불러일으키는 지언입니다. 비로자나 금강여래의 설법 속에는 온갖 삼매 속에 묵묵하게 응주해 있는 모습을 다양하게 설명하고 있는데 바로 그 묵연이기도 합니다.

따라서 불어佛語를 근본으로 삼고 있는 것으로서 금강여래의 말은 이른바 언성이 없음을 말합니다. 다만 마음으로 묵연할 뿐입니다. 바로 이 보리심은 본래 색상이 따로 없는 법을 가리킵니다. 이것이 아래의 "관조의 작용은 널리 대천세계에 응한다."는 대목에 이어지고 있습니다. 따라서 그 묵으로부터 드러난 조는 지극히 보편적인 응현성應現性임을 말해주고 있습니다.

그 조유보응은 위의 묵유지언과 짝을 이루어 묵은 언의 묵이고 조는 응연의 조임을 말한 것입니다. 곧 앞의 『대승기신론』에서 법계를 두루두루 비춘다는 뜻을 근본으로 삼는 것을 말합니다. 곧 "근본 이래로부터 성性은 스스로 일체의 공덕을 만족하고 있다. 이른바 성性 그 자체에 대지혜의 광명의 뜻과 법계를 두루 비추는 뜻과 진실하게 아는 뜻과 자성이 청정하다는 뜻과 상·낙·아·정의 뜻이 있다."는 것은 곧 묵조의 추기樞機가 완전宛轉 속에서 밀용密用하고 있는 것을 말합니다. 『기신론』의

이언진여離言眞如와 불변진여不變眞如를 제33구에, 그리고 의언진여依言眞如와 수연진여隨緣眞如는 제34구에 속하는 것으로 보는 것도 가능합니다.

    35. 응불타공應不墮功 조는 만물에 응해도 무공용의 상태이고
    36. 언불섭청言不涉聽 묵은 언설을 마주해도 자유롭게 듣는다

제35구 응불타공은 조照할 때는 진시방법계에 두루 응하면서도 조금도 공功에 떨어지지 않는 무작의 묘용으로서 아래의 언불섭청과 호응관계를 이룹니다. 곧 공용功用이 자연스러우면 그 공은 곧 무공용無功用의 대공용大功用입니다.

제36구 언불섭청은 우레와 같은 말이더라도 육이肉耳가 아닌 심이心耳로 들어야 한다는 것을 말합니다. 그래서 묵할 때는 대천세계에 두루 울려 퍼지는 큰 우레의 설법이면서도 귀에는 들리지 않는 것으로, 소위 동산양개가 오도송에서 말하는 '눈으로 소리를 듣고 귀로 색을 보는 마음' 바로 그것과 같습니다.

이 도리는 판치생모版齒生毛라야 비로소 알 수 있습니다. 춘·하·추·동이 허공을 무너뜨리고, 궁·상·각·치·우가 풍수를 노래합니다. 그러므로 "물새가 나무에서 염불하고 염법한다."고 말했습니다.

37. 만상삼라萬象森羅 이러한 묵조의 경지는 삼라만상이 모두
38. 방광설법放光說法 광명을 내어서 설법하고 설법을 들으며

만약 심이心耳와 심안心眼으로 듣고 본다면 유정과 무정이 모두 도를 설하고 풀 한 포기와 나무 한 그루도 모두 불광명을 내는 줄을 알 것입니다. 이 만상삼라는 체이며, 아래의 방광설법은 그 용으로서 위에서 언불섭청이라고 말한 이유는 삼매에 들 때에는 삼라만상이 쉼없이 그 본체로서의 위位를 호융互融하면서 방광설법을 합니다.

그리고 방광설법은 위의 만상삼라가 주야로 대광명을 내어 팔만사천 다라니문을 설하는데 그 광명은 눈으로는 볼 수 없고 그 설법도 귀로는 들을 수 없음을 비유로 말한 것입니다. 이것은 깨침의 분상에서 일어나는 묵과 조의 정안正按이기 때문입니다.

39. 피피증명彼彼證明 서로 제각각 시비를 증명하고 초월하며
40. 각각문답各各問答 끊임없이 제각각 진여의 삼매 문답한다

우주는 하나의 법계입니다. 낱낱의 법이 모두 등질等質·등가치等價値한 존재입니다. 마치 무수한 보배가 연결되어 있어 서로가 빛을 비추듯이 사사무애한 묘미를 비유로 나타낸 것입니다.

만상이 설법하면 삼라가 듣고 삼라가 설법하면 만상이 들으며, 산의

설법을 바다가 듣고 바다의 설법을 산이 들으며, 모기의 설법을 개미가 듣고 개미의 설법을 모기가 듣는 것을 말합니다. 일진一塵도 설하지 않음이 없고 일진一塵도 듣지 않음이 없습니다. 곧 흡흡상응하는 묵과 조의 방제傍提를 말합니다.

따라서 산이 물으면 바다가 답하고 바다가 물으면 산이 답합니다. 이런 것은 진진법법이 모두 같습니다. 이것은 곧 "부처가 설법하며 보살이 설법하고 국토가 설법하고 중생이 설법하며 시방삼세 일체가 설법을 한다."는 것이 바로 이러한 의미입니다. 동산양개의 『보경삼매』에서 말하는 '북소리 따라 노래함이 어울리네'의 뜻도 이러한 의미입니다. 위의 피피증명과 함께 현성공안을 방제傍提와 함께 방참傍參을 말합니다.

41. 문답증명問答證明 서로가 문답해주고 증명하는 그 모습은
42. 흡흡상응恰恰相應 조금도 어그러짐이 없이 맞게 상응한다

흡흡은 마음을 활용하는 모습을 말한 것으로 사물에 대하여 적절하게 잘못이 없는 것입니다. 그리하여 일사一事와 일물一物 사이에도 하등의 우열이 없고, 낱낱 우주법계의 구성요소로서 완전하게 상응하는 것을 말합니다.

위의 피피증명과 각각문답을 이어받아 이 문답증명은 그 문과 답이 조금도 차별이 없어 마치 함개函蓋처럼 딱 들어맞는 것을 표현한 것으로

서 묵조에서의 묵과 조가 서로 완전宛轉한 열린 관계(回互)로 구성되어 있음을 말한 것입니다. 그리고 흡흡상응은 앞의 문답증명이 묵과 조의 완전宛轉한 열린 관계(回互)임을 현성의 입장에서 표현한 것으로서 흡흡상응은 곧 묵조의 방제傍提입니다.

그리고 이 흡흡상응은 묵조에서의 용심의 모습에 주목하여 마음과 마음이 조금도 어그러짐이 없음을 말하는데 그런 까닭에 상응이라고 합니다. 그리하여 함函과 개蓋가 일합一合하고 전箭과 봉鋒이 상주相拄하는 도리를 사사무애법계라 말합니다. 서천의 28대 조사가 모두 제강提綱한 것으로서 언言과 묵默으로 복장하지 않은 바가 없습니다.

43. 조중실묵照中失默 때문에 관조에 좌선하는 침묵이 없으면
44. 편견침릉便見侵凌 이에 팔만사천의 번뇌에 침범을 받는다

이상은 묵과 조가 열린 관계(回互)로서 그 가운데 어느 하나라도 없으면 장애가 발생하는 것을 말합니다. 지혜만 있고 자비가 없으면 영악하게 잘못 흐르는 것과 같습니다. 묵의 존재가치를 말합니다.

이 조중실묵과 아래의 편견침릉은 흠이나 허물(瑕)을 경계시키는 구절입니다. 즉 묵조의 좌선에서 조가 묵을 상실한 조라면 그 조는 허상으로서 사마邪魔와 같이 나타납니다. 그리하여 위의 조중실묵은 동산양개가 말하는 '이빨 빠진 호랑이와 같고 절름발이 말'과 같습니다. 여기에

서 침능은 사마邪魔가 얼굴만 온화한 모습으로 등장하는 것을 말합니다.

45. 증명문답證明問答 또한 제각각 증명하고 문답하는 작용이
46. 상응흡흡相應恰恰 한치의 어긋남도 없이 딱맞게 상응한다

이 증명문답과 상응흡흡은 위의 문답증명과 흡흡상응을 뒤집어 보인 것으로서 서로 그 의미가 같습니다. 곧 묵조에서의 묵과 조의 완전宛轉한 열린 관계(回互)를 말하는데 아래의 묵중실조를 이끌어내기 위한 암시를 주고 있습니다.

47. 묵중실조默中失照 그래서 좌선의 침묵에 조가 결여된다면
48. 혼성잉법渾成剩法 어지럽고 쓸데없는 망상에 빠지고 만다

묵과 조가 회호하는 것으로서 조 없는 묵은 마치 지혜가 없는 묵과 같아서 헛된 노력이 되어 결과가 없는 것을 말합니다. 곧 조의 존재가치를 말합니다. 제47·48구는 제43·44구와 함께 묵조의 호용을 말한 것입니다.

묵중실조와 혼성잉법은 앞의 조중실묵하면 편견침릉한다는 것과 구조의 관계는 같지만 그 내용은 반대입니다. 곧 묵조 가운데에서 조를 상실한 묵이라면 그것은 바로 대혜종고가 비판한 묵조사선默照邪禪이 되

고 마는 것입니다. 따라서 묵과 조의 좌선에서 묵과 조의 어느 것 하나라도 상실한 불완전한 묵조라면 아래에서 말하는 무용지물이 되고 맙니다. 그래서 조중실묵과 묵중실조는 좌선에 있어서 서로 완전宛轉한 방제傍提의 관계로 작용하고 있습니다.

49. 묵조이원默照理圓 좌선하는 침묵과 관조의 도리 원만하여
50. 연개몽교蓮開夢覺 마치 연꽃이 피고 꿈을 깨는 것과 같다

묵조의 합일상태를 말합니다. 제49구는 묵조의 도리를 설명한 법法이고, 제50구는 묵조의 비유를 설명한 유喩입니다. 『불지경론』에 "일체종지를 갖추고 있을 때에는 마치 잠과 꿈에서 깨어난 듯하고, 연꽃이 벙그는 것과 같다."고 한 말을 연상시킵니다. 좌선에 있어서 묵과 조가 일합하게 되면 그 경지는 원만보신노사나불의 경지가 되어 아래에서 말하는 비유와 같이 현성합니다.

묵조좌선을 하는 당사자의 경지는 곧 연이라면 연화를 피우고 꿈이라면 꿈을 깨는 경지처럼 위없는 경계가 됩니다. 그리하여 그 경지는 "불지의 경계는 일체지와 일체종지를 갖추어 번뇌장과 소지장을 벗어난다. 그리하여 일체법一切法과 일체종상一切種相에서 능히 스스로 깨침을 열며, 또한 능히 일체유정까지도 깨치게 한다. 그 모습은 마치 잠에서 꿈을 깨듯 하고 연이 그 꽃을 피우듯 한다. 그러므로 불지라 한다."와 같

게 됩니다.

그리하여 정전正傳의 삼매에 안주하여 곧 위없는 깨침에 이르는 것을 말하고 있습니다. 영가현각이 말하는 "곧 바로 여래의 지위에 오른다."는 것과 같은 소식입니다.

51. 백천부해百川赴海 크고작은 강물이 모두 바다로 모여들고
52. 천봉향악千峰向岳 작은 봉우리가 큰 산을 향하는 것 같다

묵조의 숭고함과 원만함을 비유한 것입니다. 부처님의 경계는 육도만행이 다 묵조삼매로 조종朝宗을 삼고, 모든 수행계위도 묵조삼매에 바탕하고 있다는 뜻입니다. 이러한 묵조의 일합상의 경계가 향상함을 비유로써 예찬한다면 마치 온갖 강물이 바다로 모여드는 것과 같습니다. 곧 입불지入佛地의 경계는 육도만행의 백천百川이 모두 이 삼매의 향수해 속에 흘러들지 않음이 없으며, 온갖 봉우리가 수미봉을 향하고 있는 바와 같습니다. 『증도가』의 "곧 바로 여래의 지위에 오른다"와 『신심명』의 "눈이 만약 잠들지 않으면 온갖 꿈은 저절로 사라진다"와도 같습니다. 곧 묵조의 원만함을 표현한 것입니다.

온갖 천봉千峰 곧 대승의 수행계위 52위가 이 왕삼매인 수미산 봉우리에 고개숙이지 않음이 없습니다. 위 백천부해의 부赴와 천봉향악의 향向은 공손함을 표시하면서 다가선다는 의미로서 묵조가 이루어내는

세계에 백천 가지의 삼매가 현성함을 말합니다. 곧 묵조의 속성을 방참傍參으로 나타낸 것입니다. 『신심명』의 "시방의 지혜로운 자가 모두 이 종지에 들어간다."는 것과 같습니다.

> 53. 여아택유如鵝擇乳 또한 거위왕이 순수하게 우유만 마시고
> 54. 여봉채화如蜂採花 벌이 면밀하게 꽃에서 꿀 따는 것 같다

여아택유는 우유와 물이 섞여 있을 경우에도 아왕鵝王은 우유만을 골라 마신다는 이 구절은 묵조의 공능을 방제傍提의 입장에서 비유하여 나타낸 것으로서 경전에서 "비유하자면 물과 우유가 같은 그릇에 섞여 있을 때 아왕鵝王은 그것을 마심에 있어 우유만 골라 마시고 물은 마시지 않고 남겨 놓는 것과 같다."고 말하는 것과 같은 경지입니다.

여봉채화는 벌이 꽃에서 꿀을 모으듯이 하는 이 구절도 위의 여아택유와 마찬가지로 경전의 비유를 인용한 것입니다. 위의 여아택유와 여봉채화는 삼매의 혼산을 제거한 묵조의 광명은 한 모금의 우유를 맛보는데 있어서도 함부로 선택하지 않고 신중을 기하며, 벌이 꽃을 취하는 데에 있어서도 그 색과 향은 조금도 다치지 않듯 합니다.

그래서 경전에서는 "이와 같이 재물을 더욱 풍요롭게 하는데 마치 벌이 여러 가지의 맛을 끌어 모으듯 하고, 밤낮으로 재물을 늘리기를 마치 개미가 먹이를 쌓듯이 한다."고 말합니다. 묵조의 좌선에 있어서의

주도면밀함을 말한 것입니다.

　제53구와 제54구는 이처럼 묵조를 좌선에 집착하는 것으로 오해하는 것을 일소시켜 버리는 말입니다. 왜냐하면 묵조좌선은 순수아를 자각하는 불행佛行의 좌坐이고, 불성의 광명속에 안좌安坐하는 명랑투철한 선이기 때문입니다. 그래서 귀신굴과 같은 암흑일랑은 눈꼽만치도 없고 깨침에조차 집착하지 않고 깨침을 자각하는 묵과 조의 세계이므로 좌坐에 집착한다는 것은 꿈도 꿀 수 없는 경지입니다. 좌坐하지만 좌坐의 공능과 집착을 잊고 불성을 자각하는 것입니다.

　마치 벌이 꽃에서 꿀을 따지만 꽃을 손상시키지 않는 것처럼 용의주도하고, 꿀만을 따면서 꽃의 향과 색깔에 사로잡히지 않는 주도면밀함을 말합니다. 이것을 굉지는 "좌라는 형상에 갇혀 멈추어 있는 것이 아니다."고 말합니다.

55. 묵조지득默照至得 이에 좌선에서 묵조의 극치를 터득하면
56. 수아종가輸我宗家 마침내 우리 본래고향에 도달한 것이다

　묵조의 공부가 원숙하여 그 궁극처에 이르게 되면 실로 불조정전의 왕삼매에 주하는 주인공이 됩니다. 곧 묵조의 공부는 지극의 곳에 이르러서야 비로소 맛볼 수 있는 것입니다. 그리하여 위의 묵조지득의 경지를 터득하여 우리 종가에서 말하는 불조정전의 왕삼매요, 정종가正宗家

의 주인이 되게끔 합니다.

　이것을 굉지의 말을 빌리자면 구원겁이 무너지고 금시今時의 찰나가 부서져야 비로소 삼세제불이 허공에다 철선鐵船을 띄우는 꼴입니다. 이러한 경지가 되어야 묵에 이르고 조에 이르고, 묵을 초월하고 조를 초월합니다. 이것을 곧 부처님의 요기와 조사의 기요(佛佛要機 祖祖機要)라 하였습니다.

57. 종가묵조宗家默照 본래고향을 디딘 좌선의 침묵과 관조는
58. 투정투저透頂透底 최고 정상부터 최저 바닥까지 다다른다

　종가의 묵조라는 말은 굉지가 득의만면得意滿面하게 천하를 삼켜버린 기개를 나타낸 말입니다. 투정투저는 묵조삼매에 들어 있는 자기의 광명이 천지에 충만하다는 뜻입니다. 이것은 종가의 가풍인 묵조의 속성을 말하고 있는 것으로서 이 종가묵조와 아래의 투정투저는 우리 묵조의 광명이 위로는 유정천有頂天으로부터 아래로는 나락가那落伽에 이르기까지 꿰뚫는 묵조의 밀용密用이 현성한 것을 표현하고 있습니다.

　그 모습은 저 유정천의 가장 높은 꼭대기로부터 나락가의 가장 깊은 심연에 이르기까지 일체처에 두루하지 않음이 없는 묵조의 공능을 비유를 들어 표현한 모습입니다. 『법화경』에서 "여래께서 이 경을 설해 마치고 결가부좌하여 무량의처삼매에 드셔 몸과 마음이 움직임이 없었다.

… 그때 부처님께서 미간백호상광을 내어 동방 만 팔천 세계를 비추어 주변에 두루하지 않음이 없었다. 아래로는 아비지옥에 이르기까지, 그리고 위로는 아가니타천에 이르기까지 이 세계에서 다 그 국토의 육취 중생을 보았다."고 말한 경지를 말합니다.

그리하여 이러한 묵조의 속성을 터득한 주인공의 경계는 아래의 비유에 나타난 것처럼 순야다신舜若多身 곧 허공신과 같이 온 법계에 전체의 작용으로 두루하여 응용합니다. 마치 세존의 미간에서 나온 백호광명이 팔만사천의 온갖 불국토를 비추는 무량의처삼매無量義處三昧의 광경과 같습니다.

59. 순야다신舜若多身 그 경지는 꼭 허공신처럼 자유자재하고
60. 모다라비母陀羅臂 관음보살이 갖고 있는 천수천안과 같다

순야다와 모다라는 모두 자유자재한 활동을 말합니다. 여기에서 순야다의 몸과 아래의 모다라의 팔은 앞의 종가묵조와 투정투저의 비유를 말한 것입니다. 곧 그 우리 종가의 묵조의 가풍의 경지는 순야다신[虛空身]과 같아서 법계에 두루하고, 모다라신의 팔과 같아서 온 몸이 그대로 손과 눈이요, 온 법계의 몸이 손과 눈으로 작용합니다.

범어 순야다는 허공입니다. 허공으로 체를 삼고 몸이 없이 촉감으로 각覺하여 불광의 빛을 얻어 바야흐로 그 몸을 드러냅니다. 범어 모다라

는 인印으로서 광명진언의 마하모다라는 대인大印으로 경전에서는 관세음에게 팔만 사천의 모다라의 팔과 눈 등이 있음을 비유로 말하고 있습니다.

이 원조삼매圓照三昧의 공덕이 법계에 두루 응현할 때의 경계를 말합니다. 즉 머리(首)의 수는 하나인데 그 하나의 머리에서 팔만 사천의 머리가, 하나의 손(手)에서 팔만 사천 개의 손이, 두 어깨(臂)에서 팔만 사천의 모다라신의 팔이, 하나의 눈에서 팔만 사천의 청정보안이 각각 나타나서 자慈·비悲·정定·혜慧 등이 있어서 중생을 구제하는 데 자재하게 됨을 말하고 있습니다.

이 왕삼매에 안주하는 공덕이 두루 중생의 근기에 감感하여 응현하고 이익을 주는 것이 순야다와 모다라의 비유입니다. 묵조좌선에 현성하는 모습은 추기樞機와 밀용密用의 온갖 작용으로 나타나는 것을 말하고 있습니다. 묵조삼매의 공덕이 중생의 근기에 따라 나타내면서 광대한 이익을 주는 공은功恩이 마치 허공과 같이 몸이 처처에 두루하는 순야다신과 몸이 다 손으로 이루어져 있는 모다라신의 자유자재함과 같음을 말합니다.

61. 시종일규始終一揆 작용으로 보면 처음과 끝이 일여하지만
62. 변태만차變態萬差 그 변화의 모습으로 보면 천태만상이다

이것은 초발심부터 성정각에 이르기까지 다만 좌도량에 이르기까지 시始와 종終이 일규一揆하여 수증修證의 변제가 없는 묵조삼매의 한 길을 말합니다. 그러나 그것이 천변만화의 진퇴를 하게 되면 곧 불작불행佛作佛行으로서의 의의를 지닌 활동이 됩니다. 이것을 "처음 마음을 낸 때가 곧 정각을 이루는 때이다."고 설하고, "일체중생은 다 염심念心·혜심慧心·발심發心·근정진심勤精進心·신심信心·정심定心을 지니고 있다. 이러한 법은 비록 염념에 생멸하지만 그렇기 때문에 오히려 상속하여 끊어짐이 없다. 그러므로 수도라 한다."고 하여 시始와 종終이 필경에는 다르지 않다고 설합니다. 이것이 바로 일규一揆의 마음입니다. 규揆는 용用으로서 일규一揆란 두 번 다시는 없는 것을 말합니다. 묵조의 추기樞機가 정안正按함을 말한 것입니다.

위의 시종일규와 같은 수증은 성숙한가 미성숙한가에 따라서 점점 내부와 외부의 변하는 모습에 차별이 생겨나기도 하는 것입니다. 곧 한 알의 콩을 땅에 심어 싹이 움트면 어제의 모습과 오늘의 모습에는 조금씩의 차이가 보입니다. 그러나 콩의 성품에는 변함이 없습니다. 그러나 근소한 하루하루의 차이가 곧 천지만큼 현격한 차이로 드러납니다. 이것은 수와 증이 일여하지만 그 본증本證의 자각自覺에 따라 천차만별하는 것을 말합니다.

비록 초발심시변성정각初發心時便成正覺이라고 말들을 하지만 그것 또한 주住·행行·향向·지地를 부정하지 않습니다. 이것은 소위 일념이 곧 만년이고 시방이 목전에 펼쳐져 있다는 것을 말합니다. 경전에서는 "사유와 상하의 허공은 헤아릴 수 있지만 불공덕은 다 설할 수 없다."고 말했습니다.

63. 화씨헌박和氏獻璞 침묵의 관조는 화씨의 구슬과 똑같지만
64. 상여지하相如指瑕 관조의 침묵은 인상여의 지적과 똑같다

오직 자신만이 분명히 알고 있을 뿐 다른 사람은 엿볼 수가 없습니다. 묵 가운데 조가 감추어져 있어서 자기만 알 뿐 타인은 모릅니다. 조 가운데 묵을 머금고 있어서 타인만 알 뿐 자기는 모릅니다. 그리하여 은隱과 현顯이 일여하고, 명과 암이 자재합니다. 이것이 곧 중연衆緣에 명응冥應하여 제유諸有에 떨어지지 않는 것입니다. 바로 그 뜻이 난해하기 때문에 이 비유를 든 것입니다. 『한비자』에 다음과 같은 이야기가 있습니다.

변화卞和라는 사람이 형산의 곤강의 계곡에서 옥돌을 하나 주웠다. 그것을 초나라 여왕에게 바쳤다. 그러나 왕은 그것을 돌이라 하여 벌로 변화의 한쪽 다리를 잘랐다. 다음에 무왕이 즉위하자 변화는 그 구슬을 무왕에게 바쳤다. 그러나 무왕도 그것을 돌이라 하여 변화의 다른 한쪽 다리마저 잘랐다. 후에 문왕이 즉위하자 변화는 그

옥돌을 품에 안고 형산의 아래에서 슬피 울었다. 문왕이 그 연유를 묻자 변화가 말했다. "내 다리가 잘린 것은 원망하지 않으나 진짜 옥을 평범한 구슬로 알고, 저의 충심을 몰라주는 것이 서글픕니다." 이에 문왕이 옥돌을 다듬자 참으로 훌륭한 진짜 옥이 나타났다. 그러자 문왕이 탄식하여 말했다. "슬프도다. 두 선왕께서는 사람의 다리는 쉽게 잘랐지만 옥돌을 다듬어 그것이 진짜 옥인 줄은 몰랐구나." 그리고 문왕은 그 옥을 국보로 삼았다.

화씨헌박이라는 말은 이 고사를 말한 것입니다. 이것은 곧 화씨의 구슬이 제 가치를 인정받은 것으로서 묵(구슬) 가운데의 조(가치)를 비유로 나타낸 것입니다. 그리고 상여지하라는 말은 『사기』「열전」에 나오는 이야기입니다.

조趙나라 왕이 변화의 구슬을 얻자 진秦나라 왕이 그 사실을 듣고 글을 보내서 15개의 성과 그 구슬을 바꾸자고 하였다. 조왕이 신하들과 함께 모여 그 문제를 협의하였다. 협의한 끝에 '구슬을 보내더라도 진왕이 성을 내주지 않을 것이다. 이것은 속임수이다. 그러나 구슬을 보내지 않으면 그것을 빌미로 군대를 보내 조나라에 쳐들어올 것이다' 라는 결론을 내렸다. 그리고는 궁리 끝에 인상여라는 사람에게 구슬을 주어 사신으로 파견하였다. 진왕이 좌대에서 인상여가 가지고 온 구슬을 보고 크게 기뻐하였다. 그리고 여러 사람들에게 보이니 모두가 진왕을 위해 만세를 불렀다. 인상여는 진왕이 성을 내줄 것 같지 않는 것을 눈치 채고는 속임수로 말했다. "구슬에 흠집이 있으니 청컨대 지적하게 해 주십시오." 이에 진왕이 인상에게 구슬을 건넸다. 인상여는 구슬을 꼭 껴안고 뒤로 물러나 기둥에 착 달라붙어 크게 분노하면서 진왕에게 말했다. "대왕께서는 저로 하여금 죽음을 재촉케 하십니다. 이제 저는 이 구슬과 함께 벽에 부딪쳐 가루가 되겠습니다." 그러자 진왕이 구슬을 그대로 되돌려 주자 인상여는 구슬을 안고 조나라로 돌아왔다.

상여지하는 바로 이 고사에서 나온 이야기입니다. 이것은 조 가운데의 묵을 비유한 것입니다. 곧 위의 화씨헌박과 상여지하는 좌선에 있어서 묵조일여默照一如의 완전宛轉을 나타낸 말입니다.

이 화씨헌박은 묵 가운데의 조이고, 아래의 상여지하는 조 가운데의 묵을 표현한 것입니다. 박璞은 아직 다듬지 않은 옥돌입니다. 표면상으로는 돌멩이와 다름이 없지만 안으로는 빛을 머금고 있습니다. 하瑕는 인상여가 구슬에 흠집이 있다고 지적했는데 그것은 진왕을 속이기 위한 술책이었습니다.

제63구는 묵 가운데의 조를 비유한 것이고, 제64구는 조 가운데의 묵을 비유한 것입니다. 곧 묵조선의 왕삼매에 천변만화하는 묘용이 있는 것은 곧 묵 가운데 조가 있고, 조 가운데 묵이 있다는 것을 말한 것입니다. 묵 가운데의 조는 변화가 바친 구슬(璞)과 같고 조 가운데의 묵은 인상여가 지적한 흠집(瑕)과 같습니다. 곧 이것은 정과 편이 서로 교참하고 묵과 조가 서로 열린 관계(回互)로서 대법大法의 강요綱要이고 대낮에 해를 보는 것과 같습니다.

   65. 당기유준當機有準 대기에 따라서 기준은 제각각 다르지만
   66. 대용불근大用不勤 대용은 저절로 완전하여 움직임이 없다

따라서 묵조수행자의 행주좌와에는 일정한 기준이 있어서 막행막식하는 법이 없어 결코 탈선이란 있을 수 없습니다. 그리고 묵조수행자의 일진일퇴는 마치 요순의 통치와 같이 일부러 애쓰지 않아도 저절로 다스려지는 모습입니다. 마땅히 수행의 기관機關에는 추기樞機가 있어야 합니다. 묵조수행의 사위의四威儀에 있어서 조금도 잘못되거나 편벽되지 않아야 함을 말한 것입니다. 준準은 평平이고 균均의 의미로서 즉 눈꼽만치도 틀림이 없는 마음을 가리킵니다.

대용은 인위적인 조작으로 되는 것이 아닙니다. 대용은 천하를 다스리는 사람이 인정仁政을 베풀고 만인을 안락하게 하는 것입니다. 따라서 대용을 행하는 데 있어서 굳이 근勤(작용)하지 않아도 척척 잘 진행되어 가는 모습이다. 묵조좌선의 본증성을 말한 것입니다. 아래의 환중천자

와 새외장군은 이것을 비유로 나타낸 것입니다. 이처럼 묵조수행에는 조작적이거나 계획적인 노력이 없고 일거수일투족이 모두 자연스럽게 법이연法爾然합니다.

67. 환중천자寰中天子 근엄한 모습 마치 천자처럼 위엄스럽고
68. 새외장군塞外將軍 늠름한 모습 변방의 장군처럼 당당하다

그리하여 묵과 조는 비유하자면 환중에 있으면서 명령을 내리는 천자와 같이 위엄이 있고, 변방에 있으면서 병사를 호령하는 기품이 넘치는 장군과 같습니다. 그래서 환중과 새외의 다스리는 구역이 다른 것은 마치 육근의 마군을 막고 분별망상의 도적을 심중에 들어오지 못하게 퇴치하는 것과 같습니다. 그래서 천자 자신을 태평무사하게 합니다.

위의 대용불근의 모습은 마치 천자와 같이 위엄이 있습니다. 천하를 아홉으로 나누어 그것을 구주라고 하는데 그 한가운데가 천자의 영소領所로서 이것을 환중寰中이라고 합니다. 그리하여 대용불근의 모습은 또한 변방을 지키는 장수처럼 위풍당당합니다. 환중은 천자의 정화政化이고 그 밖의 여덟 지역을 새외塞外라 하여 장군이 천자의 명령을 받아 다스리면서 무위武威를 펴는 것입니다.

묵이 육진의 산란에 침해받지 않는 것은 마치 장군의 위엄처럼 든든하고, 조가 육식에 떨어지지 않는 비사량은 마치 천자의 정화政化처럼 고요합니다. 환중寰中은 환내寰內로서 천자의 기내畿內를 의미하고, 새외塞外는 격격隔으로서 다른 나라와 격색隔塞되어 있다는 의미입니다. 『한서』에는 다음과 같은 이야기가 있습니다.

> 문제文帝가 주아부周亞夫를 장군으로 임명하였다. 장군은 가는 버들가지로 군영을 만들어 오랑캐의 침입을 대비하였다. 문제가 가는 버들가지의 군영에 이르러 보니 군사들이 가는 버들가지에 갑甲을 씌우고 그 속에 활과 창을 가득 채워 넣었다. 천자의 선봉대가 먼저 그 앞에 이르렀으나 그곳에는 들여보내지 않았다. 선봉대가 말했다. "천자께서 오셨느니라." 그러자 군문도위軍門都尉가 말했다. "여기에서 장군의 영을 따랐을 뿐입니다. 따로 천자의 조칙은 들은 적이 없습니다. 상부에 보고하겠습니다." 그런 후에도 들여보내지 않았다. 이에 천자가 사자를 시켜 조칙으로 장군을 찾아 전해 말했다. "짐이 장군을 번거롭게 했구료." 주아부 장군이 그 말을 전해 듣고 군영의 문을 열자 비로소 천자가 군영에 들어가 말했다. "주아부 장군이야말로 진정한 장군이로다."

바로 이 이야기를 가지고 묵과 조가 융통하여 바야흐로 일대사인연에 걸맞는 도리를 말한 것입니다. 그래서 이것은 군신의 합도이고 정편의 열린 관계回互입니다. 여기에서 묵은 천자와 같고 조는 장군과 같아서 천자가 대법大法을 시설하니 장군이 일체를 눈꼽만치의 차질도 없이 이루어내는 것을 말합니다.

69. 오가저사吾家底事 좌선하는 우리의 침묵과 관조의 가풍은
70. 중규중구中規中矩 중도의 규범과 법도 제대로 들어맞는다

이로부터 이하는 『묵조명』의 결어입니다. 묵조의 종가는 위에서 말한 종가묵조의 종가와 같은 의미입니다.

저사는 목전의 당사當事를 가리킵니다. 그래서 묵조의 가풍이 주도면밀함은 곧 아래의 중규중구입니다. 규規는 원융문圓融門이고 구矩는 행포문行布門입니다. 묵조의 가풍은 묵으로서는 구矩에 치우치지 아니하고 조로서는 규規에 어긋나지 않는 것을 중中이라 합니다.

규規와 구矩는 묵과 조이고, 정과 편이며, 공과 덕이요, 진여와 수연입니다. 이것이야말로 묵조의 좌선이 바로 중도에 입각한 구원의 본증임을 설파한 말입니다. 일체의 양단을 떠나 있어서 묵의 추기樞機에만 떨어지지 않고, 조의 방참傍參으로만 현성하지도 않는 완전宛轉이 종통宗通과 설통說通의 겸대입니다. 따라서 『묵조명』 전체에 대한 총결입니다.

이미 이상에서 누누이 서술한 바와 같이 우리 묵조가풍의 일상은 이미 일거일동이 모두 규와 구에 적중하고 불심에 일여하며 보리에 합치해 있습니다. 이것은 모든 부처님들의 가르침과 모든 조사들의 아름다운 모

범이 면면밀밀하여 불안으로도 엿보기 어려운 것을 말한 것입니다.

71. 전거제방傳去諸方 이에 우리의 묵조는 제방에 전해져서도
72. 불요잠거不要賺擧 결단코 납자를 함부로 기만하지 않는다

    이 구절은 종가의 가풍이 천하에 널리 제대로 전해져서 묵조가 잘못 이해됨이 없게 하라는 부촉의 말입니다. 전거제방과 불요잠거의 두 구는 묵조의 가풍이 묵조를 비판하는 어리석은 선자들에게까지 제대로 이해되기를 바라는 것입니다. 따라서 묵조선은 직접 자신이 몸을 통해서 앉아보아야 할 것을 격려하고 있습니다. 그래서 그 내용을 알지도 못하여 묵조의 가치를 모르는 야호선자野狐禪者가 함부로 비판하지 못하도록 하는 것입니다.
    한 마리의 개가 허공을 향해 짖어대면 온갖 개들이 진실도 모르고 부화뇌동하여 허공을 향해 짖어댑니다. 곧 천하에 이보다 위험천만한 것은 없다고 개탄하는 내용입니다. 굉지정각은 당시에 좌선에 대한 오해와 폐단에 대하여 오로지 화목한 얼굴로 법을 설했습니다. 그리하여 타산지석의 교훈으로 오히려 묵조의 선양에 이바지한 것입니다.

49 『지유암명』

問 굉지정각에게는 달리 묵조선을 적극적으로 지향했던 『지유암명至游庵銘』이라는 글도 있습니다. 이에 대하여 말씀해주시기 바랍니다.

答 묵조선이 지니고 있는 적묵의 이미지는 세속을 초탈하여 일상생활과 고립된 수행만을 추구하는 것이 아닙니다. 그것은 곧 올곧은 좌선의 모습입니다. 따라서 어디에나 머무는 곳마다 가는 곳마다 그 자리에서 유희삼매로써 모든 세간에 나아가서 자유자재한 묘용을 보여줍니다. 이처럼 묵조선이 보다 적극적인 즉시대적인 모습으로 나타난 것이 지유선至游禪입니다. 그래서 이 지유至游는 다름아닌 묘용妙用이기도 합니다. 『지유암명』의 내용은 다음과 같습니다.

장로산 제일수좌인 진헐과 더불어 지낸 지가 오래 되었다. 수행이 깊어 도는 오묘하고 터득한 바는 심오하였다. 제접에도 뛰어나 납자가 구름처럼 모여들었다. 이 즈음에 나한테 말했다. "선가의 일상생활은 유연游燕하고 늘상 그런 가운데 지내야 합니다. 그래서 부처님께서도 함부로 부대끼지 말라고 비구들에게 말하였습니다. 독거자의 지붕은 비좁기 때문에 그것을 암자라 부릅니다. 내가 머무는 곳에다 사형께서 이름을 하나 지어주셨으면 합니다." 그래서 나는 다음과 같이 말했다. "지유라는 말은 대저 도인의 별장(至游)을 말합니다. 허공 끝을 밟고 묘명을 지키며 불변의 진리를 마시며 청백하게 살아갑니다. 그래서 절벽에서도 한걸음 내디디고 공겁에 출신활로를 찾아 묘용을 터득하고 분별을 물리칩니다. 그리하여 자연히 출세해도 방소가 없으니 계곡의 메아리와 같고 물에 비친 달과 같습니다. 어디에도 걸림이 없어 탱탱하고 마음이 일여하며 나와 남의 분별을 잊고 시비가 사그라지니 방원대소에 역력하여 대단히 쾌활합니다. 이런 경지에 이르러 모든 세간에 들어가도 진정으로 유희삼매에 노닐 수 있으니 이야말로 진정한 지유입니다. 납승의 거주처는 굳이 지붕을 엮어 이을 필요는 없습니다. 홀로 세간을 벗어나면 그만입니다." 이로써 나 굉지는 다음과 같은 한마디를 붙여 보았다.

납자의 지유에는 방소가 따로 없네 道人至游 了無方所
어찌 오고가는 주처에 구별 있으랴 何辨從來 何求止住
거래의 흔적 없고 말조차 끊겼으니 去來跡絕 言詮句滅

찬물에 잠긴 하늘 구름에 눈내리네	寒水吞空 垂雲作雪
이토록 분명하니 또 뭐가 필요하랴	十分明白 還須轉側
만나보면 곧 누구라도 소식 안다네	直下相逢 箇中誰識
고개돌려 바라보니 추산에 찬 안개	識也回頭 煙冷山秋
묵묵한 좌선 수행 면면한 지유로다	默默自得 綿綿至游
지유와 면면한 좌선 천지의 전후요	至游綿綿 後地先天
허공에 계합한 몸 만상에 원만하네	虛空體合 萬像理圓
그 속을 거닐자니 번개조차 느리고	其間游刃 電掣機鈍
시방을 얽어매니 깨침이 툭 트이네	該括十方 通同一印
탁 트인 깨침은 시방세계 사무치니	一印通同 十方混融
거울 영상 곡향에 수월 송풍이로다	鏡影谷響 水月松風
조작없이 응하니 정과 편이 무언가	應之自然 誰正誰偏
사려 번뇌 물리치니 널리 자유롭네	明明絕慮 恰恰周旋
옛집에 돌아오니 노란 갈대 벙글고	歸復舊家 黃蘆放華
물 고요한 밤배엔 달빛이 교교하다	夜船隱隱 桂魄斜斜
이 같은 지유야말로 진실한 삶이니	至游如是 眞實行履
하늘 인간 초월하니 구름에 잡히랴	不墮人天 何曾雲冰
훤칠한 지유의 가풍 당당한 면목은	家風寥寥 無可咬嚼
부동의 몸과 마음 청량한 진리모습	枯槁身心 清涼法藥
발걸음 머문자리 암자 놓고 머무니	相期底處 結庵而住

겁외의 가풍에 주인공이 따로 없네　量外難窺 主中之主
이러한 지유에다 이 같은 묘락이여　如是至游 如是眞樂
최상의 바탕에다 깨침을 펼쳐 주네　傳最上機 提第一著

　　지유는 묵조에서 묵과 조의 완전宛轉을 가장 적절하게 표현한 말입니다. 그래서 지유선至游禪은 지유선只游禪이 아니라 달리 지유선智游禪이라고도 합니다. 곧 묵조선이 표방하고 있는 본각문적本覺門的인 특징을 시각문적始覺門的인 입장으로 현성시킨 것입니다. 이것은 묵조의 실천적인 분석의 의미를 포함시키고 있습니다. 이로써 종래에 묵조사선默照邪禪·암증선暗證禪·할목선瞎目禪·묵조사사배默照邪師輩라 비판했던 묵조의 정태적靜態的인 측면에다가 유희삼매游戲三昧라는 동태적動態的인 묘용이 포함된 묵조선의 활용이 완성되었습니다. 따라서 묵조의 활용은 몰종적沒蹤跡이면서 대존귀大尊貴로서 완성되어 작용하여 일체사에서 일상적인 삶으로 면밀하게 파악됩니다. 이런 까닭에 굉지는 그 어록에서 다음과 같이 말하기도 하였습니다.

첩첩 산중에는 서설이 휘날리고
깊은 연못에는 가을이 다가서고
텅 빈 계곡에는 고요한 달빛뿐
구름은 하늘가에 오거니 가거니

아뿔싸 세속 벗어난 묵조풍이여

우주의 지유를 누구한테 전할꼬

제5부 묵조선의 성격과 수행

50 진리의 현성 (現成公案)

問 묵조선을 구성하고 있는 요소 가운데는 어떤 것이 있습니까? 묵조선에서는 애초부터 수행은 물론이고 깨침마저 성취되어 있다는 본각의 입장을 주장하는 본래성불本來成佛의 입장을 견지합니다. 그 가운데 일상에 깨침이 드러나 있다는 현성공안에 대하여 말씀해주시기 바랍니다.

答 모든 행위에는 반드시 그 결과가 남습니다. 바둑을 두고나면 기보棋譜가 남고, 목욕탕에서 나오면 물 발자국이 남으며, 꽃이 떨어지고 나면 열매가 맺히고, 밥을 먹고 나면 주린 배가 충족됩니다. 또한 오이를 심으면 오이가 열리고 팥을 심으면 팥이 열립니다. 만법의 이치입니다. 그런데 이와 같은 현상적이고 인과론적인 방법만이 그 결과로 남는 것은 아닙니다. 자신이 무의식적으로 한 행위라든가 어쩔 수 없는 불가항력적인 경우에도 자신의 의지와는 관계없이 흔적이 남습니다.

이것을 모르는 사람은 없습니다. 그러나 정확하게 아는 사람도 드뭅니다. 그것은 바로 자신이 알고 모르는 것과는 상관없이 하나의 실증일 뿐입니다. 그 실증이 그대로 노출되어 있는 것이 현성입니다. 그렇지만 노출되어 있다는 것은 이미 감추어져 있지 않고 드러나 있다는 것을 알아차린 경우가 되어 있습니다. 그 알아차리는 것이 자각입니다. 그래서 자각이란 이미 노출된 그대로 애초부터 그렇게 갖추어져 있는 것이 전제되어 있습니다. 단지 그것을 자기의 것으로 알아차려 수용하는 것이 곧 자각의 행위입니다.

그런데 자각이란 저절로 되는 것이 아닙니다. 저절로 되는 것은 자각自覺이 아니라 타각他覺입니다. 그래서 그 어떤 힘에 의하여 이루어지는 것이 아니라 애초에 완성되어 있는 진리에다 자신의 의지가 가미되는 행위, 곧 자각自覺은 자신의 자自와 진리의 각覺이 동시간과 동공간에 구현되는 행태입니다. 그것을 진리가 구현되어 있다는 의미에서 현성공안現成公案이라 합니다. 이 현성공안은 공안 곧 진리가 나타나는 것인데, 바꾸어 말하면 자신이 진리로 나타나는 것입니다. 그래서 자신이 애초부터 진리로 하나가 되어 있는 경우를 말합니다.

달리 진리가 자신으로 나타나는 것입니다. 이것은 반드시 그와 같은 행위를 인식하는 행위 곧 자각과 함께 그렇게끔 등장하는 공안 곧 진리가 준비되어 있어야 합니다. 그래서 이것을 본증本證과 자각自覺이라는 의미에서 본증자각本證自覺이라 합니다. 따라서 현성공안의 이면에는 항상 본증자각이 개재되어 있습니다.

이와 같은 현성공안의 도리를 현성공안이게끔 만들어가는 행위가 좌선이라는 신체행위이고, 그것을 자기의 것으로 만들어가는 것이 자각이라는 인식행위이며, 공안이 공안이라는 집착을 벗어나 탈락된 공안으로 되돌아오는 탈체현성脫體現成의 경험입니다. 이와 같이 신체와 자각과 경험이라는 세 가지 행위의 종합이 지금 당장 그 자리에서 일어나고 그것을 알아차리는 행위가 현성공안의 원리입니다.

바로 이 현성공안의 원리를 달리 좌선체험 내지 자각체험이라 합니다. 그래서 진리의 보편성처럼 좌선체험과 자각체험은 언제라도 어디서라도 어떻게라도 준비되어 있고, 또한 준비된 대로 작용하고 있습니다. 현성공안의 체험이란 그것을 무엇(WHAT)·왜(WHY)·어떻게(HOW)라는 세 가지 입장에서 규명해 나아가는 것입니다.

무엇(WHAT)이라는 입장은 공안이 무엇인가, 깨침이 무엇인가, 12연기란 무엇인가 등등처럼 그 본질을 파악하는 행위입니다. 이미 몸의 가부좌와 호흡이 준비되어 있는 바탕에서 공안(진리)의 본질을 구조적으로 실증해 나아가는 것입니다. 반드시 무엇이라는 행위가 규명되지 않고는 공허한 관념의 철학이고 자의적으로 만들어낸 형이상학에 지나지 않습니다. 그 무엇이라는 것이 공안이라는 대상에 대한 자기규명이자 동시에 자신에 대한 공안인 본참공안本參公案입니다. 다음과 같은 일화가 있습니다.

중국 당나라 때 운암담성이라는 선승이 있었다. 어느 날 차 한 잔을 마시려고 물을 데워 막 차를 우려내고 있는 참이었다. 그때 마침 그 스승이었던 도오원지라는 스님이 들어와서 운암에게 물었다.

"여기에 손님이라곤 하나도 없는데 그대는 누구에게 주려고 차를 내고 있는가?" 운암이 말했다.

"꼭 마시고 싶어하는 사람이 있어서 그 사람에게 드리려고 그럽니다." 도오가 물었다.

"마시고 싶다는 그 사람은 손이 없다더냐. 자신이 직접 차를 내면 될 터인데 하필 왜 그대에게 차 심부름을 시킨단 말이냐." 운암이 말했다.

"그 사람이 여기에 있는데 그게 바로 저이거든요."

곧 철저하게 자신을 객관화시켜 나아가면서 객관화된 자신을 공안이라는 객관과 다름이 아닌 것으로 만들어 나아갑니다. 그래서 공안이 곧 객관화된 자신임을 확인하는 것이 무엇(WHAT)이라는 입장입니다. 그래서 왜(WHY)라는 것은 반드시 무엇(WHAT)이 구명된 바탕에서 그 존재양태를 따지는 것입니다. 무엇(WHAT)이 본질의 규명이라면 왜(WHY)라는 것은 일종의 존재목적에 대한 추구입니다.

그리고 왜(WHY)에는 그 방향성이 설정되어 있습니다. 여기에서 방향성이란 다름아닌 깨친 자기의 완성입니다. 자아의 실현입니다. 방향성을 설정하는 데에는 무엇(WHAT)이라는 것의 본질적인 구명이 필요했듯이 어디까지라는 자신에 대한 철저한 인식과 그에 따른 억제 내지 절제가 필요합니다. 어느 쪽을 향하는 방향과 마찬가지로 얼마만큼이라는 제한의 설정이 없어서는 안됩니다. 제한의 설정이 없으면 좌선의 주제가 상실되어 버립니다.

묵조선의 수행방식이 아무 대상이나 아무런 방식이나 다 통용되는 것이 아닌 이유가 여기에 있습니다. 왜냐하면 공안에 대한 명확한 본질인 무엇에 대한 규명이 이루어지면 당연히 그것은 그 본질에 대한 존재이유와 어디까지라는 존재양상이 나타나기 때문입니다. 무엇이라는 의문방식에 바탕을 둔 왜이기 때문에 분명한 목표가 설정되는 것입니다. 터득된 진리에 대하여 그 진리의 존재방식이 왜 그렇게 되었는지를 살피는 것입니다.

가령 12연기의 구조와 본질을 파악한 위에서 왜 12연기가 존재해야 하는가의 그 필연성을 설정하는 것입니다. 무엇(WHAT)이 진리에 대한 본질의 인식이라면 왜(WHY)는 자신과 타인 모든 진리에 대한 행위의 인식입니다. 그래서 이미 규명된 무엇에 대한 왜라는 물음행위는 단순한 물음이 아닙니다. 이미 답변을 알고서 그것을 제한하는 설정은 현명하게도 공안에서 이루어지는 행위방식입니다.

한 승이 동산양개에게 물었다.

"스님께서는 이미 깨친 분이시기 때문에 묻습니다. 추울 때와 더울 때는 어찌해야 합니까? 가르쳐 주십시오." 동산이 말했다.

"그래, 추울 때는 따뜻한 곳으로 가고 더울 때는 시원한 곳으로 가면 되느니라." 승이 물었다.

"스님께서 말씀하신 그런 곳이 도대체 어디에 있습니까? 저도 정말로 그런 곳에 가보고 싶습니다." 동산이 말했다.

"추울 때는 자신을 철저하게 춥게 하여 추위와 정면으로 마주치고, 더울 때는 자신을 철저하게 덥게 하여 더위와 정면으로 마주치는 것이다. 어디로 회피하려고 해서는 더욱 춥고 더울 뿐이다. 그러므로 순경과 역경을 따져서는 안 된다. 일단 목표가 설정이 되었으면 추위와 더위를 구분해서는 안 된다."

자신이 설정한 진리의 방향 내지 필연성을 감지하였으면 그곳을 향하여 이제는 온 자신을 그것에 내맡겨버리는 것입니다. 그것이 곧 어떻게(HOW)라는 입장이다. '어떻게'라는 것은 공안의 활용입니다. 공안의 활용은 자신의 활용입니다. 이미 깨쳐 있는 자신을 진정으로 자신이게끔 드러내는 것입니다.

그것은 이를테면 12연기를 12연기의 규명이라는 구조속에 묻어두는 것이 아니라 연기의 도리를 실천하는 것입니다. 연기의 실천은 순리를 따르는 것이다. 인간은 인간으로서의 도리를 따르면서 동시에 그 도리를 이끌어 나아가는 것입니다. 진리의 실천입니다. 진리의 실천이란 현성공안의 완성입니다. 하나에 얽매여 고정시키지 않고 그것을 자유자재로 활용하는 것입니다.

임제의현이 달마의 탑을 참배하기 위하여 달마의 탑에 이르렀다. 임제는 그곳에 도착하여 참배할 뜻이 있는지 없는지 주위를 두리번거렸다. 이에 그곳을 지키고 있던 탑주스님이 임제에게 물었다.
"스님께서는 무얼 망설이는 겁니까? 어느 것이 누구의 탑인지 몰라서 그런 겁니까? 그것이 아니라면 부처님께 먼저 참배하시겠습니까? 아니면 달마조사에게 먼저 참배하시겠습니까?" 임제가 말했다.
"다른 소리 마시오. 나는 부처님께도 달마조사에게도 모두 참배할 마음이 없습니다." 그러자 탑주가 물었다.
"참, 스님도 무던하시지. 부처님과 달마조사에게 무슨 억하심정이라도 있어서 그런 겁니까?"
그러자 임제는 콧방귀라도 뀌듯이 장삼자락을 휘날리고는 그곳을 떠나 버렸다.

여기에서 임제는 하나의 대상에 대한 고정관념을 쳐부순 것입니다. 어느 것이 먼저이고 나중이라는 관념에서 벗어나 이미 참배하러 그곳을 방문한 자체가 예를 드린 것이었습니다. 굳이 허리를 숙여 예를 표하지 않더라도 썩 훌륭한 참배를 보여준 것입니다. 현성공안의 의의는 실로 이와 같은 그 활용에 담겨 있습니다.

가부좌를 통한 본증자각이 현성공안의 활용에서 그 진가를 발휘합니다. 그 활용이란 행주좌와行住坐臥 · 견문각지見聞覺知 · 어묵동정語動靜 · 일거수일투족 一擧手一投足의 모든 행위에서 일어납니다. 보고 듣는 자신이 보이고 들리는 대상을 의식할 때 더 이상 자신과 대상이라는 구별은 사라지고 맙니다.

빗소리를 들으면 나는 벌써 그 빗소리 가운데 들어가 있습니다. 그것도 온통 전체를 기울여 빗소리에 침잠해 있습니다. 그 순간 나라는 자신도 잊어버렸지만 빗소리도 빗소리를 잊어버립니다. 그리고 비와 소리도 구별을 떠나버립니다.

이처럼 현성공안은 현성된 공안이면서 현성 자체가 곧 공안이 되어 있습니다. 그 즈음에 자신이 공안으로 현성됩니다. 그래서 자신이 현성되면 그 현성은 곧 공안이며 그 공안은 곧 나 자신이 되어 분별이 없는 하나로서 곧 전체가 되는데 이것을 공안체험이라 합니다.

곧 무엇(WHAT) · 왜(WHY) · 어떻게(HOW)라는 삼구형식이 각각 본질의 구조에 대한 규명과 존재의 방향성에 대한 설정과 자신을 공안에 통째로 들이미는 공안의 활용으로 현성되는 것이야말로 묵조선 수행의 실천으로서 그 완성입니다. 삼구형식에 대한 이와 같은 공안체험인 묵조선 수행의 활용은 이와 같은 공안의 체험을 통하여 이루어집니다.

51 가부좌의 수행 (只管打坐)

問 묵조선에서는 어떤 선수행보다도 특히 좌선수행을 강조합니다. 심지어 좌선을 수행 내지 깨침으로까지 간주합니다. 어째서 좌선이 수행 내지 깨침을 의미하는 것인지 말씀해주시기 바랍니다.

答 묵조선 수행의 근본은 애당초 깨침이 완성되어 있다고 보는 본증本證을 자각自覺하는 데 있습니다. 본증은 선천적으로 이미 모든 것이 완성되어 있다는 의미입니다. 깨침마저도 벌써 완성되어 있어 후천적으로 수행을 통해서 미혹으로부터 깨침을 얻는다는 것과는 같지 않습니다.

그렇다고 하여 숙명론이나 기계론과 같이 우리의 자유의지가 무가치하다는 것은 아닙니다. 왜냐하면 본증의 의미로서 이미 완성되어 있다는 것은 그와 같은 가능성이 내포되어 있을 뿐만 아니라 그 가능성이 항상 누구에게나 열려 있다는 의미이기 때문입니다.

그래서 흔히 생각하듯이 어떤 수행을 통해서 미혹한 자신이 이전에는 없었던 깨침을 새로 얻어간다는 의미가 아니라는 것입니다. 전혀 없었던 것이 수행을 통해서 새로이 생긴다는 것은 더욱 어불성설입니다. 아무리 수행을 통해서 깨침을 얻는다 해도 궁극적으로는 자신의 내면에 깃들어 있는 깨침의 요소 곧 본래부터 완성되어 있는 불성이 인연을 만나 꽃이 피듯이 발양되는 것입니다.

실로 아니 땐 굴뚝에는 연기가 나지 않듯이 무인연으로 존재하는 것은 없다는 것이 불교의 상식입니다. 상식을 무시하고는 어떤 것도 성립할 수가 없습니다. 아는 사람에게는 상식일 수 있어도 그것을 모르는 사람에게는 고차원적인 지식으로 간주될지도 모릅니다. 그러나 상식에서 벗어나는 것은 불교가 아니고 선도 아닙니다. 단지 모르고 있을 뿐이지 애초부터 우리 곁에 늘상 있어 왔습니다. 곧 본증이란 그와 같이 이미 완성되어 있는 것을 의미하는 것입니다. 곧 그것을 자기 것으로 만들어가는 것이 자각입니다.

자각이란 불성으로 굳이 나누어 말하면 행불성行佛性입니다. 이불성理佛性이 흔히 말하는 일체중생실유불성의 의미라면 행불성은 그 불성이 직접 당사자에 의해서 체험되고 실현되는 것인데 이것이 본증자각입니다.

그래서 본증자각은 제아무리 지식을 통해서 이해를 한다해도 저절로 터득되는 것은 아닙니다. 몸소 느껴야 합니다. 그 방법이 다름아닌 좌선이라는 행위입니다. 그래서 좌선은 수행의 전부입니다. 이때의 좌선은 더 이상 수행만을 의미하는 것이 아닙니다. 좌선 그 자체가 깨침을 드러내는 행위이기 때문에 여기에서의 좌선은 곧 깨침입니다. 깨침으로서의 좌선입니다.

그래서 좌선이 깨침의 형태라면 깨침은 좌선의 내용입니다. 더 이상 좌선과 깨침이 다른 것이 아닙니다. 이것을 지관타좌라 합니다. '오직 앉아 있을 뿐'이라는 정도의 뜻입니다. 앉아 있는 것이 깨침 그 자체이기 때문에 앉아 있다는 사실이 다름아닌 그대로가 깨침[全是覺]으로서의 좌선입니다. 그냥 몸으로만 앉아 있는 것이 아닙니다. 깨침의 내용이 몸의 좌선으로 드러나 있는 것입니다.

그래서 좌선은 수행이면서 동시에 깨침입니다. 바로 이 좌선의 형식은 가부좌라는 모습으로 나타납니다. 여기에서는 가부좌라 해도 두 다리를 겹쳐 앉는 몸의 형식으로서의 앉음새만이 아니라 안으로 마음의 형식에 이르는 가부좌입니다. 따라서 여기에서는 우선 본증자각의 근거가 되는 가부좌입니다.

가부좌의 첫째 의의는 앉음새의 형식에 있습니다. 형식을 떠나서는 좌선이란 있을 수 없습니다. 형식을 떠난 좌선이란 단순한 형이상학의 철리에 불과합니다. 그래서 묵조선에서의 좌선을 달리 앞서 말한 지관타좌라고도 합니다. 앉아 있는 모습 그대로가 좌선이고 좌선 그대로가 깨침의 현성으로 간주됩니다.

좌선의 형식에 대해서 여러 좌선의坐禪儀에서 누누이 강조하고 있는 것은 비단 초심자에만 한정되는 것은 아닙니다. 숙련된 자의 경우야말로 그 숙련의 경지가 올곧하게 좌선이라는 형식으로 통해 드러나기 때문입니다. 그래서 불법은 다름아닌 우리가 행하는 행동거지 그대로의 모습으로서 불법즉위의佛法卽威儀를 말합니다.

이 좌선의 가부좌라는 형식은 좌선의 실천을 상징하면서 동시에 실천 자체이기 때문입니다. 그래서 몸으로 직접 앉지 않고 깨침을 얻는다든가 좌선을 한다고 말하는 것은 설령 삼세제불이 와서 설법한다 해도 혀끝의 희롱에 지나지 않습니다. 왜냐하면 실천을 무시하고는 어떤 선종도 존재할 수가 없기 때문입니다. 특히 묵조에서의 좌선은 묵과 좌 그리고 조와 선이 동일시되는 입장이므로 좌선이라는 앉음새 자체가 묵조입니다.

다음 가부좌의 둘째 의의는 관조하는 것입니다. 단순히 앉아서 묵묵히 있는 것이 아닙니다. 묵묵히 앉아 있되 이 묵좌는 삼천대천세계에 두루하는 묵좌默坐입니다. 곧 조가 수반되는 묵입니다. 그래서 묵조명에서는 묵과 조의 관계를 제대로 살펴야 한다고 말합니다. 그래서 묵좌는 묵조의 좌이지 단순한 침묵만의 좌가 아닙니다.

이것은 몸의 좌이면서 동시에 마음의 좌이기 때문입니다. 따라서 가부좌의 첫째 형식은 여기에서 바로 내용의 관조로 이어집니다. 관조가 없는 형식의 좌는 한낱 껍데기일 뿐입니다. 그래서 다시 『묵조명』에서는 곧 묵조 가운데에서 조를 상실한 묵이라면 그것은 곧 혼침과 미혹이

밀려들어 자신을 엉망진창으로 만들어버리고 맙니다.

따라서 묵과 조의 좌선에서 묵과 조의 어느 것 하나라도 상실한 불완전한 묵조에 떨어져서는 안 됩니다. 이처럼 묵 가운데 조가 없어서는 안 되고 아울러 조 가운데 묵이 없어서는 안 된다는 관계를 완전宛轉이라는 용어로 표현합니다.

이것은 둘이 뒤섞여 있으되 제각각 자신의 모습을 유지하고 있는 것을 말합니다. 이처럼 묵과 조가 일합하게 되면 그 경지는 원만보신노사나불의 경지가 되어 수와 증의 합일이 나타납니다. 이것을 굉지정각은 연꽃이 벙글어 피고 꿈에 취해 있는 자가 꿈을 깨는 도리라는 말로 표현하여 묵조좌선을 하는 수행인의 경지는 곧 사바세계에서 꿋꿋이 연꽃이 피어나듯이, 미몽의 중생을 벗어나 꿈을 탈각하듯이 위없는 경계가 된다고 하였습니다.

이것은 가부좌의 형식이 그 내용으로서의 관조에까지 다다른 것을 나타낸 것으로서 정전正傳의 삼매에 안주하여 위없는 깨침에 이르는 것을 말하고 있습니다.

가부좌의 셋째 의의는 묵조가 완전의 작용으로 현성된 모습입니다. 이것은 묵과 조가 상대적인 입장에 처해 있으면서도 상대성을 뛰어넘은 입장으로 바뀌며, 제각각의 입장에서 전체의 입장으로의 사고전환입니다. 따라서 가부좌는 특별한 무엇으로 규정되어 있는 것이 아닙니다. 형식과 내용의 구분이 엄밀하게 존재한다고 규정해 버리면 깨침은 필연성이 아니라 목적성이 되어 버립니다. 가부좌는 본래의 자기가 현성하는 것일 뿐입니다. 일상의 모든 사사물물이 다 가부좌의 구조 속에서 본래의 자기체험으로 다가옵니다. 그리하여 주변의 어느 것 하나 가부좌의 현성 아님이 없습니다.

그래서 가부좌는 부단한 깨침의 체험으로 연속되어 갑니다. 과거의 깨침의 체험과 미래의 깨침의 체험이 따로 없습니다. 지금 그 자리에서의 깨침입니다. 깨침에 전후가 없습니다. 전일적全一的인 입장이기 때문에 미혹한 중생의 입장에서의 고매한 깨침과 진리를 통한 각자覺者의 입장에서의 일상적인 깨침 사이에 구분이 없습니다.

이것이 바로 가부좌의 완전한 작용이고 가부좌의 일상성입니다. 이 도리를 말로 표현하자면 달빛이 황금의 대지 위에 펼쳐진 모습으로 본체(正)가 우뚝 드러나 막힘이 없어 현상(偏)과 함께 작용하는 모습입니다.

다음 가부좌의 넷째 의의는 수행과 더불어 깨침의 의의를 함께 나타내줍니다. 가부좌의 의의는 묵조의 속성으로 나타납니다. 곧 묵조의 가풍은 주도면밀周到綿密을 그 특징으로 삼습니다. 일상 행위 하나하나가 소홀함이 없습니다.

따라서 가부좌는 그대로 깨침의 현현으로서 나타난 몸의 구조이고 마음의 구조입니다. 이러한 가부좌야말로 묵조가 나타내는 일상성이고 본증성입니다. 그래서 굳이 깨침을 얻으려고 목적하지 않아도 저절로 수행의 필연성이 구현되어 옵니다.

그래서 올바른 수행은 올바른 가부좌이고, 올바른 가부좌는 올바른 수행이며, 올바른 좌선은 올바른 깨침입니다. 좌선 그대로가 깨침의 작용이므로 일시좌선一時坐禪은 일시불一時佛이고 일일좌선一日坐禪은 일일불一日佛입니다. 즉 좌선이 곧 불(坐禪卽佛)이요 불은 곧 좌선(佛卽坐禪)입니다. 이것이 지관타좌只管打坐로서의 가부좌가 나타내는 본래 의의입니다.

52 심신과 그 자각 [本證自覺]

問 본래성불의 사상에 근거한 조사선풍은 그것을 현실속에서 구현하는 것을 목적으로 합니다. 중생이 성인과 동일한 진성眞性 을 구비하고 있음을 심신深信하고 그것을 일상에서 조사선의 가풍으로 실천하는 행위를 묵조선에서는 본증자각이라 말합니다. 그러면 본증을 자각하는 행위는 구체적으로 어떤 것입니까?

答 수행은 깨침과 무관하지 않습니다. 여기에서 무관하지 않다는 것은 수행 자체가 깨침과 동일한 의미를 지닌다는 말입니다. 그래서 수행은 반드시 깨침을 목표로 하기 때문에 궁극에는 깨침이 이루어진다는 바탕에서 시작되고 끝나는 것으로 생각하는 경향이 있습니다. 그러나 이와 같이 수행이 깨침의 전단계前段階로서만 이해되는 수행은 올바른 수행이 아닙니다. 수행은 깨침의 전단계가 아니라 수행이 곧 깨침이기 때문입니다. 이와 같은 수행과 깨침의 관계라면 새삼스레 왜 수행이 필요한

가, 누구나가 깨침 자체 그대로 완전하지 않겠는가 라고 질문하는 사람이 있을 것입니다.

그러나 이처럼 누구에게나 완전하게 구비하고 있다는 사실을 누구나가 아는 것은 아닙니다. 그러나 아는 사람은 아는데 이것이 자기인식 곧 자각입니다. 그 인식의 대상은 무엇인가 하면 곧 자기입니다. 그러나 그 대상으로서의 자기는 인식의 대상일 뿐입니다. 더 이상 본래자기가 아닙니다. 본래자기는 인식의 대상이 아닙니다. 그냥 그렇게 존재하는 법이연法爾然한 자기일 뿐입니다.

그래서 본래자기를 터득하는 기술이 필요합니다. 그 기술이 좌선으로서의 자각입니다. 좌선을 통한 자각, 다시 말해 본래자기라는 심신深信이 수행입니다. 따라서 좌선을 통한 자각의 수행은 본래불을 찾는 것이 아닙니다. 애초부터 구비하고 있는 본래자기를 닮아가는 행위입니다. 곧 부처를 닮아가는 것입니다. 아니 자신의 행위가 부처를 닮아가는 행위임을 자각하는 것입니다.

이와 같은 본래불의 도리에 대하여 예로부터 대혜종고는 이러한 깨침의 도리는 사람들마다 두루 갖추지 않은 바가 없다고 말합니다. 이것으로 보자면 대혜는 본래부터 중생 누구나 본래자기라는 깨침을 갖추고 있다는 본각문本覺門에 입각해 있습니다. 그러면서도 달리 시각始覺을 통하여 본각本覺에 합치된다 라든가 시각을 말미암아 비로소 본각에 합치된다고 말하기도 합니다. 이것은 중생 누구나 본래자기임에도 불구하고 온갖 번뇌와 어리석음으로 인하여 본래자기라는 사실조차도 인식하지 못한다는 것입니다. 따라서 처음부터 갖추고 있던 본래자기를 회복해야 하는 과제가 대두된다, 그것이 수행의 필요성을 이끌어냅니다.

이처럼 본래자기라는 인식이 필요하다는 것이 곧 대혜가 출발한 시각문始覺門의 입장입니다. 그래서 누구나 역대 조사들과 삼세제불의 가르침을 통하여 수행과 깨침에 대한 눈을 떠야 하고 그럴 수 있다고 말한 것이 곧 시각을 통하여 본각으로 나아간다는 것입니다. 이러한 대혜의 입장은 수행인이 본각의 도리를 구비하고 있으면서도 현실적으로는 그것을 드러내지 못하고 있는 것을 강조하고 있기 때문에 궁극적으로는 본래자기에 대한 심신深信이 반드시 필요합니다.

한편 굉지정각은 모든 사람에게 불심이 본래부터 갖추어져 있다고 말합니다. 그래서 범부가 바로 이 불심이 본래부터 갖추어져 있음을 모르고 밖의 경계에 대한 취사분별에 지배되고 있지만, 그러한 상황으로부터 벗어나 본래부터 갖추고 있는 깨침의 본원本源을 원만하게 드러내가는 과정이 바로 초심으로부터 자각에 이르는 수행과정이라 말합니다. 각자 그 본래불임을 자각하는 수행을 통해서 본래부터 깨친 존재로서 부처를 닮아가는 행위가 수행이라 하였습니다. 이것을 다음과 같이 말합니다.

묵묵하면서도 자재하고 여여하여 반연을 떠나 있어서 훤칠하게 분명하여 티끌이 없고 그대로가 깨침의 드러남이로다. 본래부터 깨침에 닿아 있는 것으로서 새로이 오늘에야 나타난 것은 아니다. 깨침은 광대겁 이전부터 있어서 확연하여 어둡지 않고 신령스레 우뚝 드러나 있는 것이다. 비록 그렇다고는 하나 부득불 수행을 말미암지 않으면 안 된다.

여기에서 깨침의 자각이라는 수행의 본래기능이 되살아납니다. 곧 좌선수행이 그냥 앉아 있는 것이 아닙니다. 묵묵히 앉아 마음은 텅 비고 깨침은 침묵 속에 밝게 드러납니다. 그리하여 좌선수행에서는 마음의 수행 못지않게 몸의 수행이 강조되고 있기 때문에 정定과 혜慧가 동시에 나타납니다. 곧 앉아 있는 그 자체를 깨침의 완성으로 보기 때문에 좌선수행이 깨침의 형식이 아니라 깨침의 내용이고 깨침은 좌선수행의 내용이 아니라 좌선수행의 묘용妙用입니다.

이 좌선수행이 곧 깨침으로 성립되는 것은 반드시 심신深信에 바탕을 두고 있기 때문입니다. 심신이 아닌 좌선수행은 단순히 앉아 있는 자세일 뿐이고, 심신에 바탕을 두지 않은 깨침은 착각일 뿐입니다. 바로 이 심신이 가장 강조된 것은 일찍이 보리달마부터였습니다. 보리달마는 이종입二種入에서 다음과 같이 말합니다.

이입이란 무엇인가. 불법의 가르침에 의해 불교의 근본적인 취지를 깨치는 것이다. 중생은 성인과 동일한 진성을 지니고 있음을 심신하는 것이다. 그런데도 중생은 단지 객진번뇌에 망상에 뒤덮여 있어 그 진성을 드러내지 못할 뿐이다. 만일 객진번뇌의 망념을 제거하여 진성을 지니고 있음을 심신深信하는 곳에 돌아가 올곧게 벽관壁觀을 통하여 자타의 구별이 없고, 범부와 부처가 본질적으로는 동일하다는 경지에 굳게 머물러 변함이 없으며, 또한 다시는 조금도 문자개념에 의한 가르침에 휩쓸리지 않는다면, 바로 그때에 진리와 하나가 되어 분별을 여의고 고요한 무위에 도달한다. 이것을 이입理入이라 한다.

여기에서 이입理入은 깨침에 들어가는 이론이라든가 수행의 과정이 아닙니다. 곧 불교의 근본적인 취지를 깨치는 것을 말합니다. 그 방법은 불법의 가르침에 의해서와 같이 불법의 가르침에 의해서 불법의 가르침인 그 근본 취지를 깨치는 것입니다. 이것은 불법으로서 불법을 깨치는 것입니다. 따라서 불법이란 깨침입니다. 바꾸어 말하면 깨침으로 깨침을 얻는 것입니다. 이미 불법이 깨침으로서 출발하여 깨침을 얻는 것입니다. 이것이 달마의 수행방식입니다. 여기에서 달마의 수행은 무엇을 새로이 얻기 위한 수행이 아니었습니다.

궁극적으로는 달마의 수행이 아니라 달마가 제자들에게 가르친 수행의 방식일 뿐입니다. 이와 같이 달마가 말하는 깨침의 내용은 구체적으로 중생은 성인과 동일한 진성眞性을 지니고 있다는 것입니다. 중생과 성인이 다르지 않다는 것은 중생에게나 성인에게나 모두 불법이 본래부터 갖추어져 있음을 말합니다. 본래부터 갖추어져 있는 불법을 심신深信하는 것이 달마의 수행방식입니다. 따라서 달마의 수행에는 이미 깨침이 갖추어져 있음(理入)을 말합니다. 그래서 달마의 깨침(理入)은 수행이고 수행은 깨침(理入)입니다. 이 깨침은 불법을 깨치는 것이므로 그것은 이론적인 깨침이 아니라 수행을 겸한 완성된 깨침입니다. 그 수행방식이 심신이라면 심신의 형태는 곧 벽관입니다. 달마의 벽관은 좌선 바로 그것이었습니다.

따라서 좌선의 구체적인 수행방식인 벽관의 모습은 객진번뇌의 망념을 제거하여 진성에 돌아가 올곧하게 벽관을 통하여 자타의 구별이 없고, 범부와 부처가 본질적으로는 동일하다는 경지에 굳게 머물러 변함이 없으며, 또한 다시는 조금도 문자개념에 의한 가르침에 휩쓸리지 않는 것입니다. 여기에는 좌선의 수행방식인 벽관의 내용이 드러나 있습니다.

첫째는 자타의 구별이 없고, 둘째는 범부와 부처가 본질적으로는 동일하다는 경지에 굳게 머물러 변함이 없으며, 셋째는 다시는 조금도 문자개념에 의한 가르침에 휩쓸리지 않는 것입니다. 자타의 구별이 없다면 분별심을 내지 않는 것입니다.

이입理入으로 깨침이 완성되어 있기 때문에 굳이 중생이니 성인이니 수행이니 깨침이니 하는 분별은 의미가 없습니다. 그 무분별한 마음으로 범부와 부처가 본질적으로는 동일하다는 경지에 굳게 머물러 변함이 없는 것이야말로 심신의 또 다른 형태입니다. 곧 좌선의 벽관은 심신을 통한 벽관이라는 것입니다.

이처럼 심신深信을 통한 벽관은 다시는 조금도 문자개념에 의한 가르침에 휩쓸리지 않는 것일 뿐만 아니라 오히려 문자를 통한 진리에 계합하는 것입니다. 달마는 교敎를 부정하지 않고 교에 의하여 자각할 것을 말하였는데 그것이 곧 자교오종藉敎悟宗이었습니다. 본래 깨침이란 교敎에 의지해서 종지를 깨친다는 것이므로 거기에는 교를 매개로 하여 근본(宗)을 철견한다는 것이 포함되어 있습니다. 문자를 부정한다든가 여의는 것이 아니라 적극적으로 교내별전敎內別傳·불리문자不離文字를 말합니다.

이와 같은 경전에 의하여 종지를 깨친다는 자교오종에 의한 심신의 벽관은 필연적으로 깨침이 구현되어 있는 모습으로서 달마는 '바로 그때에 진리와 하나가 되어 분별을 여의고 고요한 무위에 도달한다' 고 하였습니다.

이로써 보면 진리와 하나가 되는 깨침은 반드시 자각을 수반하는 것으로서 분별을 여의고 고요한 무위에 도달하는 것을 속성으로 삼고 있습니다. 분별이 없기 때문에 따로 자타 내지 범성이 없고, 고요한 무위의 경지이므로 객진번뇌로부터 자유로울 수가 있습니다.

그래서 깨침은 심신이라는 자각을 통한 좌선벽관의 구현일 뿐만 아니라 벽관을 통한 심신의 자각입니다. 따라서 심신과 벽관과 깨침은 좌선수행방식에 대한 달마 특유의 용어이면서 교를 통한 깨침이라는 의미까지 내포되어 있는 말입니다.

53 비사량의 좌선 [非思量底]

問 본증을 자각하는 행위에서 그 마음의 상태는 분별과 집착이 없는 비사량非思量입니다. 비사량의 성격은 어떤 것이고, 어떻게 실천하는 것인지 말씀해주시기 바랍니다.

答 좌선이란 자세를 가다듬고 고요히 앉아서 화두를 들건 묵조를 하건 관법을 하건간에 무언가 거기에는 마음의 작용이 바탕이 되어 있습니다. 화두를 들어도 화두에 대한 마음자세가 필요하고, 묵조를 해도 묵조에 대한 마음자세가 필요하며, 관법을 해도 관법에 대한 마음자세가 필요합니다. 이 가운데서 묵조를 한다는 것은 몸으로 묵하고 마음으로 조한다는 의미가 포함되어 있습니다.

이 몸과 마음의 행위인 묵조는 좌선경험 가운데서 구체적으로 어떤 상태를 지향하고 있겠습니까? 이에 대하여 굳이 몸과 마음으로 나누어 설명하자면 몸으로는 올곧하게 가부좌의 자세를 취하면서 마음으로는 성성적적하게 사량하는 것입니다.

그러면 무엇을 사량하는 것이겠습니까? 본래면목의 자성을 사량하는 것입니다. 그 본래면목이란 이치적으로 처음부터 성인범부가 하등의 차이도 없이 완전하게 깨쳐 있는 존재(理佛性)를 말합니다. 그리고 본래면목의 자성을 사량한다는 본래면목임을 자각하는 것(行佛性)입니다. 이 불성(理佛性)이란 일체중생은 동일한 진성을 지니고 있다 혹은 일체중생은 그대로 공안이라는 의미로서 누구나 깨침의 가능성의 존재를 나타낸 말입니다.

그러나 가능성의 구비만 가지고는 한낱 철학일 뿐 결코 종교가 아닙니다. 종교란 반드시 그 실천이 수반됨으로써 철학과 구별됩니다. 선은 철학이기에 앞서 어디까지나 종교이며 선은 반드시 좌선이라는 경험이 뒷받침되어 있습니다.

따라서 이불성은 필연적으로 행불성을 필요로 합니다. 행불성이란 이불성에 머물지 않고 본래면목의 자성을 좌선이라는 행위를 통하여 그것을 형성시키는 자각행위입니다. 그 자각을 이끌어내는 마음의 구조가 곧 비사량입니다. 비사량이란 단순히 사량하지 않는다는 의미가 아닙니다. 사량하되 다름아닌 바로 그 자체임을 사량하는 것입니다. 『전등록』에는 다음과 같은 이야기가 있습니다.

> 약산유엄이 좌선을 하고 있는데 한 승이 물었다.

"올곧게 앉아서 무엇을 사량하는 겁니까?" 약산스님이 말했다.

"사량할 수 없는 도리를 사량하고 있다." 그러자 그 승이 말했다.

"사량할 수 없는 도리를 어떻게 사량한다는 겁니까?" 약산스님이 말했다.

"그것은 비사량이기 때문이다."

여기에서 '사량이 아닌 것이다(非思量)'라는 것은 좌선 속에서의 의식의 존재방식을 보여준 말입니다. 그런데 이 비사량을 단순히 사량이 아니다, 사량이 없다는 의미의 형이하학적인 의미로 파악하여 좌선에 의한 무의식적인 상태, 곧 무념무상無念無想으로 간주한다면 이와 같은 비사량은 누구에게나 거의 불가능할 것입니다. 왜냐하면 의식의 본성은 끊임없이 흐르는 것이기 때문입니다. 곧 의식을 가지고 의식을 추구하면 자체의 의식이 또 다른 번뇌를 불러일으켜 거기에 빠져들고 말기 때문입니다.

비사량은 이러한 상호간의 의식이나 무의식의 정신작용이 완전히 없어진 상태의 순수한 의식활동을 일컫는 말입니다. 다시 말하자면 모든 관념과 의욕과 감정 등의 의식활동을 추구한다든가 억제한다든가 하지 않고 의식이 생멸거래生滅去來하는 그대로 맡겨 두는 것입니다. 관념과 의욕과 감정 등의 번뇌작용은 그대로 내버려두면 본래 무자성無自性한 것이라서 저절로 사라지기 때문입니다. 따라서 비사량이란 사량하되

지금 사량하는 자신이 다른 그 무엇이 아니라 바로 좌선하는 자기이고 자각하는 자기이며 깨쳐 있는 자기로서 자기와 사량과 자각이 하나임을 사량하는 것입니다.

깨침의 심리도 이와 마찬가지의 의식작용입니다. 그러나 깨침의 의식활동은 그대로 흐르면서 아我에 대한 집착으로부터 벗어나 있습니다. 이것은 번뇌와 깨침이 실체적으로 존재하는 것이 아니라 일심의 작용으로서 나타나는 것을 의미합니다. 곧 의식이라든가 무의식이라든가 하는 것처럼 고정적으로 구별하여 보지 않는 순수직관입니다. 이리하여 약산은 부사량不思量이라는 것의 사량이 바로 좌선에서의 비사량임을 보여주고 있습니다. 부사량이 사량의 부정이라면 무사량無思量은 사량의 부정적 존재방식입니다.

이에 반해 비사량은 사량의 긍정방식입니다. 그것은 사량의 비非가 아니라 비非의 사량이기 때문입니다. 여기에서 비非는 그 다른 어떤 것이 아닌 그 자체를 의미합니다. 자기가 자각의 주체이고 자각은 좌선의 내용이며 좌선은 자기의 현성이지 그 밖의 다른 어떤 존재가 아님을 말합니다.

그래서 이 비사량에 철저한 것이 좌선의 요체입니다. 곧 반석처럼 움직이지 않고 오롯하게 단좌하여 부사량의 사량이 비사량으로 철저화된 것이 좌선의 요체입니다. 그 까닭은 일체의 분별심을 버리고 취사선택을 떠나 몸과 마음이 모두 자기의 본래심성으로 돌아가는 가장 중요로운 방법이 좌선이기 때문입니다.

여기에서 비사량은 부처의 경계인 무위無爲입니다. 무위이므로 일찍이 변설한 바가 없습니다. 변설한 바가 없이 일체의 언론을 떠나 있으므로 부사의한 경계라 합니다. 이 부사의한 경계가 약산에게서는 사량하지 않는 것(不思量)으로 표현되어 있습니다.

위에서 사량하지 않는 것을 어떻게 사량한다는 겁니까라는 한 승의 물음은 약산에게 긍정되지 못하였습니다. 그 까닭은 한 승의 물음이 아직 사량의 범주에 머물러 있기 때문입니다. 사량의 부자유를 떠난 바로 그 당체적인 사량(非思量)에는 생각이 있고 없음에 관계가 없습니다. 그러기에 무위의 진제眞諦입니다. 무위의 진제이므로 사량을 용납하지 않습니다. 하물며 어찌 언설과 문자를 용납하겠습니까.

따라서 시비와 선악과 분별과 언어문자를 초월한 절대진리로서 삼조승찬의 말을 빌리자면 신심불이信心不二·불이신심不二信心의 입장처럼 분별을 초월한 입장입니다. 그래서 이 비사량의 경지는 믿는 주체의 신信과 믿어야 할 객체의 심心(진리)이 원래 불이일체不二一體한 입장에서 있어 지식知識과 정의情意로는 헤아릴 수 없는 불립문자의 경지입니다. 여래의 언설은 유위의 생각이나 분별로 알 수 있는 바가 아닙니다. 이것은 무루심에서 나온 것이기 때문입니다.

그래서 여래의 언설은 사량분별의 대상이 아닌 까닭에 바로 대상이 아닌 사량 곧 비非의 사량으로 나타난 것이므로 법이 아닌 인연과 비유로써 표출된 것입니다.

또한 승찬은 『신심명』에서 "텅 비고 스스로 비추니 애써 마음 쓸 필요가 없다. 비사량의 경계는 의식의 알음알이로는 헤아릴 바가 아니다. 따라서 진여의 법계는 자타가 따로 없으니 오직 불이不二라고 할 뿐이다." 라고 말합니다. 곧 비사량의 진실한 의미는 사량이 없다는 의미가 아니라 비非의 사량 · 탈락脫落의 사량 · 불염오不染汚의 사량이라는 의미입니다.

여기에서 비非는 서술격이 아니라 주격의 의미인 비의 사량 · 비가 사량한다 · 비에 있어서의 사량 등의 뜻으로서 비가 바로 사량 그 자체임을 나타냅니다. 그래서 비사량은 아집을 탈락한 무집착의 사량으로서 유일무이한 절대사량 내지는 정사량正思量으로 규정할 수가 있습니다. 이리하여 비사량은 단순한 무의식의 상태 곧 무념무상이 되는 것이 아닙니다. 왜냐하면 사량하지 않는다고 하면 사량하는 그 염念도 결국 의식의 굴레가 되어 어찌할 수 없게 되기 때문입니다. 그리하여 일체를 생멸거래에 맡겨 둘 때의 방임放任된 의식에는 집착이 생기지 않고 관찰되거나 개념화되지도 않습니다.

따라서 전체적으로 파악되어 주관과 객관의 일치가 이루어지는 남과 내가 따로 없어 오직 불이라 할 수밖에 없는〔無他無自 唯言不二〕세계로서 의식이나 알음알이로는 헤아릴 수가 없습니다. 이것은 종래의 지적인 분별심으로 사실을 규정하려고 한 미망을 타파하여 외계와 자아 · 객관과 주관·이理와 사事 등이 일치하여 사실 그대로가 되어 언어를 떠나 양자의 구별이 사라진 그 의식활동입니다.

그래서 비사량의 경계는 머무르지 않은 듯 머무는 것이고, 그것이 이름과 모습을 여의었을 때에는 행위가 없는 듯 행위를 하는 것입니다. 비사량처의 본래의 의미는 아무것도 생각하지 않는 무념무상이 아니라 선악과 애증 등의 이견二見에 떨어지지 않는 임운무작任運無作의 사량이며, 정해情解의 분별사식分別事識이 미치지 않는 초연한 사량입니다.

이처럼 비사량의 경계에는 문자가 없어 시비와 선악을 떠나 있습니다. 따라서 이것을 파악하고 사유하며 표현하기 위해서는 여기에서 말한 비사량의 좌선체험이 필요로 대두됩니다. 곧 이 좌선의 체험은 일상의 행·주·좌·와, 어·묵·동·정, 견·문·각·지 등 일상생활의 모든 위의에서의 체험으로 다가오는 사량의 실체입니다. 곧 『증도가』에서 말하는 "행동하는 것도 선이고 앉아 있는 것도 선이며 말하고 침묵하며 움직이고 고요한 것이 다 자신의 본체를 편안하게 해준다."는 바로 그 좌선에 통합니다.

그러면 좌선에서 이루어지는 구체적인 비사량의 체험은 무엇이겠습니까? 굉지에게 있어서 비사량의 체험은 곧 무분별한 사량의 전체속에 그대로 자신을 내맡겨 버리는 가운데서 궁극적으로는 다시 사량을 벗어난 탈체현성脫體現成의 의식으로 돌아오는 것입니다. 이것은 비사량이 묵조의 심의식으로 현성해 있는 것을 말합니다. 비사량의 사상은 좌선에서의 내면적인 마음의 준비로서 파악되어야 할 성질의 것이지 언설로 추구되는 것이 아닙니다. 단지 언설로 표현될 뿐입니다.

이 비사량에서는 외물을 잊고 내면의 도리를 불러내어 다시 무심하게 외물에 다가가는 것입니다. 그리하여 밖으로 잊었던 경계를 되살리고 안으로의 사량을 만물에 투여합니다. 그래서 잊었던 외물의 반연은 잊는다는 망忘의 본래로 돌아와 망연忘緣에서의 잊는다(忘)는 의미가 일반적으로는 끊임없는 정신의 흐름속에서 현재의 연상을 벗어나고 연緣을 떠나서 의식적으로 결합할 수도 없고 도출해 낼 수도 없게 된 심心의 자연적인 현상으로 나타납니다. 그러나 여기에서 잊는다는 것은 의식적으로 결합하려 한다든가 떠나려 한다와 같은 행위를 버린다는 의미이지 단순히 생리적 감각적으로 잊어버린다는 것을 의미하는 것이 아닙니다.

그러므로 좌선하는 도중에 만일 분별의식에 사로잡혔을 경우 그것이 분별의식임을 알아차림으로써 그 분별의식에 집착하지 않고 일상의 행行·주住·좌坐·와臥에서 이루어지는 좌선에 조금도 지장을 주지 않게 되는데 그것이 몸에 익혀지는 그것이야말로 비사량을 체험한 좌선의 요술입니다. 따라서 잊는다는 상태가 되어도 의식이 없어지는 것을 의미하는 것이 아닙니다. 이것이 바로 비의 사량입니다.

54 신심탈락의 경험 〔身心脫落〕

問 묵조선을 수행하는 방법은 우선 좌선이 필요합니다. 좌선을 통하여 어떤 마음으로 무엇을 수행해야 하는지 말씀해주시기 바랍니다.

答 그렇습니다. 묵조선의 수행은 기본적으로 좌선에 의지합니다. 이 좌선은 몸으로는 고요하게 앉아 있는 자세이고, 마음으로는 침묵을 지키면서 망상분별을 일으키지 않는 것입니다. 때문에 망상분별을 일으키지 않으려면 법에 대한 확신을 가져야 합니다. 그 법에 대한 확신이야말로 망상분별이 아닌 법에 대한 분별입니다. 여기에서는 그 일환으로 묵조선 수행의 일례를 말해보고자 합니다.

    수행을 하기 위해서는 무엇보다도 반드시 근원을 알아야 합니다. 그런데 그 근원을 알기 위해서는 일정한 행위가 요구됩니다. 그것이 마음이든 몸이든 언설이든 몸과 마음과 언설의 상호간의 행위든 간에 반드시 어떤 유형 내지 무형의 작용을 필요로 합니다. 그런데 이 바탕에는 언제나 주체가 있어야 합니다. 그 수행의 주체는 다름 아닌 자기 자신이고 자기의 몸이며 자기의 마음이고 자기의 언설입니다. 주체가 결여된 행위는 단순한 몰입 내지는 마음의 방종입니다. 외물에 대한 무비판적인 긍정입니다. 곧 자신의 체험이 철저화되지 않은 영원한 객입니다.

그런데 자신의 신身·심心·언言의 궁극에는 그 행위마저도 다시 닦아야 할 것이 없다는 생각을 가져야 합니다. 이것이 수행에 들어가는 제일심第一心입니다. 이 제일심을 지니기 위해서는 반드시 자신의 몸을 필요로 합니다. 그 몸의 자세와 작용이 다름 아닌 좌선이라는 행위입니다. 좌선의 행위는 우선 몸의 자세를 중시합니다. 그래서 앉는 것입니다. 제대로 똑바로 여법하게 늘상 앉습니다. 그것이 가부좌입니다. 그래서 가부좌는 수행의 제일심을 수지守持 내지 유지하기 위한 첫걸음이기도 합니다.

이 가부좌에는 자신의 몸과 마음과 기를 조절할 줄 아는 호흡이 수반됩니다. 건강한 몸과 목표의식을 구비한 마음과 일정한 호흡이야말로 자신이 살아 있는 근본방식입니다. 호흡에 바탕을 둔 가부좌야말로 여법한 몸의 자세입니다.

호흡의 수를 헤아리는 관법인 수식관數息觀 내지 호흡의 길이와 강도를 조절하면서 하는 관법인 지식관止息觀의 호흡에서 수식 내지 지식을 지속적으로 이끌고 나아가는 방식은 호흡에 대한 자각입니다. 자신이 지금 호흡하고 있음을 알고 언제나 호흡하는 자신을 알며 호흡하는 주체를 알고 호흡하는 이유를 알며 호흡하는 마음을 알아야 합니다.

이와 같은 호흡에 대한 인식은 몸과 마음에 습관이 베어들 때까지 지속하는 것이 필요합니다. 그리하여 끝내 호흡하는 자세와 호흡하는 자체를 초월하는 것입니다. 그 초월이란 더 이상 호흡에 신경 쓰지 않고도 자연스러운 호흡에 도달하는 것입니다. 자연스러운 호흡과 올바른 호흡은 자연스러운 가부좌와 올바른 가부좌의 모습으로 나타납니다.

호흡은 가늘게·고르게·길게 하는 것이 중요합니다. 이것이 호흡의 자각이고 호흡삼매입니다. 호흡은 몸을 추스리는 작용만이 아니라 정기를 유지하는 행위이고 마음의 혼란과 고요함을 나타내는 척도입니다. 이와 같은 호흡이 처음에는 의도적으로 진행되지만 점차 완숙해지면서 무의식적으로 자연스런 호흡이 되는 경지를 말합니다.

호흡이 갖추어졌거든 보리심을 내야 합니다. 보리심이란 다름 아닌 발심이고 발심은 자각의 행위로서 믿음의 당체입니다. 그런데 그 믿음의 당체를 어떻게 자각하는가 하는 것이 중요합니다. 믿음이 저절로 오는 것은 아닙니다. 발심은 그만큼 믿음의 본래적인 성격입니다. 이에 대하여 장차 발심을 하려면 먼저 선우를 가까이 하고, 둘째는 제불께 공양하며, 셋째는 선근을 모아서 닦고, 넷째는 뜻으로 뛰어난 법을 구하며, 다섯째는 마음을 항상 부드럽게 지니고, 여섯째는 괴로움을 마주해도 참으며, 일곱째는 자비심을 실천하고, 여덟째는 삼보에 대한 확신으로 평등을 실천하며, 아홉째는 대승법을 믿고 좋아하고, 열째는 부처님의 지혜를 추구하는 것입니다. 이런 까닭에 발심이 본래적이라는 말은 아무렇게나 개인의 기분에 따라 좌우되고, 개인의 인연을 따라 나타나며, 개인의 필요에 따라 수시로 소용되는 그런 것이 아니라는 말입니다. 그런 만큼 발심의 믿음은 직관적이고 자발적이며 보편적인 것입니다. 따라서 발심의 믿음은 애초부터 누구에게나 갖추어져 있는 것을 자신이 직접 체험하는 행위입니다.

발심의 주체는 어디까지나 자신입니다. 발심하고 싶다고 해서 저절로 성취되는 것이 아닙니다. 그러나 발심은 자신 속에서 나옵니다. 다른 가르침이나 누구에게서 빌려오는 것이 아닙니다. 이미 자기 속에 있었던 것을 스스로 드러내는 행위입니다. 따라서 자신의 강렬한 계기가 없어서는 불가능합니다. 그것은 경전을 통해서 남의 언설을 통해서 자신의 명상을 통해서 자연을 통해서 어디서든지 언제든지 가능합니다. 굳이 찾을 필요는 없습니다. 그대로 자각하면 그것으로 됩니다.

그 발심은 무상의 체험에서 옵니다. 때문에 자신이 살아가는 세상이 한번 확 뒤집히는 것을 경험하고 나서야 비로소 발심이 가능합니다. 그만큼 발심은 필요하고 중요합니다. 때문에 누구나 발심해야 합니다. 그 발심의 성취는 곧 신信의 완성으로서 자기의 확인이고 자기의 성취입니다. 자기의 확인이 소위 깨침이라면 자기의 성취는 공덕을 이루는 것입니다. 전자는 지혜의 터득으로서 반야의 자각이고 후자는 지혜의 실천으로서 자비의 활동입니다. 그래서 그 신의 완성을 위하여 수행을 강조합니다. 따라서 신은 반드시 발심으로 이어지고 발심은 수행으로 나타나며 수행은 깨침으로서 지혜를 수반하여 자비심이 작용합니다. 이런 점에서 발심은 자비입니다.

발심은 최초 수행의 단계에서부터 우선 모든 것이 공하다는 것을 실증하고 그 연후에 모든 것은 단순한 공이 아님을 자각하는 공삼매로서 지고지순한 경험입니다. 이와 같이 묵조의 공안과 좌선은 현성과 탈락이라는 효과로 나타나 있습니다. 바로 현성과 탈락의 근원에는 반야경의 근본적인 가르침인 공[般若空觀]이 뒷받침되어 있습니다. 곧 묵과 조의 상호작용에서 일어나는 연기상의緣起相依는 현성과 탈락이 끊임없이 지속되는 경험으로 통하며, 그 현성과 탈락의 전개 양상은 제법무아의 도리에 통합니다.

그래서 발심은 수행하는 것이고, 수행하는 것은 발심이라는 그 분별마저도 초월하는 것입니다. 이러한 중생이야말로 그대로 수행의 과정에 있는 중생입니다. 그러나 중생에게는 수행을 시작하고 받아들이며 인정할 만한 능력이 구비되어 있지 못합니다. 다시 말해 중생으로서는 열반에 나아가는 길이 막혀 있는 셈입니다. 따라서 반드시 경전 내지 선지식의 도움을 받아서 중생을 초월한 존재가 되는 것이 수행인데 그 수행의 첫걸음은 중생성을 비우는 행위입니다. 중생성을 비우는 행위를 공이라고 말하기도 합니다.

여기에서 공이란 중생이 공한 존재가 되는 것이 아닌 본질적인 공입니다. 곧 중생을 벗어나는 것이 아니라 중생을 깨치는 것입니다. 중생 그대로가 공이지 중생을 벗어난 공이 아닙니다. 중생은 공의 중생이고 공은 중생의 공입니다. 비유하면 밤이 지나고 낮이 오는 것이 아니고 낮이 오기 전에 밤이 있는 것도 아닙니다. 곧 밤의 낮이고 낮의 밤으로서 낮과 밤은 둘이되 둘이 아니고[二而不二] 둘이 아니되 둘입니다.[不二而二]

그래서 여기에서 중생을 깨치는 것은 보리심의 획득 곧 발심의 완성이 됩니다. 이리하여 발심이 이루어지고 나면 좌선이 순일해지는데, 바로 그 순일해진 좌선은 그대로가 깨침의 행위의 연속입니다. 이것이 본래적인 깨침[本證]의 행태입니다. 그런데 본증의 행태를 유지하기 위해서는 그것에 대한 자각이 필요합니다.

그 자각의 행위가 묵조의 마음이고 좌선의 몸입니다. 따라서 본증에 대한 자각은 이미 발심되어 있는 분상에서 이루어지는 수행 곧 묘수妙修이고 본수本修입니다. 그 자각에도 준비가 필요합니다. 자각에 대한 준비란 다름 아닌 믿음입니다. 발심에 대한 믿음입니다.

여기에서 믿음이란 이미 그렇게 되어 있다는 믿음이 아니라 자신이 믿고 싶어하는 모습으로서의 믿음, 곧 순전히 자신이 만들어낸 창조의 믿음입니다. 이것을 좌선이라는 행위로 다듬어 가는 것입니다. 스스로 만들어낸 믿음을 좌선삼매를 통하여 부단히 검증하고 마침내 스스로가 인정하는 것입니다. 자신이 만들어낸 믿음이란 주체적인 믿음입니다. 곧 좌선삼매 속에서 자기의 본래면목을 들어 궁구하는 것입니다. 그것을 궁구하는 데에는 온통 자신을 송두리째 그 대상〔이 대상은 다름 아닌 자기 자신입니다. 자기가 자기를 궁구하는 행위입니다.〕에 들이밀어 하나가 되어야 합니다.

그와 같은 경험이 자각입니다. 그러나 끝내 자신과 하나가 되지 않는 경우는 자신이 만들어낸 믿음에 대하여 다시 숙고해 보아야 합니다. 믿음의 대상을 바꾸라는 것이 아닙니다. 각도를 달리하여 용의주도하고 주도면밀하며 세밀하고 깊게 다시 살펴야 합니다. 그리하여 본래면목이라는 주제에 대한 믿음을 달리하여 다시 궁구하는 것입니다. 그 경험은 절대고요를 통해 검증됩니다. 절대고요는 자신에 대한 철저한 긍정으로서 좌선의 상태를 통한 몸의 고요가 바탕이 됩니다. 절대고요의 체험은 심신의 동요가 사라진 상태입니다.

이 경험은 자신의 탈락으로 나타나는데 그것이 무아의 터득입니다. 그 속에서 일체의 소리를 배제하고 정념正念에 드는 것입니다. 그 정념은 무아의 체험으로 나타납니다. 곧 공을 체험하는 것입니다. 이것이야말로 공안을 자각하는 것입니다. 분별이 없는 전일專一한 사량으로서 비사량의 체험이기도 합니다. 비사량은 무분별한 사량속에서 궁극적으로 다시 사량을 벗어난 소위 탈체현성脫體現成의 의식으로 돌아오는 것으로 묵조의 심리입니다.

그러나 비사량의 사상은 좌선에서의 내면적인 마음의 준비로서 파악되어야 할 성질의 것이지 언설로 추구되는 것이 아닙니다. 이것을 굉지는 사량에 대한 비非뿐만이 아니라 언설에 대한 비非와 신체행동에 대한 비非의 소식으로 적극적으로 표현하고 있습니다.

따라서 굉지에게서는 약산유엄의 좌선방식인 비사량의 의식상태가 절대무심의 순수의식을 근저로 하는 전일의식全一意識으로 나타납니다. 그 전일의식은 바로 지유至游로서의 풍모를 나타내며, 생각을 잊고 말을 끊으며 행동을 떠나 생사거래에 그대로 맡겨두는 곳에서 비로소 비사량의 몰종적한 자취가 현성합니다. 곧 비사량은 절대무심이라는 순수의식의 발로가 좌선을 통하여 현성된 심의식心意識입니다.

이와 같은 묵조의 수행은 항상 믿음의 대상을 근본으로 하여 일행삼매의 경지에 들어야 합니다. 그래야만 신심身心의 일거수일투족이 항상 믿음을 떠나지 않고 성성적적합니다. 이것은 자기의 평소생활을 되돌아보는 행위이기도 합니다. 곧 단좌하여 믿음의 실상을 염하고 자기를 염하며 마음과 마음이 서로 상속되어 마음을 고요하고 청정하게 하면 믿음의 대상이라는 의식이 없는 곳에 이르게 됩니다.

이것이 곧 망념이 사라진 본래믿음의 현성입니다. 다시 말해 믿음의 대상을 염하는 마음 그 자체를 염하는 것입니다. 믿음의 대상을 염하는 것은 곧 마음을 염하는 것이며, 믿음의 대상을 궁구하는 것은 곧 깨침을 궁구하는 것입니다. 때문에 믿음의 대상이 적정하게 되어 궁구하는 자신과 하나가 되면 믿음이 더 이상 형상이 없는 도리인 줄을 알아 안심입명의 경지에 도달하게 됩니다.

이리하여 지속적으로 믿음의 대상을 궁구하여 대상적인 마음이 일어나지 않으므로 평등하여 대립이 없게 됩니다. 이처럼 마음을 믿음에 모아 평등하고 청정하게 하여 항상 그것을 자각하면 달리 망상이 없다, 즉 애초부터 없는 줄을 자각합니다.

불안심을 느낀 혜가는 달마에게 안심법문을 청하자 달마가 불안심을 내보이라고 말합니다. 이후로 오랫동안 혜가는 불안심의 존재를 찾아보았으나 끝내 찾지 못하였습니다. 혜가는 불안심을 찾지 못한 것이 아니라 본래부터 그 불안심의 실체는 비존재라는 것을 알았습니다. 이로써 혜가는 불안심조차 공인 줄을 터득하였습니다. 모두가 믿음의 대상과 똑같은 법신이 되는 것입니다. 항상 이러한 마음 상태로 있으면 모든 분별과 번뇌가 소멸해 버리기 때문입니다.

그래도 그 궁구의 대상과 하나가 되는 경험을 하지 못했을 경우에는 처음으로 돌아가 믿음의 대상을 앞에 두고서 절대고요를 체험해 봅니다. 절대고요의 체험은 조금도 자신을 남겨두어서는 안되는 경험입니다. 좌선 그대로 고요하다는 것을 느껴보는 것입니다. 깊고 깊은 고요 속에 파묻혀 마침내 고요라는 생각마저 사라져 버린 때에 고요에 대한 본래모습을 경험하게 됩니다. 그 절대고요 속에서 무아의 체험이 가능합니다. 무아의 체험은 자기 전체의 대긍정으로서 자기초월입니다.

이와 같은 절대고요와 무아를 체험하고 난 후에 긴 호흡과 더불어 다시 앞에 두었던 자신의 믿음을 가져다가 궁구해 봅니다. 그리하여 마침내 그 믿음의 대상과 하나가 되는 자각의 체험이 필요합니다. 하나의 대상에 대한 하나됨의 체험을 마치고 나면 또 다른 대상을 가져다 다시 계속합니다.

믿음의 대상이란 자신이 생각하고 느끼며 말하고 경험하며 실존하는 모두가 이에 해당합니다. 본래면목과 더불어 경전의 문구라든가 연기법이라든가 생명의 모습이라든가 인간과 우주활동의 일체가 자신의 믿음의 대상이 됩니다. 그 믿음의 대상이 잘못되었다고 염려할 필요는 없습니다. 단지 어떻게 언제 궁구하느냐를 염려할 뿐입니다.

왜냐하면 발심의 믿음에서 이미 완전하게 갖추어진 믿음이 자신의 눈을 통하여 색깔을 달리하여 드러난 것에 지나지 않기 때문입니다. 이와 같은 대상에 대하여 언제부터인지 무슨 모습으로든지 어떤 작용으로든지 이미 자신이 믿어버린 그대로를 체험하는 것이 필요합니다.

이 체험은 자신의 본증에 대한 본래인의 자각행위입니다. 그 자각은 필연적으로 공안이 현성된 상황이며, 공안의 현성은 좌선하는 가부좌에 늘 그렇게 올곧게 드러나 있습니다. 공안의 현성은 지금·여기에·이렇게 자신이 좌선하고 있는 줄을 자각하는 행위입니다. 곧 공안의 자각이요 자각된 공안입니다.

여기에서 공안은 다름아닌 자기의 자신입니다. 때문에 자신이라는 공안의 자각이고 자각된 공안의 자신입니다. 이로써 자신과 공안과 자각은 각각 즉입卽入의 관계에 있습니다. 곧 자신속에서 자각된 공안이고 공안으로 자각된 자신이며, 자각된 공안을 구비한 자신이고 공안이 자신으로 자각된 것이며, 자신의 공안을 자각한 것이고 자각된 자신이 공안으로 드러난 것입니다.

묵조선의 수행에서 무엇보다 우선적인 것은 믿음입니다. 그것도 제일심으로서의 믿음과 아울러 본증을 위한 전제로서의 발심의 믿음입니다. 그런데 이 믿음에 대해서 믿음이 진리 그대로 드러나 있다는 것을 현성공안現成公案이라 합니다. 말 그대로 공안의 현성입니다.

따라서 현성공안은 믿음의 존재방식이기도 합니다. 이와 함께 믿음의 작용방식은 곧 좌선입니다. 다시 말해 좌선이라는 행위를 통하여 공안이 현성되고 현성된 공안이 다시 좌선의 모습으로 드러나는 것입니다. 그래서 공안의 현성과 좌선은 믿음의 다른 방식일 뿐 별개의 것이 아닙니다.

여기에서 공안은 탈락된 공안입니다. 곧 일체의 의문과 형식과 공능을 벗어난 진리 그대로의 존재방식을 말합니다. 그래서 공안은 진리이면서 진리의 현성이고 믿음의 탈락방식입니다. 믿음이 무엇을 상대로 하여 누구에게나 어디에나 드러난다는 것이 아니라 믿음 자체가 누구에게나 어디에나 무엇으로든지 그대로 드러나는 것입니다. 이것이 다름 아닌 좌선입니다. 그래서 좌선은 좌선 그대로 현성된 진리입니다.

이 좌선이 묵조의 좌선입니다. 묵조의 좌선은 묵과 조의 좌선입니다. 묵의 좌선은 이 몸으로 단좌하는 것이라면 조의 좌선은 깨어 있는 마음의 작용입니다. 몸과 마음이 좌선이라는 형식으로 나타나 있습니다. 그래서 묵과 조는 몸과 마음의 조화이고 몸과 마음의 일체작용입니다.

몸과 마음이 조화 내지 작용의 일체를 보이고 유지하기 위해서는 탈락이라는 수행이 필요합니다. 탈락은 벗어나고 초월하며 집착이 없으면서 본래작용의 기능을 그대로 유지하는 작용입니다. 그래서 신심탈락身心脫落이란 신身과 심心이 자기로부터 탈락되어 있는 상태 곧 초월되어 있는 경우를 말합니다.

신身의 탈락이란 자신이 이 몸 그대로를 지니고 유지하면서 몸의 당체와 작용과 유혹과 번뇌에 장애받지 않으면서 동시에 몸의 유지와 작용에 대하여 아무런 장애도 느끼지 않는 것입니다. 심心의 탈락이란 신身과 함께 상호 작용 속에서 유지되는 심이면서도 동시에 신의 구속으로부터 떠나 있는 것을 말합니다. 그래서 심心이 신身의 구속을 벗어나 있는 경우는 몸이 하고자 하는 대로 마음이 따라가면서도 몸과 마찰을 일으키거나 전혀 장애가 되지 않는 것입니다. 마음이 하고자 하는 대로 몸이 따르고 몸을 부리며 몸을 지탱합니다.

그래서 심과 신의 탈락이란 정작 그 자체로부터 벗어난다는 의미이기는 하나 실제로는 그 자체 속에서 심과 신이 자유로운 기능이 이루어지고 유지되는 것을 말합니다.

따라서 신심身心의 탈락 내지 심신心身의 탈락은 달리 탈락된 신심이고 탈락된 심신입니다. 탈락의 굴레를 떨쳐버린 신과 심의 작용방식입니다. 이처럼 신과 심이 탈락된 형태가 곧 공안의 현성이고 신심의 현성입니다. 그런데 바로 이와 같은 탈락은 좌선이라는 행위를 통해서 이루어진다는 데에 의의가 있습니다. 신심의 어떤 탈락행위도 좌선을 벗어나서는 의미가 없습니다. 좌선은 신과 심의 형식이고 내용이면서 가치이고 작용이기 때문입니다.

몸과 마음이 일치된 상태에서 일어나는 탈락의 양상은 필연적으로 감각의 탈락을 수반합니다. 안·이·비·설·신·의의 탈락은 몸으로부터의 탈락이고 마음으로부터의 탈락이기 때문입니다. 좌선의 형식을 통하여 몸과 마음의 탈락을 경험한 이후에는 다음으로 반드시 감각의 탈락으로 이행됩니다. 색과 형체를 보고 소리를 들으며 냄새를 맡고 맛을 보며 촉감을 느끼고 여타의 과거와 현재와 미래를 넘나들고 인식하는 일체의 것으로부터 초연한 경험을 하게 됩니다.

여기에서 좌선을 통해 경험된 감각의 탈락은 달리 좌선의 탈락형태이기도 합니다. 좌선이 탈락된 형식으로 보고 들으며 맡고 맛보며 느끼고 체험합니다. 그래서 좌선은 곧 신심의 탈락이고 감각의 탈락이기도 합니다. 탈락된 신심과 탈락된 감각과 탈락된 언설은 심신深信의 자각 좌선을 통해서만 드러나는데, 이처럼 드러나 있는 모습이 공안의 현성입니다. 따라서 공안의 현성 곧 현성공안은 좌선탈락의 모습이면서 좌선탈락의 내용입니다.

그런데 발심의 믿음에 대한 주제는 앞서 말한 바처럼 모든 것이 가능합니다. 그러나 어느 것이나 다 되는 것은 아닙니다. 자신이 직접 경험한 발심의 믿음이지 않으면 안됩니다. 가령 12연기를 발심의 믿음으로 정했다면 우선 붓다의 깨침에 대하여 좌선삼매를 행합니다.

왜냐하면 붓다의 깨침은 12연기에 통해 있기 때문입니다. 그러면 붓다가 연기를 깨쳤다는 말인지, 아니면 붓다가 연기를 통해서 무엇을 깨쳤다는 것인지, 아니면 붓다는 무엇 무엇이 연기의 도리라는 것을 깨쳤다는 것인지 등을 몸소 좌선삼매를 통하여 심신深信하는 것입니다.

또한 붓다가 말한 연기의 맨 바닥에 놓여 있는 무명無明에 대하여 무명의 실상이 무엇인지, 무명은 무엇을 인연하여 발생하는 것인지, 자체적으로 발생하는 것인지, 무명 자체가 근본적인 제일원인이 되는 것인지, 무명이 존재하는 것인지, 무명의 행위란 도대체 무엇인지 등을 몸소 좌선삼매를 통하여 확신하는 것입니다.

이와 같은 행위는 필연적으로 반야에 의하여 탐욕과 번뇌를 여의는 혜해탈慧解脫뿐만 아니라 선정을 통해서 근본적인 무명을 여의는 심해탈心解脫의 어느 것에도 두루 통하는 직접경험으로 반야와 심신深信의 탈락이기도 합니다. 이 신심탈락의 경험을 정리하면 다음과 같습니다.

순서	주 제	경 험
1	제일심의 자각	신身 · 심心 · 언言
2	몸과 마음의 조절	몸과 마음의 청정과 정견
3	호흡삼매	수식관數息觀 · 지식관止息觀
4	발심	심신深信의 자각
5	지관타좌	좌선삼매의 체험
6	절대고요	자기와 대상의 긍정
7	무아체험	공삼매의 실천
8	본증의 자각	비사량 – 묵조의 심리
9	현성된 공안	일행삼매 – 묵조의 지속성 실현
10	신심의 탈락	묵조의 작용 – 묵조의 현성과 일상화

問 처음부터 여기 마지막 문답에 이르기까지 저의 질문에 대하여 한결같이 진지하고 성심껏 자상하게 들려주신 답변의 말씀에 깊이 감사드립니다. 앞으로도 다시 기회가 되면 궁금한 사항에 대하여 늘상 여쭙고 싶습니다.

答 좋은 질문을 해준 것에 대하여 고맙게 생각합니다. 아무쪼록 이 문답을 계기로 하여 묵조선과 관련된 사항에서 보다 심층적인 문답에 대하여 다시 문답하게 되기를 바랍니다. 그럼.

불교수행법 시리즈를 펴내며

'불교는 인류의 고뇌와 질문에 답해야 한다.' 이에, 부처님의 후예들은 남북전南北傳의 지리와 풍토의 다름을 막론하고 의당 그 책임을 자담자원自擔自願해 왔고, 앞으로도 그렇게 계속해 나갈 것이다. 불도佛徒는 시공을 떠나 그 어떤 고뇌나 질문에도 명쾌하게 답할 수 있어야 하고, 어떤 문답에서도 물러서거나 막힘이 없어야 한다. 교리에 근거한 실제의 신앙생활[체험]을 통해서 인간과 우주에 대한 고뇌나 질문에도 방략과 해법을 내놓아야 한다. 이 일은 전 불도의 일이지만 특히 출가자들에겐 일차적인 책무사항이다. 인류에게 불교는 손에 움켜 쥔 비밀이 따로 있어선 안 된다. 현대의 과학기술문명시대를 이끌어가는 제3의 눈이 되어야 한다는 뜻이고, 바로 불교가 짊어져야 하는 구국구세의 서원과 방략에서다. 이는 작금 유행처럼 번지는 교단 내의 부수적이고 지말적인 일부 세속적인 현상에 앞선 최우선 핵심과업임을 불자들은 철저하게 자각해야 할 것이다.

부처님의 가르침이 시대마다 나라마다 이해와 체험이 알맞게 다르다. 다르다기보다 기후와 풍토에 맞게 적응, 내지 문화차이에도 큰 충돌 없이 보화응동普化應同식으로 다양하게 펼쳐져 내려온 것이다. 그렇지만 부처님의 골수는 피해가지 않았다. 다만, 그 방법이 좀 다양해졌을 뿐이고, 그로 말미암아 지역풍토의 적응과 다른 문화와의 조우를 통해 개성있게 형성된 수행법은 각기 나름의 특징을 주장하고 우월성을 앞세워 자신의 특별함을 다소 강조하고 있다.

이에 남북전을 아우른 범불교의 수행법들을 한 자리에 모아, 일체중생의 생명수인 감로수의 근원을 밝히고, 온대지를 적시는 그 흐름은 결국 하나의 흐름임을 드러내고자 한다. 이에 고뇌와 질문에 대한 답으로, 현대인 각자의 근기에 알맞게 선택하도록, 이 모두를 아우른 또 다른 제3의 수행법이 출현하도록, 이 시리즈를 간행한다.